华东师大"丽娃档案"丛书
编委会主任 童世骏 钱旭红

U0723250

大夏大学、光华大学附属中学

史料选辑

主编 赵健 汤涛

上海三联书店

很少有一条小河那么有名,很少有一条名河那么小巧。华东师范大学的这条校河,虽然在上海市中心中山北路校区的地图以外难见踪影,却在遍布全球的师大校友的心里,时时激起浪花。

站在丽虹桥上望着丽娃河,那绿树鲜花簇拥着的、蓝天白云倒映着的清澈水面,也许有人会认为她过于清纯精致不够豪放,而与师大结缘于郊外新校区的老师和同学们,会觉得她与闵行新校区的樱桃河其实各有千秋。但是,一年又一年,一代又一代,有多少人,一提起她的名字,有说不完的话,却又常常不知从何说起……

华东师范大学成立于1951年10月16日,成立大会的地点就在离丽娃河不远的思群堂。华东师大的基础是成立于1924年的大夏大学和成立于1925年的光华大学,以及其他一些高校的部分系科,其中包括成立于1879的上海圣约翰大学分解以后的理学院(数学系、物理系、化学系、生物系)和教育系,以及圣约翰的11万余册藏书。尽管按惯例我们可以把建校日确定在上世纪二十年代,甚至还可以追溯到中国土地上第一所现代大学诞生的一百三十多年前,但我们更珍惜"新中国第一所师范大学"的荣誉,更珍惜曾经是中共中央指定的全国十六所重点高校之一的责任,也因此而更珍惜与这种荣誉和责任有独特缘分的那个校园,那条小河。

因此,"丽娃"是一种象征,象征着华东师大的荣誉,象征着华东师大的责任。编撰以"丽娃"命名的这套丛书,是为了表达我们对学校的荣誉和责任的珍惜,表达我们对获得这种荣誉和履行这种责任的前辈和学长们的怀念和景仰,也表达我们对不同时期支持学校战胜挑战、追求卓越的历届校友和各界人士们的由衷感激。

这套丛书,应该忠实记载华东师大百余年的文脉传承和一甲子的办学历程,全面解读"平常时节自信而低调、进取而从容,关键时刻却挺身而出,义无反顾"的师大人气质,充分展现华东师大精神传统的各个侧面和形成过程。

这套丛书,应该生动讲述历代校友的精彩故事和不同时期的奋斗历程,让我们和我们的后代们知道,华东师大的前辈们是怎样用文化的传承来抵抗野蛮和苦难的,是怎样用知识的创造来追求光明和尊严的,又是怎样努力用卓越的学术追求与和谐的团体生活,来培养德智体美全面发展的社会主义建设者和接班人的。

这套丛书,更应该激励我们和我们的后代,永远继承"自强不息"、"格致诚正"的精神,发扬学思结合、中外汇通的传统,不断追求"智慧的创获,品性的陶熔,民族和社会的发展"的大学理想,忠实履行"求实创造,为人师表"的师生准则。

这样一套丛书,将不仅成为华东师大这个特定学术共同体的自我认识和集体记忆,而且也将成为人们了解现代中国高等教育曲折发展脉络、研究中华民族科教兴国艰苦历程的资料来源和研究参考。

从这个角度来看,编撰出版这样一套丛书,是以一种特殊方式续写着华东师大的历史,更新着华东师大的传统,丰富着华东师大的精神。

因此,我们有多种理由对丛书的诞生和成长充满期待,祝愿"丽娃档案"丛书编辑工作取得圆满成功。

华东师范大学党委书记

童世骏

编　辑　说　明

一、本书辑录内容主要为大夏大学、光华大学附属中学办学期间形成的各种档案文献。所选材料多数来源于华东师范大学档案馆馆藏，其他来源的均注明出处。

二、本书主要按照专题汇总材料，在专题内根据时间顺序进行编辑，同一事件的材料相对集中。

三、本书所选材料，为保持原貌，除繁体字全部转化简体外，其他如国名、地名、人名、纪年表述、数字书写、表格内容、文字（包括中、外文）用法及标点用法等等，均原文照录。材料标题均按当代习惯重新拟写；原文无标点、不分段者，编者均做分段、加标点；若有删节，均注明"本文略有删节"。

四、本书所选档案史料，凡需更正原文中的显著错、别、衍字，及增补明显漏字，以【　】标明；字迹模糊难以辨认、漏缺及无法补正者，均以□代之；对原文中需要说明的问题，以注释①②……标明。

目　录

上编　大夏大学附中史料选

下编　光华大学附中史料选

上编　大夏大学附中史料选

一　大夏大学附中简史

　　大夏大学是民国时期上海著名私立综合性大学之一,创始于1924年。在大学建立次年,大夏大学开始设立附属中学,成为大夏大学的重要组成部分。初创时期,中学部与大学部一样,曾多次搬迁校址。1932年,迁入中山路校区后,与大学部共用校园。

　　全面抗战时期,由于中山路校区地处战区,多栋校园建筑被炸毁,中学被迫迁入租界继续办学。太平洋战争爆发后,大夏中学被迫停办。大夏大学大学部则与复旦大学组成复旦大夏联合大学,先迁江西庐山,后辗转迁往贵州贵阳办学。1938年,大夏大学在贵阳新设贵阳大夏中学。此外,大夏大学校友先后在重庆、南宁等地以大夏大学附属中学名义办理中学,并接受大夏大学领导。其中,和大学部联系较为密切的有:重庆大夏中学、南宁大夏中学。

　　抗战胜利以后,地处贵阳的大夏大学迁回上海中山路校区办学。贵阳大夏中学未随大学部返回上海,而是留在当地继续办学。1947年贵阳大夏中学改名伯群中学,1949年并入省立贵阳高级中学。重庆大夏中学、南宁大夏中学在抗战胜利后也都留在当地继续办学。

　　1949年,大夏大学在上海恢复设立附属大夏中学。1951年,中央教育部批准以大夏大学、光华大学为基础,建立华东师范大学。大夏大学附属大夏中学与光华大学附属中学合并成立华东师范大学附属中学。1958年,华东师范大学成立第二附属中学,原华东师范大学附属中学改称华东师范大学第一附属中学。

　　下文就大夏大学在上海、贵阳、重庆、南宁等地办理附属中学的历史,分别概述如下:

（一）上海大夏中学

1925年秋，大夏大学创设大夏大学附属中学，借槟榔路潘氏花园为临时校舍，小沙渡路201号为学生宿舍。最初仅设四年制初中，与大学预科相衔接，注册学生130余人。大夏附中校长由大夏大学校长王伯群兼任，另设附中主任一人，实际负责学校运行。同时分设教务、训育、事务三处，各设主任一人，以中学主任总其成。经大夏大学校务会议决定，聘请鲁继曾担任首任主任。此时，大夏附中正值初创，一切设备均甚为简陋，学生人数也较少。

1926年秋，校址迁入新加坡路15号。该处校舍为一座三层洋房，四周空地较多，被开辟为学生运动场。鲁继曾因大学部事务繁重，提出辞职，主任改由陈伯庄担任。同时，校名由大夏大学附属中学改为大夏中学。1927年春，附中主任陈伯庄辞职，校务会议推举大学部教育科教授郑通和兼任中学主任。此时，由于长江流域战事纷纷、交通阻隔，大量学生未能返校学习，全校仅剩学生40余人。不久，由于校舍被英军强占，学校被迫迁到小沙渡路201号办学。由于学校学生人数大减、经济拮据，此时校务几乎无法维持。秋季，大夏中学学制由"四二制"改为"三三制"，且专办三年制初中。此时中学迁入胶州路大学部办学，由曾昌燊主持校务。

1928年春，王祖廉任中学主任。中学又租借戈登路88号为校舍，添设高中，并在高二年级起分设普通科、师范科及商科三科。秋季，吴泽霖担任中学主任，学校更名为大夏大学附设大夏中学。此时学生达到170余人，于是另租戈登路131号为第二院，以原校舍为第一院。1929年夏，上海特别市教育局准予大夏附中立案。1930年春，学校学生人数增至220余人。秋季，大夏大学校务委员会聘请倪文亚任中学主任。此时大夏大学中山路新校园建设完毕，在大学部搬迁后，原胶州路校舍全部由中学部使用。由于校舍宽敞，设备完善，学生增至410余人。从这年8月起，上海市教育局每月给予经济补助。1931年秋，从高中一年级起分科，并在普通科、师范科、商科基础上添设土木工程科，并在大学部校舍之北购地30亩，建设新校舍。

1932年"一·二八"事变后，大学部被迫迁回胶州路半年，与大夏中学共用校园。1932年秋，中学部与大学部一起搬入中山路大学校舍，此时学生为700余人。同时，女子幼稚师范列入高中师范分科。依据中学法规，将教务与训育两处合并为教导处，设教导主任一人，主持一切教务训导事宜。1934年8月，中山路中学校舍全部落成,计办公大楼一幢、东西教室两幢。1934年秋,中学主任由王毓祥担任,开始推行级任导师制。1936年,孙亢曾继任附中主任。1937年春,大夏中学沿丽娃河又建二层校舍一幢,楼下为特别教室,楼上为初中生宿舍,并附建厨房、餐厅等。

1937年"八·一三"抗战后,沪西沦为战区,大夏大学被迫西迁。大夏中学则留在上海,暂借公共租界慕尔鸣路光夏中学校舍办学。次年春,租借法租界福煦路、西摩路路口洋楼一座为临时校舍,时有高、初中学生400余人。1941年冬,太平洋战争爆发,大夏大学附设大夏中学被迫停办。

1949年1月,大夏大学决定在上海恢复大夏中学,设立附中筹备委员会,宋成志为筹备主任。学校另组校董会,聘请由鲁继曾、吴浩然、邵家麟、李敬永、吴衡山、强锡麟、朱泰来、唐景嵩、罗世芳等为校董,并举行董事会会议推请鲁继曾任董事长。附中开始实行校长制,校董会聘请校友宋成志担任大夏中学校长,陆景宣为教导主任,钱正帆为事务主任。中学暂借沪东榆林路94号为附中校舍,于春季招生180余人。1949年秋,中学迁回大学部,以图书馆为教室,学生310余人。1950年春,注册学生为250余人。

1951年秋,大夏大学附属大夏中学与光华大学附属中学合并成立华东师范大学附属中学。1958年,因成立华东师范大第二附属中学,改称华东师范大学第一附属中学。

(二)贵阳大夏中学

"八·一三"淞沪抗战后,大夏大学被迫西迁贵州贵阳。为满足贵州各县、战区流亡学生继续升学的迫切需求,以及教育学院、师范专修科学生实习需要,大夏大学决定在贵阳创设一所大夏附中。校长王伯群与副校长欧元怀商请教务长鲁继曾、教育学院院长邰爽秋及总务长王裕凯等三位教授负责筹设。1938年6月1日,贵阳大夏大学附属中学正式成立,设中学主任主持校务,另设教导处、事务处,各有主任和办事员一人。

最初附中男女分校,男子部与大学部均在贵州讲武堂办学,来元义任主任;女子部俞曙芳执掌,设于乐群学校内。1939年春,因男女两部分立导致校务行政上有所不便以及女子部在城内有敌机轰炸风险,于是将两部合并,均在讲武堂上课。男女两部合并后,设附中部主任,由来元义担任。1939年秋,曾广典继任附中主任,教务主任为冯汉斌,训导主任为吴照恩。集中办学以后,入学人数激增。1941年春,另聘大夏教授朱伯奇担任主任,谭宗禄任教务主任,吴照恩任训导主任。同时,贵州省教育厅准予附中立案。1941年8月,赵发智继任主任,教务主任为吴照恩,训导主任为李繁均。半年后,李繁均去职,聂汝达继任训导主任。1942年秋,吴照恩继任主任兼教务主任,训导主任仍为聂汝达。1943年春,聂汝达辞职,徐盛圭继任。1943年秋,刘敬枢担任教务主任,陈哲晖任训导主任。此时,采取多渠道办学方式,加办高中商科班。此外,还计划逐步办工科、农科班、幼师班,后因校长王伯群逝世,未能实现。

1944年底,"黔南事变"发生,大夏大学被迫再迁赤水,附中留在贵阳继续办学。1945年1月,附中组建独立校董会,更名为贵阳大夏中学,杨森任名誉董事长,何纵炎任董事长,董事有欧元怀、窦觉苍、杜惕生、杨秋帆、傅启学、刘熙乙等。校长与校董会权责划分,校长仅负责学校行政,校董会负责管理校产,筹划经费。董事会聘吴照恩担任校长,教务主任先是夏国佐,后为冯枬;训导主为任文学荼,总务主任为杨作平。同年秋,因讲武堂校址被贵州省政府收回,高中部迁往花溪,初中部借乐群小学办理。1946年5月,大夏大学校董会决定将花溪校产全部拨给中学部作永久校址(后又转借贵州大学),并为纪念王伯群校长,提议中学更名为伯群中学。

1947年,经贵州省政府会议决议,拨原国立十四中学校址(在贵阳市南门外水口寺马鞍山)给伯群中学,并于同年秋搬进新校舍。1948年夏,大夏校友罗亮畴任校长。1949年春,设有8个班,共190人。1949年秋,吴照恩再任校长,教务主任毛克昌,训导主任邹学英,总务主任李际铨。同年11月贵阳解放,12月伯群中学为军管会接收,后并入省立贵阳高级中学(后改名贵阳第一中学)。

贵阳大夏中学(包括大夏附中和伯群中学)共办学12年,毕业18期学生,约2000余人。贵阳大夏中学学生来源广泛,既有贵州本地的,也有来自东北、江浙沪皖、两广等沦陷区,甚至还有一部分泰国、马来西亚、新加坡、印尼的华侨子弟。当时国民政府教育部曾在贵阳大夏附中设置战区学生补助费,救济失学青年,因而外省人数很多。抗战胜利以后,学生以贵州省内为主。

贵阳大夏中学学生一律住校,每天早晨有一小时的早自习,每晚有两小时的夜自习。各班均设级任导师一人,由专任教师中选聘兼任,兼职不兼薪。级任导师要经常与学生打成一片,在学生中起表率作用。为扩大学生的知识面,增加学术讲演一科,利用当时每周的"纪念周"时间,请大学部教授、社会名流作学术讲演。讲演内容包括科技、文学、国际新闻、品德修养等。附中因限于教室少,每期招收总数有限,然而报考生较多,故录取质量较高。毕业生大多学有所长,成为各领域的专家、学者。

(三)重庆大夏中学

大夏大学历届毕业生在重庆工作者不下百余人,因此建有校友会组织——大夏学会重庆分会,以交流感情,团结校友。该会认为大夏大学有在重庆设立附属中学的必要,曾先后就此事与王伯群、欧元怀校长交换意见。1937 年,大夏大学大学部西迁,与复旦大学设立联合大学,其中部分师生先迁江西庐山,再迁重庆。1937年冬,大夏大学教育学院教育行政系 1937 届毕业生陈宗朝正式在重庆江北县悦来场筹办重庆附中。重庆大夏中学开办以后,陈宗朝担任首任中学主任,张维担任事务主任。当时,学校办有初中和高中两部,教职员三十多位,学生四百八十余人。其中,初中四个班,学生一百余人;高中设农、商、普三科,共有九个班,学生三百余人。

1938 年暑假,中学主任陈宗朝返校途中,不幸因翻船事故遇难,校务由侯刚春主持。期间各种纠纷四起,高中部各科被迫停办。1940 年后,大夏大学另聘毕业生张维担任中学主任,开始整顿校务。因整顿校务,招生较为严格,每学期仅招学生两百余人。再加上物价高涨,收费有限,学校入不敷出,差额由事务主任许星垣垫付。1944 年,停办四年的高中重新招生,设有一个班,六十余人。此时,高、初中共有七个班,学生二百五十余人,教职员二十位。

至 1944 年 6 月,重庆大夏中学办学已达七年,毕业生有几百人。毕业生大多在重庆行政机关和商业团体工作,在银行的尤多。另有毕业生,考入重庆、成都等地高校继续深造。

(四)南宁大夏中学

南宁大夏中学创立于 1938 年春。1938 年 2 月 14 日,大夏大学派化学系教师曾广典、毕业生陈百年启程赴广西南宁接收南宁中学,并改名"大夏大学附属南宁中学"。王伯群校长聘曾广典为首任中学主任,陈百年为教务主任,陈车国为训育主任。创立伊始,租南宁南郭街天主教堂为校舍。秋季招考,各地青年投考者达数百人,最终录取高中生 60 人,初中生 120 余名。学校实行军事化管理,省政府每月拨款八百元用作军训经费。

1939 年初,因学生人数增加,教堂无法容纳,学校迁至南较场办学。当年五月,为扩充校务,学校在南宁津头村购买墓地以及私人田产三十余亩作为新校址。七月,钟焕新由贵阳大夏大学前往南宁担任中学主任。当年十一月,日军侵占南宁。由于事出仓促,学校图书、仪器未及搬迁,损失殆尽。于是,学校内迁贵阳,与贵阳大夏中学合并办学。

1940 年,南宁收复,但因学校各类设备未能解决,仍在贵阳办学。1942 年秋,卢展雄在南宁恢复附中,并担任主任。1943 年底,葛壬发担任中学主任。1944 年,学校有高中部学生四个班,初中部学生九个班,共计七百九十三人,其中初中二百四十三人,高中五百五十人。全校有教室十四间,其中一间为音乐课专用教室。全校教职员工,共计六十三人,建有教职员宿舍两座。

南宁大夏中学校长与大夏贵阳、重庆等中学一致,也是由大夏大学大学部校长兼任,另设中学部主任主持校务。下设秘书一人,协助主任办理一切行政事务。同时,分设教务、训导、事务、体育、农场五处,每处设主任一人。秘书以及各处之下,设文书、会计、出纳、教学、训育、注册、设备、指导、管理、体育、卫生、农事、劳作、庶务等组,每组或两组设组员一人,负责办理各组工作。

附 中 全 體 師 生

1930年大夏附中全体师生合影

二 学校管理

大夏附中改良计划[①]

大夏大学附属中学试办半年,觉中学与大学合办一处,教授管理颇感不便。该校当局为谋中学办立发展计,本年春季特赁定潘氏花园内祠屋改建教室多所,求适中学教学之用,并闻将于大学新校□面空地建筑中学宿舍,至关于中学课程编制方面亦将有更改,俾适最新之教育原理。

[①] 《大夏附中改良计划》,《申报》,1926 年 1 月 19 日,第 7 版。

大夏附中添办女子师范及商科①

　　大夏大学附属中学,为养成职业人才,适应社会需要计,决于本年秋季高中部,添办女子师范及商业二科。凡初中毕业学生,及有相当程度者,俱得投考,定三年毕业,其课程注重专门智能之培养,现正从事编订章程,着手筹备一切。又该校图书仪器,正从事购备,闻现到有参考书籍多种,并于本周举行,全校智力及教育测验,实施新法教学云。

---

① 《大夏附中添办女子师范及商科》,《申报》,1926 年 5 月 5 日,第 7 版。

大夏中学主任易人①

　　大夏大学附中主任陈伯庄君因事辞职,该校已另聘郑通和君继任。郑君自南开大学毕业后留学美国斯丹佛及哥伦比亚大学专门中等教育,得硕士学位,去秋返国。该大学聘为教育科教授兼群育主任。郑君对发展中学部深有计划,闻春季中学课程之一部分决请大学部教授兼任云。

---

① 《大夏中学主任之易人》,《申报》,1927年1月5日,第10版。

大夏中学校舍扩充，添办高中[①]

1928年大夏附中宿舍

　　胶州路大夏大学附中本学期暂附设在大学部内，该校学生极为发达，合大中二部，数逾千人，而近日函索章程者又源源不断。该校当局恐下学期校舍不敷应用，现已租定戈登路麦根路口八十四至九十号洋房两大座为中学校舍。大小教室及男女宿舍均极宽敞，中有空地适于运动，校首有十六、十九路无轨电车经过，交通极为便利。并决于下学期添办高中，考招初中一年级男女新生，二三年级高中各级转学生。闻各学科教员均多由大学教授兼任云。

---

① 《大夏中学之扩充》，《申报》，1927年12月16日，第8版。

王祖廉博士兼任大夏中学主任①

　　本埠大夏大学附中为发展校务起见,决于来春迁入戈登路麦根路口十八号新校舍办理,并由该大学委员会特聘该大学教育科主任王祖廉博士兼任附中主任。王博士学识湛深,经验宏□,同学闻询之余欢欣鼓舞,特于本月二十七日下午开欢迎大会。并闻一月九日十日该校开始招考初中一年级新生及高初中各级插班生,男女兼收。

---

① 《王祖廉博士兼任大夏中学主任》,《申报》,1927 年 12 月 30 日,第 11 版。

大夏大学附中正式立案①

上海特别市教育局办理本市私立学校立案事宜,第一二三四等批兼经市政府核准之私立学校,迭经发表,披露本报。兹悉该局私立学校审查委员会最近又审定第五批呈请立案之私校,计持志大学附中、光华大学附中、大夏大学附中、上海幼稚师范学校、明诚小学及维兴女子小学等六校。于上星期呈报市政府鉴核,昨日业已奉令核准云。

1930年大夏附中校舍

① 《第五批立案私校已核准》,《申报》,1929 年 7 月 11 日,第 11 版。标题为编者所加。

大夏附中添设农业科[①]

　　本大学附设大夏中学,素以灌输实用智识技能为办学方针,故所设各科,类皆注重实科方面。例如工科、商科在沪上中等教育界均负令誉。最近校务会议以本校地处沪西,毗连村落,最宜于农事实验,特决议自下年度起在中学部先行设置农业科,推孙允曾先生筹备,一俟中学农事科办有成绩后,大学即添办农学院,以便培养专门农业人才云。

---

　　① 《中学部添办农业科》,《大夏周报》,第 13 卷第 24 期,1937 年 5 月 11 日。

大夏中学校舍落成典礼开会词①

各位来宾,各位同事,各位同学！今日为本校成立十周年纪念之期,同时又为本校附设大夏中学新校舍落成典礼之日。举目四周,黉宇重新,气象蓬勃,弥觉愉快！窃谓青年求学,贵有优美良好之环境以及新颖完美之设备,然后乃能激发未知之兴趣,唤起研究之精神。大夏中学,创始于民国十四年秋,原名大夏大学附属中学,校舍系借用槟榔路潘氏宗祠。成立伊始,诸多简陋。越年,学生人数增加,乃另租戈登路洋楼两座,为临时校舍。十九年秋,大学部中山路新校舍落成,胶州路原有校舍,乃全部由中学接用。从此规模渐大,学生益增,各种设备,亦渐臻充实。高中一年级,即分设普通科师范科商科等三科,不久复添设土木工程科。二十一年秋,因胶州路校舍,未能尽如理想,复迁入中山路大学部校舍合并,并实施教导合一制,惟是大中两部学生合用课堂,于教授管理各方面,颇多不便之处。乃于本年春间划定运动场南首地基三十余亩,开始建筑中学校舍,计办公厅一座,课堂二座,列成品字形,办公厅之前,则为操场及网球篮球等场。一切设计,力求适合教育原理。从此中学校舍,自成范围,教学管理之效率,当可渐次提高。鸟瞰校场,有清流,有茂林,无市声之叫嚣,富自然之风光,读书环境,殆莫善于此矣。

惟是学校之建立,一方面固贵有优美之环境,而他方面尤贵有良好之学风。前者为物质之建设,后者为精神之表现。若徒有宏伟之建筑,而无粹正之校风,则教育之意义,尚何可言？中学为小学与大学之桥梁,就学校教育之阶段言,其地位实为最重要。良以中学生正当青年时代,血气方刚,意志未坚,一念之差,往往足以影响及于毕生之学问及其事业。是以中等学校之教务训育及其他种种设施,与高等教育大异其趣。中等学校当前之目标,在于基本知能的训练以及健全人格的陶冶。然后升入大学,乃能本其正确之人生观,为专门学术之钻究与攻错。吾大夏大学,

---

① 王伯群:《大夏中学校舍落成典礼开会词》,《大夏周报》1934年第11卷10—11期。

过去因种种原因，一切设施，未能尽如吾人之理想。迺者新校舍业经落成，对于教导管理各方面，应绝对采用严格主义，用资提高学生程度，增进学校行政效能，而鼓铸优美淳朴的大夏学风。语云："天下兴亡，匹夫有责。"吾大夏学生，均为国家未来之主人翁，所负责任，至重且大。光阴如驶，青春不再，宜如何发愤努力，磨砺以次，在学术上痛下功夫，以为救国救民之准备！际兹国难未夷，外侮方殷之会，青年学生，再不容杳泄因循，暴弃自甘。第一须发挥求知的精神。诚以空言救国，无裨实际；应在文化学术上迎头赶去，然后乃能发阐民族精神，激发民族意识，以为救国图存之途径。第二应抱定刻苦的精神。方今农村破产民不聊生，国民经济，日趋凌夷。青年在求学时代，务宜坚定旨趣，刻苦自持，平日衣食住行各项生活，务期简单朴素，整齐清洁，日少一分靡费，便为国家保留一分元气，初非仅个人进德修业之道而已。第三应淬励团结的精神。中国民族，以一盘散沙为世诟病久矣。今后亟宜排除小我之自利，促进大我之他利，夫然后团结之力量才得巩固；民族之危机方得解除。以上诸点，均为今日青年学生所应深切服膺自矢弗失者。尚望吾大夏同学，坐言起行，贯彻始终。异日不焕学风，挽救国难，鄙人有厚望焉。

大夏大学十周年纪念暨中学新校舍落成[①]

在本大学十周年纪念庆祝声中,同时有中学新校舍落成典礼之举,百年奠基,双喜并呈。小子躬逢盛典,不禁欢欣鼓舞,乃为文以志庆焉。

回溯余于民十九夏,感到家乡之中学,非设备简陋,即教导无方。久思投考我平日倾心向往之大夏中学,幸承顾君谊先生之教投考本校,侥幸录取,乃以为从此得如理想所期,求学有所矣。

时光忽忽,第二学期来校,师生情感,敦笃如家人父子,乐也融融。期间得国文老师刘逸青先生告我本校创业维艰之校史。方知本校之得发扬光大者,胥赖师生合作与三苦精神,有以致之。然则我校今日之蔚成大观,良非偶然!

是年暑假,为余初中卒业之期。余乃携得一纸文凭,离却可爱之母校,回里养疴。是者不得不感谢学校熏陶之恩,及中学主任倪文亚先生、教务主任王裕凯先生之化雨春风也。

假期已满,校中通知开学,与母校久别之学子,乃整理行囊,备向征途发矣。忽在省府得来噩耗,有如晴天霹雳。一·二八惨变爆发,各学校为避免危险,大都迁入租界,而余之慈母,岂肯轻允其子弟冒险入学。余虽切念母校,耿耿于心,第在礼教权威之下,终已无可违逆。是学期即困守家园,重温旧课,埋首残篇断简中,不得复来沪上矣。

金风送爽,秋季已临,余又接校中开学通知,乃振奋有加,辞别二老,重来本校。汽笛声中,已将余载至春申。余因急欲一睹母校,抵站后,随雇汽车来校。此时吾大中两部均已迁来梵王渡今址。甫进校门,见校旗灿烂,临风招展,庄严瑰伟之群贤堂,巍峨耸峙,群策、群力、群英三斋屹立于旁。余处此境,心神为之大乐。随即晋谒倪主任,蒙允办理入学手续。余乃亦随班听课重聆教诲矣。

---

① 作者丁鸿元。原载《大夏周报》1934 年第 11 卷第 8—9 期。标题为编者所加。

在此两载中，就中学方面之进展而言，得有图书馆运动场理科实验室之添置，渐臻完善，虽不敢夸赞为若何美备，而较之一般中等学校，已属难能可贵。值此盛会举行之日，又逢新屋落成之喜，我侪小子，正自广其欣幸无量焉。然吾校此后之进展，亦正方兴未艾，敬拭目以俟之。

关于大夏中学 1940 年度第二学期毕业生成绩的报告

　　兹谨填造本校三十九年度第二学期毕业生成绩报告表计两份,随文呈请查核准予分别存转备案,实为公便。

　　谨呈教育部驻沪专员办事处

　　计附呈本校廿九年度第二学期毕业生成绩报告表两份

上海私立大夏大学附设大夏中学校长　王○○①

主任　孙○○②

民国三十年十月六日

附:教育部驻沪专员办事处关于毕业生成绩报告的批复

　　据呈报二十九年度第二学期初高中毕业生成绩表,已悉。经核高中商科林赞贤一名学籍未据呈报,所请准予毕业,碍难照准,其余初中吴乃馨等二十七名,高中普通科文大年等四十一名,商科吴金沛等二十六名,土木科祝慕高等五名,尚属相符,毕业考试成绩,亦能合格,均准备案。成绩表存。

　　右通知私立大夏中学

余正

中华民国三十年十月六日发出

---

　　①　王伯群。

　　②　孙亢曾。

沪校拟办协济补习班请解决学籍问题函

伯公、魄盦校长赐鉴：

　　日前奉禀谅达尊览。本校年来处境困难，幸赖钧长指导，同仁合作，藉免陨越。兹以种种关系，经大学部第四十二次校务会议议决，本大学及其附属机关，下期无法维持，即行停办，本校附中遵即通告员生办理结束。为顾念青年失学，彷徨中道，各科导师拟筹办协济补习学校以维学生学业，另推导师数人组校务委员会主持该校事宜。惟关于学生学籍问题，除就地设法转报外，仍乞于可能范围内商恳当局认可，藉资救济。如何之处，敬请迅予指示，俾有遵循，是为至祷，专肃，敬叩钧安。

生孙侃①敬上

卅一年一月廿日

赐示请寄上海成都路五九七弄五号五伦中学孙睿曾转为感

---

　　①　孙亢曾，时任上海大夏附中主任。

关于重庆大夏附中早在上海立案致重庆社会局函

案据本校重庆附中主任呈称："案奉重庆市社会局三十一年十月二十七日社元三字第七八六五号训令（照录原呈），呈请钧部迅函重庆市社会局声明"等情，据此查本校附中早在上海市教育局立案，因抗战关系迁至后方，设立重庆分校，并早在教育部暨四川省教育厅备案在案，似勿庸另办立案手续，相应函达，请烦查照，准予备案，无任公感。此致重庆市社会局

校长　王〇〇①

旁注：

为本校附中早在上海市教育局立案勿庸另办立案手续函请查照由

中华民国卅一年十二月廿一日发

凯②

附：为奉令呈请即向重庆市社会局交涉勿须另办立案手续情形由

案奉重庆市社会局三十一年十月二十七日社元三字第七八六五号训令开："案查前据该校董会呈送校董名单暨章程乞荐核等情到局，当经本局于三十年三月以社元三字第七七三一号指令发还修正章表，并饬遵照部颁修正私立学校规程，另行缮具校董会章程、立案呈报事项表连同资产资金证件照片各二份，呈候核办在案，迄今历时年余，尚未据报到局，殊属非是。合亟重申前令，仰即遵照，限于本年十二

---

① 王伯群。
② 王裕凯。

月底以前，造具各项章表呈局，以完校董会立案手续，用符功令，毋得再延为要，此令。"等因，奉此。属校前以经费不敷，困难万端，乃有陈故主任宗朝前所邀请之渝附中校董黄季陆、徐宾谷等，草拟校董会名单暨章程呈送重庆市社会局备案前因，且属校来川办理早在教育部暨四川省教育厅备案，似勿须另办立案手续，理合呈请钧部，恳予即向重庆市社会局交涉，以利进行而符功令。谨呈大夏大学校长王

重庆大夏附中主任　张　维①
中华民国三十一年十二月六日
（用印：大夏大学附设中学校之图记）

----

① 张维，字维棣，时任重庆大夏中学主任。

关于南宁附中校名更改及成立校董会意见函

展雄①贤弟左右：

前复一械，未获嗣音，至以为念。关于邕附中问题，兹已得苏厅长②函复，校名准可改为"南宁私立大夏中学"，惟校会立案手续仍应照办。兹希足下物色当地有力人士若干，并就邕地本校校友中拟推三五人为校董，开列名单，寄来核定，本校再酌加数人，由邕校呈报，先行完备校董令立案手续。至一应中学立案规章并盼广为参考，藉免驳斥，苏函抄寄一阅，此询时祉。

王〇〇③

中华民国卅二年四月初一日

旁注：

办。四月一日

广西南宁大夏中学卢主任展雄　启

批办：

发。群④

附1：苏希洵函复南宁附中更名及立案事

伯群校长勋鉴：

三月一日大函诵悉。查贵校附中南宁分校须更改校名、组织校董会、重新办理

---

① 卢展雄，大夏大学毕业生，时任南宁附中主任。
② 苏希洵，时任广西教育厅厅长。
③ 王伯群。
④ 王伯群。

立案手续事宜系遵照教育部命令办理,关于校名可如尊意改为南宁私立大夏中学。至校董会之组织及会校之立案似仍应遵照部令另行办理以便转部备案。兹抄录原咨一件随函送请查照,希即转知该分校照办为荷,尚此布复,顺颂教祺。

附抄送教育部原咨一纸

弟　苏希洵　敬启

三月十五日

附:教育部咨

　　案准贵府本年(三十一年)十月教式字第一二〇号咨,以据私立大夏大学附设中学南宁分校呈报迁回原址转嘱查照核办见复等由,查修正私立学校规程规定,私立学校不得设立分校,二十七年战事内移,本部鉴于当时情势,虽通令战区各学校得酌设分校,但今后仍应依照原规程之规定办理,以杜流弊。该私立大夏大学附属中学,现在贵阳设校,业呈由贵州省教育厅立案,转报本部备案,邕宁如有成立该校之必要,应另行成立校董会,依照规定进行立案备案手续,不得再称分校。准咨前由,相应复请查照,并转饬遵照。此咨广西省政府。

附2:南宁附中卢展雄函请致电教育部和广西省政府保留大夏附中南宁分校校名

王校长钧鉴:

　　敬启者。南宁分校三十一年度上学期已办理结束,下学期招考新生亦已于八九两日举行入学考试,计投考者高初中共约近千人,预计日内便可放榜。乃昨日忽奉邕宁县府送来代电(原电另纸抄录附上),谓私立学校规程规定,不得设立分校,如在邕宁有成立该校之必要,应组织校董会办理备案立案等手续等词,已于十一日专电奉上,谅已到达,究应如何办理,恳详为指示。忆邕分校于二十六年在邕创办,初定名为大夏大学附设南宁中学,经欧副座①亲向教部办理,由教部直电桂省府,

---

　　① 欧元怀副校长。

准予设立。至二十七年改为大夏大学附设中学南宁分校,亦经呈报桂省府备案。二十八年邕宁沦陷,迁返贵阳校本部,直至去年秋间,仍沿分校名称,呈请桂省府核准迁返复课(桂省府核准迁返复课电为　号)。今忽获此令,未悉究为何故。若再重新组织校董会办理备案立案等手续,则因分校于邕宁沦陷时所有一切校具图书仪器已损失一空,在短期内对于图书仪器乙类安能大量购置?再于过去分校历史亦已抹杀,故特恳请钧座鼎力维持过去邕分校光荣历史,专电教育部解释,分电桂省府取销该令,仍维持原来校名,使分校四十余职教员及千余求学青年均能安心于业为祷。余不尽及,企候电示,肃此。敬请钧安。

学生卢展雄　谨上

中华民国卅二年二月十二日

附:邕宁县府原电

本市私立大夏大学时设中学南宁分校览案,奉广西省政府本年元月二十七日教二字第二八号训令开,"案查前据县府呈:'为呈报私立大夏大学附设中学南宁分校经由贵阳迁回南宁原址开学上课请核备等情',当经核明,转咨在案。兹准教育部本年元月中字第零一二六九号咨复内开,'查修正私立学校规程规定,私立学校不得设立分校,廿七年战事内移,本部鉴于当时情势,虽通令战区各私立学校得酌设分校,但今后仍应依照原规程之规定办理,以杜流弊。该私立大夏大学附属中学,现在贵阳设校,业呈由贵州省教育厅立案,转报本部备案,邕宁如有成立该校之必要,应另行成立校董会,依照规定进行立案备案手续,不得再称分校。相应复请查照,并转饬遵照'等由,准由此合行,令仰转令遵照"等因,奉此合电,仰即遵照办理为要。县长陈丑佳[①]教耀印。

---

①　丑佳,指二月九日。

关于重庆大夏中学校董人选意见复函

维栋左右：

　　顷接本月十六日还电，阅悉各情。年来足下主持渝附中校务，不辞劳瘁，罔惜牺牲，热忱毅力良堪嘉尚。此次学校立案问题，存亡攸关，尤盼努力图谋，以求早日解决。校董人选，所承书告各位均尚妥善，惟校董会既肩荷学校经济之责，不知其中有能胜此艰巨者否？倘力量犹感单薄，恐需再行增聘一二位堪为校作经济后盾者，以资领导，庶克有济。至本校原拟推选数人参加，遽难得当，重虑两地遥阻，徒领虚名，无裨实益。校董会资金一节，所盼足下于酌定校董人选后，分别或集会洽商筹措。另致贺市长函，望持往商洽。本校附中前在沪市教育局立案，令文现尚存沪校，一时不及调询。惟中学在沪办理多年，立案事实，众所周知，且于民十七年在教育部办理备案手续，有案可稽，不妨恳切说明耳。知注辄复，顺颂教绥。

王〇〇①

旁注：
办。四月卅日②
重庆江北悦来场大夏中学张维先生

批办：
发。群

---

① 王伯群。
② 1943 年 4 月 30 日。

附:重庆附中张维函告校董会立案困难情况

校长大人钧鉴:

顷奉四月九日手谕,拜读之余,至为奋感。近以渝中校董会立案事,殊感应付困难,盖上年重庆社会局曾一再限令办理,因事实困难致为迁延,至今年二月社会局教育科改为教育局后,局长雷啸岑,湖南人,曾在军委会任职,闻系武人,到任后即一再宣称以武力贯彻政令,故于四月一日即登报启事,所有未请准立案学校,限十日内到局办理立案手续,否则查封或予解散等词(可检阅四月一日至六日之中央日报及大公报)。当时情形严重,生即到局据理交涉,并多方托人讲话,所幸雷局长暨科长,主任等均认为学校办理不错,口气似有稍缓余地,科长朱健告生,须大学部即将原主管教育机关批准立案令文呈局,或可予以稍缓机会也。似此特恳母校即将昔在上海教育局批准立案之令文速赐一份,以作为缓冲之交涉,一面积极办理校董会立案手续,加强学校力量,以作永久之基业。生为学校牺牲正钜,然一本信念,绝对在校长领导之下推行一切,令即遵示将校名确定为"重庆大夏中学",并着手办理校董会立案手续,校董名单当就三方面推出:一、重庆校友分会可推王沿津、杨汝淦、唐云鸿三同学;二、原与学校有关切关系人士及当地人士之热心赞助学校者,另列原来校董名单祈为核定;三、恳母校速为推荐,以便趋前交涉。今限期迫切,万无法再为拖延,校董会之办理手续,规程表章固属烦复,首要者即校董会之资金问题也,今资金须备三四十万元且须长期存入国家银行始为有效,现如召集校董会,筹集基金,然后办理立案手续,实于事无济。现有效办法,只有请校长推荐有力校董或董事长先垫基金,然后再开校董会,如何由各方筹措偿还,或恳校长速函知贺市长以简便方法,完成立案手续,并请予协助一切,则最善也。校董会之立案手续须于最近(一月内)办好,不然恐麻烦重生矣。生以至诚至恳,以效忠校长,发扬大夏精神,实为吾人之唯一出路。生以数年来之苦斗,今虽爱女夭折,妻子病危,仍以百折不回之精神,以图学校之发扬光大也。今学校已上正轨,学生程度之提高,校外学生之分布于重庆市各机关银行钱庄及陆空军学校均事实也,现须积极恢复高中与母校切取联系,不十年间则大夏之光为国人所惊视也。肃此敬复,并颂钧安,并恳速赐复示。

生 张 维 谨上

四月十六日

附原拟校董名单一份

关于请重庆市长贺耀祖通融办理大夏中学备案函

规严①吾兄市长勋鉴：

久睽芝光，弥殷葭溯，敬维勋祺绥豫，敷政优和，以吹以颂。兹敬启者，敝校前在沪时，曾附设中学一所，于民国十七年间呈准上海市教育局立案，并在教育部备案。抗战军兴，学校西徙，自浔及渝，载迁筑垣。维时渝都新建，四方学子云集敝校。鉴于社会需要，当择定江北悦来场地址，将原昔附中重行恢复，以收容救济战区青年。历届负责人员，一本艰苦牺牲精神，在贵府领导之下努力办理，至今毕业学生无虑数百，成绩所著，尚得社会称许。最近该校承到贵府明令，以私立学校规章，不得设立分校，饬应重办立案手续，窃以该校既早在沪立案，且系大学附中性质，亦未便视为分校。兹规复有年，不知可否仍据前案，免重办立案手续，藉免周折，而安人心。丁兹时艰，私校办理，困难宏多，此关心世道者所为隐念。执事奖教兴学，素具热心，谅尤肯俯予体恤，倘因该校迁址，牵动名称必须重行备案，亦祈多赐通融，完成手续，以符功令。国家教育，实所利赖，又非弟一人之祷幸而已。特遣该校主任张维晋谒，并恳延见，指示一切。临专主臣，顺颂荩祺。

弟　王〇〇②

旁注：

面陈贺市长勋　启

呈校长核阅。凯③

办。四月卅日④

---

① 贺耀祖（1889—1961），号贵严，湖南宁乡人。时任重庆市市长。

② 王伯群。

③ 王裕凯。

④ 1943 年 4 月 30 日。

批办：

发。群①

———————————

① 王伯群。

关于提高普及大中学生宪政知能的报告

案奉钧部本年九月廿七日高字第四六五三九号训令,为提高普及大中学生宪政知能,列举六项,饬注意切实施行,等因,自应遵照办理,除关于第三项所列"民权行使与实习"一科。本校上学期业已设置该项学程,应俟下学期再行饬令学生选习外,理合具文呈复。

仰祈鉴核备查。

谨呈教育部部长陈

全衔名

中华民国三十三年十月十七日

关于惠允拨借榆林路贵室全部房屋为大夏大学附属中学校舍以便复校的公函

敬启者：

　　本校于抗战前原在中山北路现址附设中学一所，校舍设备均臻完善，早经市教育局核准立案、教育部备案，办理多年，卓著成绩。先后毕业学生已逾千数，为当时本市有名中学之一。自八一三沪战爆发，中学一部分校舍不幸毁于炮火，复员以还，以校舍无着，重建非易，迄未能恢复设置。惟近年各地青年及战区流亡学生来沪日众，本市中学已感不敷容纳，而本校教育学院学生亦久苦无教学实习之场所。为适应内外亟切需求，实有从速恢复本校附属中学之必要。顷悉贵室业已他迁，所遗本市榆林路房屋极合中学教学之用。素仰贵室关怀青年教育，爱护本较并具热忱，拟请惠予拨借上项全部房屋为本校附属中学临时校舍，以便即日开办，收纳就读学生。事关教育事业之兴举，特函奉商，务乞查照惠允，无任公感。

　　此致空军通信总队研究室

校长

副校长

1938 年 1 月 8 日

贵阳大夏附中改名伯群中学[①]

大夏大学校长 王伯群

王故校长伯群,兴办本校,卓著勤劳,于卅三年冬,日寇侵扰黔南,大夏被迫迁校黔西之赤水,王故校长部署校事,积劳成疾,不治弃世。抗战胜利后,本校校董及在筑校友为纪念王故校长,特将原设之大夏附中,改名伯群中学,现校友罗亮畴主持该校,一切校务积极推进,兹特探录数端:

(一)校长与校董权责划分,校长仅管学校行政。校董会负责管理校产,筹划经费,学费收入,悉数解会统筹统支。

(二)重质不重量,成绩过劣者予以降级及留级处分,或转入他校,现有学生八班,计百九十人。

(三)教师素质,远较他校为优。

(四)本学期教职员薪俸改发食米,专任教员平均月领筑斗食米二石,生活尚称安定。

(五)改造前南明小学(前十四中附小)全部校舍为教职员宿舍,现已完成并已迁入,单身一间,有眷属者两间。

(六)划学校附近空地借予教师自耕,除有眷属者可照二人计算借予外,余均不分等级。

[①] 《为纪念王故校长　筑附中改伯群中学　罗亮畴校友任校长》,《大夏周报》,第 25 卷第 6 期,1949 年 4 月 20 日。标题为编者所加。

（七）造林，本学期已植树万余株，现尚继续种植。

（八）提高学生程度，本学期应毕业高中学生卅人，希望大部能考入大学。

此外，如设备之充实，亦在计划之中，对校务之一切计划与处理，一本母校实事求是之精神而益图改进。

关于请吴淞水专腾还借用校舍函

敬启者：

　　本校最近进行秋季学期校务开展计划，准备添设若干学系及专修科等，因此一般估计下期学生人数将有增加，原有教室及宿舍等势须扩充。再本校附属中学校舍逼隘，久感不敷，下学期亦拟拨划一部分房屋归其应用。

　　贵校借用本校校舍数月以来，双方相处想称融洽，但基于上述两因，下学期不得不收回自用，特先专函奉商，至请谅察，预为准备在秋季开学前赐予腾让，无任企幸。

此致吴淞水产专科学校

校长

1950 年 7 月 5 日

关于大夏中学迁回办学的函

市政教育处

　　查本校附设大夏中学创设已有二十余年，抗战时因校舍大半毁于日本炮火中途停办，本年一月间暂借前国民党空军供应司令部所属之榆林路九十四号房屋为临时校址，于二月复校上课。兹据本校附设大夏中学校长宋成志报称：是项校址空军部亟待接管并由贵处协助解决，说明于本学期放假后归还。该中学以假期即届，倘校址问题未获解决，员生失业失学相继发生，本校为顾全此种实情及希望人民空军之迅速发展并衡量本校学生参加革命工作之踊跃，下学期学生人数可能减少，故决定将该中学迁回本校，惟本校大部校舍已为西南服务团借用，所余部分又为解放军警备部队借住，已无余屋可容。爰请贵处转呈军管会，转令借住本校之部队他迁，以便该中学迅速迁回继续办理。

　　此致上海市教育处

校长　○○○

1938 年 7 月 1 日

大夏附中迁回大学部上课①

附中已于暑期中迁回大学部,本学期自高三至初一共六班,学生三百余人,以原有校舍为理工学院所用,现在图书馆及丽园宿舍全部及群英斋一部为附中校舍。环境优美,场地宽广,男女生申请寄宿的很多,以现校舍不敷容纳,本学期寄宿男女生共一百数十人。大清早他们就在广大的场地上早操,增添了学校紧张的气象。

为了配合新民主主义教育的要求,首先是安定学校,增加设备,认真教学,照顾学生日常的生活。近来全校员生进一步展开学习及检讨,生活小组已编配安定,今后要使学习与生活打成一片。学生会筹备已产生多时,本周即可成立正式学生会,各种活动在教师的协助指导下大有表现。劳动生产工作亦将展开,工具均准备好了。上星期举行第一次测验,采用混合编制。

每当下午课后,我们可从场地上看见附中学生的跳跃,在广大的运动场上,器械的设备先后增加。文娱及学习工作已在各级讨论中,参加学联的学生代表已由民主选举产生了。伙食团由学生自理,校中派员协助,膳食廉美,大家都极满意。

但是,困难也很多。首先是经济问题,附中过去所有的校具及设备百无一留,上学期复校,形同初创,立足未定,本学期又从极东区迁回极西的本校,经此迁移,又如新创时的艰辛,加之校舍方面因受毁坏及飓风的影响,修建方面费了很大很大的数目。设备的添置又费了极多。其次是学生大部分是新生,因各校训练的不同,故组织上颇费时费力,但经全校教职员的努力,初步的困难是胜利地克服了。近来,师生们均在研讨民主管理的方法。

---

① 《中学部返校速写》,《大夏周报》,第 26 卷第 1 期,1949 年 11 月 6 日。标题为编者所加。

大夏附中成立学生会[①]

附中学生会已由民主普选产生，于十一月十九日在思群堂举行庆祝大会，参加者约二千人，首先学生会主席黄进源同学说明学生会当前的任务，次由校长宋成志发挥师生团结意义，校董欧元怀指示大夏立校之"苦教、苦干、苦学"精神，大学部文学院院长吴泽先生号召同学在新民主主义学习高潮中彻底执行学习任务；大学部学生会代表李祥麟同学致词。随由全体执委十五人当众宣誓后，由各校及附中校务委员会，教师联谊会暨级组献旗。游艺节目有庆祝学生会成立之集体朗诵，参加朗诵者四十人，极得大会喝彩，有大合唱、舞蹈活报、二胡、平剧，彩声四起，最后由大学部文工团参加之话剧"群猴"，演出至为精彩。大会自下午二时开始直至七时散会，是日上午，附中在操场举行体育竞赛，热烈地庆祝了整整一天。

由于这次庆祝大会以后，附中方面已由师生共同拟定学习运动讨论提纲，反复讨论后，已分发各小组讨论，全校已进入学习高潮。

---

① 《大夏附中学生会成立　母校师生联合大团圆》，《大夏周报　学运特刊》，第 26 卷第 2 期，1949 年 12 月 20 日。

关于呈请大学校务委员会将吴淞水专校舍用于附中办学的函

上海市私立大夏大学附设大夏中学公函校学第七〇七号一九五〇年十二月
卅日

敬启者：

附中于抗战后以复校较迟，原有校舍已为理工学院所用，自榆林路迁还中山北路原地，暂用旧图书馆及丽园农场房屋，本年暑假学生激增，房屋不敷，有碍教学进行，前曾呈请大学欧校长设法调整解决。目前除寝舍教室以外，各项学生活动，办公会议场所，图书阅览，科学实验等场所及工会团总支均无房屋，教职员宿舍及男女生宿舍均不敷用，且学生宿舍潮湿有碍卫生，而普通教室，即需十二个，合上项各种房屋急须增添。现悉吴淞水专已在杨树浦觅到适当校舍，寒假中即将迁出，已有余屋可以分拨，经工会校务委员会及学生会，分别郑重讨论，金请贵会协助调整，并请事先前来调查以明实情。除分函外，特函请迅予协助解决，无任公感之至。

此致大学校务委员会

附中校务委员会主任委员　宋成志

大夏附中毕业生升入大夏大学条件①

校务委员会第三十次会议记录

时间:一九五零年九月一日下午三时

地点:教员休息室

出席者:欧元怀　吴　泽　宋成志　许海涵　黄敬思　庄久达　钱玉音
　　　　何仪朝(蔡文熙代)　龚清浩(蔡代)　刘焕文(潘世宪代)

列席者:张瑞钰　钟孟春

主席:欧主任委员

记录:孙尧年

(略)

6. 附中毕业生可否免试升学本校案

议决:其毕业总成绩在七十分以上者,准免予入学考试直升本校。

主席:欧元怀

---

① 《校务委员会第三十次会议记录》,华东师范大学档案馆藏。

私立光华、大夏两附中改为公立并由华东师范大学领导[①]

华东军政委员会教育部(通知 17)

事由:为私立光华、大夏两附中改为公立并由华东师范大学领导由

受文者:上海市教育局

日期:一九五一年九月□日

字号:教高行 008485 号

一、兹决定你局所属私立光华、大夏两附属中学改为公立学校附属于华东师范大学并直接由该校领导。

二、希即知照并转知两校为要。

部长　吴有训

抄致

大夏大学　光华大学

附:上海市人民政府教育局稿[②]

日期:一九五一年九月七日

字号:教高行第 8485 号

受文者:私立光华、大夏大学附属中学

事由:华东教育部通知改为公立学校并由华东师范大学直接领导转知

兹接华东军政委员会教育部教高行字第八四八五号通知,你校改为公立学校附属于华东师范大学并直接由该校领导,今行通知。

---

① 《华东军政委员会教育部(通知 17)》,上海市档案馆藏,档号:B105 - 1 - 354 - 16。
② 《上海市人民政府教育局稿》,上海市档案馆藏,档号:B105 - 1 - 354 - 16。

三　规章制度与总结概况

1929 年各学院暨高师预科附中各年级学生统计[①]

本大学上期经教育部批准立案后，永久校基亦同时购定，校务愈形发达。本学期学生竟激增至一千四百四十人。计文理教商法五学院共五百七十三人；高师科二百十四人，预科四百四十六人，附中二百零七人。兹将各年级学生人数表详细统计如下：

十八年秋季各学院各年级人数统计表

年级＼系别	文	理	教	商	法	共计
1	108	31	54	27	35	255
2	54	17	24	11	13	119
3	50	10	33	10	15	118
4	39	6	21	11	4	81
共计	251	64	132	59	67	573

---

① 《各学院暨高师预科附中各年级学生统计》，《大夏周报》，第 66 期，1929 年 11 月 20 日。

十八年秋季高等师范科各年级人数统计表

年　级	1	2	共　计
人　数	125	89	214

十八年秋季预科各年级人数统计表

年　级	1	2	3	共　计
人　数	153	149	144	446

十八年秋季附中各年级人数统计表

部别＼年级	1	2	3	共　计
高　中	55	34	24	113
初　中	33	31	30	94

大夏中学训导员服务细则

一、本校为促进训导效率起见，凡训导员须切实励行本则所规定各项。

二、训导员应负之职责如下：

　　1. 指导学生言行及思想。

　　2. 辅导学生课外作业。

　　3. 召集学生举行个别或团体谈话。

　　4. 襄助各教师促进教室秩序及整洁。

　　5. 管理宿舍清静整齐；并执行宿舍一切规则。

　　6. 访问学生家长或监护人。

　　7. 率领学生举行修学旅行。

　　8. 筹备有关训导之集会。

　　9. 调查并面询学生间所发生之一切纠纷。

1934年，大夏附中新建校舍

1934年，大夏大学新校舍全景，即华东师范大学办公楼东西楼

10. 接受学生各种建议或报告。

11. 接待或答复家长对于学生行为上之访问或查询。

12. 审核学生各项招贴，并取缔一切不正当之招贴或印刷品。

13. 核准学生三天以内之请假。

14. 每星期六通知学生旷课缺课次数于教务员。

15. 主持早操及纪念周点名。

16. 每晚自修点名。

17. 记录学生操行成绩。

18. 经办学生书面警告。

19. 实施对学生须口头训诫事宜。

20. 出席教导会议导师会议及其他经通知之集会。

21. 报告或建议一切有关校纪事宜于中学主任。

22. 其他一切校规之推行与训导之考查事宜。

23. 其他一切属于学生训导事宜。

三、凡学生有下列情事之一者，须正式书面通知该生监护人：

1. 因受书面警告者。

2. 玩忽学业屡诫不悛者。

3. 未有家长证明书而请假在三天以上，或旷课在一天以上者。

4. 行为腐恶,屡诫不悛者。

5. 患病在三日以上,或经校医声称须通知监护人者。

6. 前项通知各生监护人函件,须经教导主任阅发;比较重要者须经中学主任核定。

四、凡学生有下列情事之一者,须报告教导主任:

1. 自修或早操及纪念周缺席而无正当理由者。

2. 继续请假在三天以上或旷课在一天以上者。

3. 未经准假而留宿校外者。

4. 违犯校规而情节较重者。

5. 言论或行为有反动嫌疑者。

五、凡学生有下列之一者,须报告中学主任:

1. 受第二次书面警告者。

2. 行为腐恶屡诫不悛者。

大夏中学一九三五年来教务工作之回顾与前瞻[①]

公鉴猥以菲才,承乏中学教务工作,倏忽且近一年。回顾此一年中,以人事之变更,设施之改革,平时正应埋头苦干,无暇向我校友作公开报告;然此一年中之设施,究竟为功为过,孰得孰失,敢于此六一纪念,利用周报特刊,向我校友作简赅之陈述。

一、立定方针

窃教务之主司为教学,教学之目的在增进学生程度。故公鉴自奉校长委任中学教务工作后,即以提高学生程度为唯一之努力目标。又审增进学生程度,不仅需有良好之"教",亦在能有努力之"学",故于教一方面,应如何便利学习,应如何督导学习,斯为改进教务之方针,并考察中学一般表现之事实,深觉学生之程度不齐,而我校今日在社会之地位,实不应粗制滥造以完事,故决先谋质的改进而后为量的扩充焉。

二、革进要端

教务为学校工作之中心,学校一切设施,直接间接无不与教务有关,欲言教务之改进,辄牵及训育事务各方面之设施。今限于篇幅,仅或单纯属于教务方面改革诸要端略述于后:

(1) 厉行普及体育　健康为成业之必要条件,故体育一科在中学课程中居首要之地位,中学规程并有体育不及格不得升级毕业之规定。本中学过去对于学生健康,固颇注意。惟列体育一科为课外运动,考勤稍欠严格,学生不免疏忽,并狃于通习,仍重选手竞赛,未能平均发展,本年度厉行普及体育,列运动为主科,定早操

---

① 作者为许公鉴。原载《大夏周报》第 12 卷第 18 期,1936 年。标题为编者所加。

为日课,每学期举行运动会一次,人人均参加。如上课不勤,成绩过劣,须留级重修。

(2)注重工具学科 国文英文算学等为工具学科,无论升学就业均有极大需要。在中学时代应培养良好基础,故本年度订学业成绩考查规程,特别注意主要学科,限止学生任意选习,并对国文英文两科,采取能力分组,以增教学效率,课外举行国文英文算学等竞赛,以鼓励学习兴趣。

(3)慎选各科教材 中学课程原有部颁标准可据,各科教材亦多审定课本可用。惟本中学以往情形,不少自编教材,亦有专教讲义,主观各不相同,标准自难划一,如遇教员更动,前后每不衔接,本年度为补救此项困难起见,于开学之前,即向各书局购索各科课本,慎加选择,务以采取经部审定者前后能联络为原则。

(4)多聘专任教员 欲教师能专心教授,并负责课外指导,非采取专任制不可。本中学本年度聘请教师,力求专任。如本学期每周教学时数共四百七十小时,专任教员担任者为三百十三小时,占百分之八四,兼任教员担任者仅七十七小时,不过百分之十六耳。

(5)研究教学方法 欲求教学效率之增进,须赖教学之有方。我国一般中学教师,多不讲教学方法,致学生不感学习之兴趣,甚至摈拒教师,滋闹风潮;本中学于本年度特组教学研究会,全体教员参加研究,业开会员大会三次,理事会四次,各科委员会数次,曾有研究报告送呈市教育局。

(6)注意学习心理 根据心理研究,吾一人日间之注意强度,有一定之升降,每星期之心理变化,循一定之周律,故本学期编配课程表,注意各科之性质,排在最适宜之时间,以合于心理的根据;并谋各组上课时间之整齐不间断,以便于秩序的管理,而安学习之环境。

(7)根据能力分组 欲求学生之进步,最重要者须教学适合程度。如招生不能严格淘汰,程度更难整齐。欲于教学上谋补救,则能力分组乃其要着,惟以班级制度一时不能打破,故于国文英文两种工具学科,在同一学年依能力分组教学,用同一课本而异其教法,并酌量补充教材。

(8)改良记绩方法 本中学以往记绩方法,如大学校采取学分制。其流弊所至,为计量不计质,学生选课学习避能就易,对于主要必修学科,不能有充分之学习。本年度修订学业成绩考查规程,取消学分制,改行学年制,对于部颁课程如不能按年修习及格,不能升级或毕业。

（9）认真招生试验　欲一班学生程度整齐，首须于执行时认真办理入学试验。我校为私立，虽不能如公立学校多事淘汰，然评录必须公平，程度必合标准，且予投考者以良好印象，影响于校誉者亦甚大；故本年度两次招生，试卷均采弥缝办法，而口试尤加注意。

（10）严格考查成绩　举行成绩考查，一所以督促学生努力，一所以诊断教学效果。无论于教于学，都有其价值。故本年度无论月考期考，均力主严格。如每班人数超三十人时，除命奇偶两组题目，间行分发外，并组织监考委员会，严密监考。

（11）督促学生出席　本中学以往对于学生缺课，不过作勤惰之记载，对于成绩记分，并无影响；故学生不加注意，难免有任意旷课情形。本年度为督促学生出席计，随时统计缺席次数，每月制图揭示一次，如缺席次数超过一定限度时，除分别轻重予以操行上之惩戒外，并扣学业分数，甚至取消成绩，使直接感觉升级毕业上之困难。

（12）注重课业练习　欲学生学业进步，不仅上课听讲可以奏功，更须课外多做练习工作，尤以国文英文数理工商等学科为甚。本年度特请各教员督促学生按时演练习题，并详加批改，每次月考后，由教务处检查课业练习簿一次，如练习太少，酌扣月考分数。至年度终了，并举行课业成绩展览会，以资激励。

（13）鼓励学习兴趣　为鼓励学生学习兴趣起见，除消极的督促外，并举行学科竞赛，择优给奖，以资昭劝。本年度中计举行国文作法比赛二次，英语演说比赛二次，书法比赛一次，国语演说比赛二次。

（14）唤起家长注意　家长送子女入校，对其修学状况，当然极为关心；特以情形隔阂，苦于无从过问。学生取父母汗血金钱来校求学，对家庭之期望，负良心上之责任。学校如能与家长合作，督促学生为学，效果必甚大。故本中学于每次月考后，即将成绩报告家长，并将各学生在校为学勤惰情形附带说明，以唤起家长之注意，而共尽督促之责任。

三、前途灯塔

回顾过去一年中之工作，虽不敢谓有何成绩可言；然而旧习渐改，一切已循轨道；虽不无少数学生怠散成性，不知振作，然就大体而言，均觉较有进步也。今者本年度行且结束，下年度又将开始；欲谋事业之改进，端在未雨先绸缪。谨献下列数端，似可作前途之灯塔。

（1）为实施特种教育，应参照部颁纲要切实施行。

（2）为增设实用课程，于初高中二三年级均应增设农工商等职业选科，以符实用。

（3）为注意实习，应增置设备或与社会事业机关合作，供工商科学生实习。

（4）为培养学生自学精神，应设置读书奖金，组织研究会，增购图书设备，切实指导学生自修。

（5）为树立教师信仰，各教师力谋教材之充实纯熟，使学生发生信仰，然后教学自易收效。上述数端均本年度中所感觉几须改进而未能即时实现者，切期于来学年能一一达到理想之希望也。

大夏中学的过去、现在和将来[①]

一、先说过去

本校于民十四年秋天，创办时，原名大夏大学附属中学，假槟榔路潘氏宗祠为校舍，小沙渡路二〇一号为宿舍；设初中四级。翌年秋，始改名大夏中学，并迁法新加坡路十五号。十六年春，长江一带既烽火满天，沪上又复英兵云集；致外埠学生不能到校，而新加坡路校舍又为英兵占住，不得又迁回小沙渡二〇一号；校务几无济维持。同年秋，改四二制为三三制，专办初中三年，并迁入胶州路大学校舍内，便照顾并所以节支也。十七年春，专办高中，普通科，师范科，商科等三科，并租戈登路八十八号为校舍。十八年七月五日经上海特别市教育局准予立案，并呈奉教育部及上海特别市政府分别准予备案。十九年秋，大学部迁入中山路新校舍，胶州路全部校舍即由本校迁入应用。二十年秋，并添办高中土木工程科，高中各级自第一年级起即行分科教学。二十年遭一·二八之变，大学部又迁回胶州路同校半年。同年夏，又随大学部迁入中山路大学校舍上课，如是之凡两年。廿三年秋，自成单位之校舍始稍具雏形。十年来的校舍情形，活像一幅流民图。而中间的兴替颠沛，更反映着不少的时代背景。

至言十年来的中学主持者，最初是鲁继曾先生主任一年，陈伯庄先生继任一年，郑通和先生任主任一学期，十六年秋，曾昌燊先生劳绩特多，继王祖廉先生任主任半年，吴泽霖先生任主任二年。大夏中学在如许艰苦中，尚有今日之十周纪念，他们几位的劳绩实在很大。十九年秋起，由倪文亚先生继任本校主任[②]。

---

① 作者为倪文亚。载《大夏周报》，第 11 卷第 8、9 期合刊，1934 年 11 月 15 日。

② 1935 年秋王毓祥继任附中主任，1936 年秋孙亢曾继任附中主任。

二、再说现在

本校现有初中三级,高中普通科二级,商科五级,土木工程科四级,师范科三级;初高中合计二十一级;男女学生都五百五十人。中学主任之下,设教导主任一人,教务员三人,训导员二人;初中和高中各科各设主任导师一人,即等于他校三科主任,而以全体专任教师为导师;另设书记二人;全体执教人员合计五九人。兹并分述关于教务训导和设备的三方面:

关于教务者

1. **课程** 以部颁课程标准为依据,酌加适应地方需要的教材。

2. **升级** 本校于学年制中仍保留学分制,即学业成绩总平均不及六十分者须留级,而每学期应修学程有三分之一学分不及六十分者,亦须留级。

3. **考试** 分平时口试,月考及学期考试三种;月考每学期举行二次。凡月考与学期考均由教导预定日期及席次。凡考试舞弊者,例须退学。又月考及期考成绩均分别全部函告各生家长。月考成绩优异者,在校内公布,不及格者分别函告加紧用功。

4. **考勤** 本校对于学生点名,规定特严。教室教学由各教师点名,即纪念周,早操,晚上自修亦指定人员,负责点名;其缺席与正课同。凡缺课在三十次以上,或旷课在十次以上者,受第一次书面警告;缺课在六十次以上,或旷课在二十次以上者,受第二次书面警告;凡缺课在一百二十次以上,或旷课在四十次以上者,即受退学处分。凡受警告学生,同时以书面通知该生监护人,希望协加督劝。凡一学期从未缺课或迟到早退者,得勤学奖金,免纳下学期学费之半。历年受此项惩戒或奖励者,皆有其人。

5. **注重实用** 初中及高中普通科重工具学科,以为升学之预备。余如高中商科,土木工程科,及师范科,皆以专业训练为目的,重在实用。暑中第一届土木工程科毕业者十一人,升学者五人,就业者六人;而此五人实亦自动舍业而就学者。师范科毕业作各县市小学教职,商科毕业生考入本市著名银行者,均为数不少。

6. **体格锻炼** 男女学生每晨分别场地举行早操,每星期每生至少出席课外运动三次,高中须受军事训练,初中须受童子军训练。军训、体育部、童子军团部分别组织办公处,以提高教学效率。凡学生于体育成绩特佳,而兼具体育德性者,给以体育奖金。上学年受此项奖金计十余人之多。

7．教师　本校教师计四十九人，均系学识经验两部优越之士；就中曾留学国外者十人，占百分之二〇·五；在国内大学毕业者二四人，占百分之四八·九；国内专科学校毕业者十一人，占百分之二二·五；其他四人，占百分之八·一。年来学校师生三方面，意见融洽，故即年度更张之际，本校教职人员，亦向少更动，此有助于学校秩序与教学效率者甚大。

8．教学讨论　本校以中学校务会议为学校行政集议机关；以教导会议为实施教导之枢纽。此外，初中及高中各科有各科会议，讨论各该科应兴应革事宜；各学科及国文，英文等则分别举行学科会议，讨论各该科教材内容及改进教学法等实际问题，全部学程依性质，分为九种学科会议。

关于训导者

9．纪念周　于每逢星期一上午九时举行，男女学生须全体出席，行礼如仪后，报告国内外重要时事及校务，并间请校内外人士演讲。施行以来，师生精神均极饱满。纪念周每为一般人认为例行公事，而本校于此受训导上之成效极多。

10．导师　本校以全体专任教师三十人为导师，每学生二十人为一组，由导师一人主持教导，补教室教学之不足，并予以思想上，言行上及各生特殊问题之指导。

11．会议　关于训导全部者有教导会议，关于宿舍者有宿含训导会议；前者以中学主任，教导主任及各科主任导师组织之，后者以教导主任、训导员、女生指导员、及长住学生宿舍之专任导师十余人组织之，分别应期讨论关于训导事宜。

12．全部住校　自本学年起，男女学生已实行全部住校，此有利教学，早操，及晚上自修者至大。

13．学生课外作业　学生正当课外作业，本校向予以赞助与辅导，现各级有级会，及詹詹国语社等。各导师间亦邀该组学生，为种种有益身心之课外作业。

14．请假　学生请假概须家长或监护人来函证明；凡请假三日以上者，本校于准假后，同时函询家长或监护人证实之。

关于设备者

15．校舍　本校现有办公处一幢，分中学主任室，教导处，总办公处，教员休息室，会议室及接待室等。楼上设阅览室及书库，可容学生百五十人。课堂二幢，计普通教室十六间,理化教室、劳作教室各一,童军及体育部办公室各一。群力斋男生宿舍一幢,可容寄宿生七百余人。女生百人则寄群英斋。

16.图书仪器　本校阅览室置中学程度之书籍杂志,其他则仍置总图书馆中。每年至少有两千五百余元,专作添置新书之用。应用仪器则向本校实验馆领用。

17.体育设备　属于军训者,置枪百支;属于课外运动者,置篮球场三、排球场二、网球场二、小球场一;早操大场一、童子军营地一;运动应用器具及童子军一切设备,尤属应有尽有。

以上但举比较重要者而言耳。

三、然后说将来

本校就今日精神物质各方面言,距我人的理想实相差很远。将如何养成朴实好学奋发有为的精神,以为民族复兴的前驱;将如何添建宿舍,增加图书仪器等物质设备,以成完全自成单位之中学等等:均为今后全校师生所应共同努力,以求实现者。

四、总而言之

整个大夏常于暴风雨下放出新芽异蕊,此每为嫉视大夏者所不及料,而亦为爱护大夏者所喜出望外者。大夏中学于整个大夏尚不足以自立的困境中而诞生,又遭政治外交极度摇撼,农村凋敝已极之如许艰危时会;十年来之艰苦备尝,又何待吾人之噜噜苏苏耶?唯愿民族延绵不绝,大夏校寿无疆;在内忧外祸的鞭挞下,愿大夏同仁本过去勇气而为复兴民族的前驱!

贵阳大夏附中设施概况及今后计划①

一、引言

本大学西迁来黔,附设中学却仍留沪。王欧两校长暨诸先生,感于教育学院及师范专修科同学实习之困难,且因贵阳为西南中心,抗战军兴,战区学生纷集于此,咸感流离颠沛,歧路彷徨之苦,亦不可不有收容安置之道。于是决定自二十七年度秋季起在贵阳添设中学一所,推定教务长鲁继曾,教育学院院长邰爽秋,总务长王裕凯等三先生负责筹备。七日间经教育厅特准设立,聘定教职员,登报招生,八月二日及三十日共招考二次,投考学生八百余人,盛况空前。设立之初,本系男女二部分立,自贵阳"二·四"遭敌机惨炸后,女生部位居城中,疏散不易,为学生安全,经校长决定,自本学期起,男女二部合并讲武堂,从此才力财力,均已集中,发展自益便利。

驹光如驶,转瞬学年将终,欣逢本大学十五周年校庆,大夏周报筹出特刊志盛,敢假一隅篇幅,将本部八个月来校务进行概况,扼要陈述;幸读者教正之!

二、行政组织

本部行政组织,于校长下设中学主任一人,秉承意旨,主持校务。复依事实上之需要,设教导事二处,各有主任及办事员一人。惟现当设立伊始,班级无多,校务比较简单,故仅有教导主任一人,一面代行部主任之职权,一面兼理教务,事务训育方面重要职务。另有校务会议及教导会议之组织,全体专任教职员均参加,举凡教务,训育、事务,全部重要事件视其性质分别提交两会议通过,不另设置各种委员会。

---

① 作者为来元义,载《大夏周报》第 15 卷第 23 期。

三、教务概况

甲、学级编制　本部本学期系开办后之第二学期，遵照部章仅招收高初中一年级新生，共有四班。高中普通科二班，初中两班，各分上下期，以注册人数为准，共计学生一九八人，内高中九三人，初中一○五人，以性别言，男生占一九二人，女生六九人。

乙、课程编制　本部课程，均依部颁标准，惟为实施便利计，亦稍有变更。如高中几何三角分为上下学期教授，国文英语工具学科授课时间亦酌有增加。实施以来，尚无流弊。各级教材除图画、音乐、劳作、体育由教员选定教材外，其他各科均采用部审教科书，由教员随时提示补充材料。至教学方法注重预习与练习，高中部尤注重笔记及问题研究。对于作文，英语练习，教学演算及习字，教员监督基严，批改亦甚详明，自然科学实验，本部因时间及环境所限，尚乏购置，惟因与大学部同在一处，故即利用大学部实验室实验，仪器之完备，内地中学恐无出其右者。

丙、成绩考查　注重平时成绩，历行月考期考，一方又严订缺席请假办法，减少学生缺席，以期增进教学效率。

丁、课外作业　本部对于学生课外作业，极为重视，惟以学校草创，一切待理，上学期人力实有未逮，故迟至最近始稍具规模。现先行组织成立者，有各级级会，在级任导师指导之下，分别工作，成立时间虽短，但成绩颇有可观。现各级级会活动，学术方面有读书会，时事讲座，演讲会，壁报等；康乐方面有球队，话剧，平剧等；整洁方面有布置教室，纠察清洁等；学生自治会亦已由各级级会推举代表，正依法筹备中。此外本学期内尚决定举行体育比赛，国语演说比赛，征文比赛，英语背诵比赛各一次，藉以提高学生兴趣。

四、训育概况

甲、训育目标　学校训育目标本不宜徒骛高远，而应以合乎实际，浅近易行为先着。本校训导目标，即依据青年十二守则，以忠勇，孝顺，仁爱，信义，和平，礼节，服从，节俭，整洁，互助，学问，有恒十二项为学生行为考查标准。现拟编印手册一本，逐项列举子目，使学生有具体之绳准。

乙、训育实施　依照训育目标，规定训育实施办法如下：

1. 个别及团体谈话　谈话分个别、学级及全体三种。就偶发事项由教导处或学级导师作个别或学级谈话。事关全体者,关于纪念周时集合全体谈话,对于精神训练,尚著功效。

2. 生活考查 本部因班级限制,专任教师无多,实行分组导师制,人数不敷分配,现行仍为级任导师对本级学生生活负有指导之责,上学期已举行学生生活调查一次,内容包含家庭、经济、读书、健康等重要问题,藉为指导之根据。导师轮流分次召集学生,每次除日常生活考查外,尤重特殊问题,均订有记录表格。

3. 自修及宿舍考查 本部住校学生每日均有夜间自修,每晚二小时,由值日导师出席指导。又宿舍内务,因现在人力上之限制,虽不足以言严格之军事管理,但亦力求整洁,按日由教导处举行检查,分为最整洁、次整洁、不整洁三种,每周统计一次,作为期终性行考查重要根据之一,其不整洁者,则随时纠正之。

五、体育概况

本校体育实施,注重普及。普通体育方面上学期每日有晨操半小时,由体育教师领导全校学生或作柔软操,或行短距离之越野跑,成绩甚佳。本学期开学以来,为预防空袭时间所限,故不克举行,但每日鼓励学生课外活动以补救之。体育正课上学期高中每周二小时,初中四小时,本学期亦为时间所限均减少一小时,由体育教师指导学生行团体游戏,或练习田径赛、球术。运动标准,依据身长体重分组,均有适当之规定。每月测验一次,皆有记录,以觇其进步;学期终了时,举行总测验一次,决定及格与否,不及格者,不得升级。课外活动,每日虽有规定时间,但因场地及设备限制,尚不能实行强迫制。体格检查每学期一次,检查学生身体各部分有无缺点疾病,藉作实施体育之依据。高中军事训练每周三小时,现由专任军事教官训练之。初中照章应予以童子军训练,惟童军设备、项目繁多,不特学生经济有限,且于兹抗战期间,交通阻滞,百物供求不应,购置困难重重,尚未正式训练。

六、今后计划

今后一二年内本校所应努力促其实现者,约有下述数端:

甲、建筑独立校舍 本校现附设于大学部讲武堂内,校舍系由省政府拨借,自非长久之道。加以本校系战后产生,并非上海大夏中学迁来,学生亦多本省子弟,为留本大学西迁后重要纪念及管理方面便利起见,则建筑独立校舍,实为本校今后行政之首着。此其一。

乙、**筹集基金** 私立学校不能与公立学校相提并论,公立学校行政经费,系由国家供给,可无基金,私立学校虽亦略受国家之津贴,但为数有限,断不能以此为主,其兴衰存亡,盖全系之于其本身之基金能否稳固充裕。本校现在经费入不敷出甚巨,其差额完全由大学部弥补之,以本省收取学费之低,其差额将永不能平衡,班级愈增,差额愈巨。为减轻大学负担计,为便本校发展计,宜使今后本校收支,能够自给自足,且能自求发展,是则筹集基金之举,实应立即进行。此其二。

丙、**调整组织** 本校现在行政组织,极为简单,行之于班次无多之时,可以节省人力财力,且可以收事权统一之效。自下年度起本校班次将增至六班以上,已具中学规模,组织上自应加以调整。依照中学规程规定,教务、事务、训育分设主任,合作分工,处理各有关校务。此种组织下学期起即将开始调整,以期校务益趋发展。此其三。

丁、**添置图书仪器设备** 本校现行各种设备,系与大学部合用。惟大学迁黔以来,所携仪器不及上海原有十分之一,供应大学本部实验,已感不敷。故留为中学生实验时间,甚为有限。本校下学期起班次增加,实验课程随亦增加,自应设法自行购置。揆之本校自□(筹)经费及战时交通困难,自不能在短期内置备各种仪器,然自下年度起实应分年设备,徐图充实,亦孟子所谓"求三年之艾也,苟为不畜,终身不得"之意。至于图书,虽有大学图书馆,但藏书不适合中学生阅读,应与仪器同时购置扩充,以臻完善。此其四。

以上四端,系一般中学立校之本,亦即本校今后之方针。其他如行政方面以后应如何充实教员阵容,严格选聘管教兼长之教师;训育方面应如何改进导师制度、军事管理之方法;教务方面应如何编订战时补充教材,改进劳作家事教学,添辟农场工场;推广事业应如何办理,使学校力量普及于社会等,虽均重要,但与上述四项比较,似属枝叶问题,兹为篇幅所限,不尽赘述。

七、余言

以上为本部八阅月来施政梗概及今后计划,本部诞生虽为时甚短,幸赖王、欧两校长之详细指导,苦心筹划,现已粗具规模,前途发展,当无限量。瞻望建国工作,需才弥殷,益感吾人职责重大,幸本校全体同仁,本已往之努力,一心一德,益加奋勉,是则元义所不胜馨香祷祝者也。

贵阳大夏中学概况^①

贵阳大夏中学随母体——大夏大学西迁而产生,初设男子女子二部,男子部设今之校址,女子部设乐群学校内,后因行政人事上诸多困难,两部合并,由曾广典、赵发智校友先后任主任。三十一年春,照恩继任主任。并延揽校友及各方有职之士协助,校务日有发展。兹值母体创办二十周年纪念,特撮合报道最近一年来校内各方面重要设施,想亦为我大夏全体师生及爱护本中学社会人士所乐闻欤?

(一)教务方面:一个学校的创立,对于学生课业自为最中心的工作。本校年来历行三完教学主义,教务处于开学之前,即函请各教员对于担任学科,在学期开始之初,应将全学程计划分配,厘定预定进度表,然后按进度表逐周讲授,并必须于学期结束前,将全学程教完,俾学生对该学科能得到完全之智识。不但对教本必须教完,如有笔记,习题或国文英文作文卷本,各教师且必须改完,随时发还学生,指出误点,诱导其上进。不但要教完改完,而且必须考完,使学生丝毫不敢偷懒,企图侥幸,而养成其淳朴质实之习惯。因为我们厉行此种教学方法,所以三十二年度上学期毕业会考总成绩,本校初中部已名列第三,高中部名列第四,在校学生,学期总成绩平均在八十分以上者,人数亦比以往为多,计有三十一人,因成绩不及格而致退学者仅有九人,留级者亦只有一十六人,较之往昔已大有进。不但此也,我们对于学生参加校外各种学术活动,亦极为注意,例如去年双十节,高中部学生参加军训总检阅,曾获军管区传令嘉奖。今春以来,且先后参加妇女宪政论文竞赛,贵阳市各中等学校学生讲演比赛,贵阳市千人大合唱等,无不载誉而归。诚以我们在今日训练青年,不但要个个人有丰富的智识,而且要个个人有坚强的活动力,故必须内外兼顾,才能达到理想的目的。

---

① 作者为吴照恩,时任贵阳大夏中学主任。《大夏周报》,第20卷第18期,1944年6月1日。

（二）训导方面：本校年来训导学生，系采群育与体育并重主义。在体育方面，我们对军事训练及军事管理异常注意，曾向军管区领借步枪五十杆，子弹二百五十发，实施实弹射击，注意野外生活。初中部的童军，更成立了军乐队，延请名家讲授军乐，俾学生对军队上应用的乐曲，能有充分的认识和运用。至于课外运动，除了每日下午利用广阔运动场鼓励并强迫全体学生练习各种球类及田径运动外，并不时举行短程远足或越野赛跑以期学生体魄日进于刚强。最近尚拟发劝募捐建筑体育馆，如成绩优良，则本校体育前途，当更未可限量。在群育方面，年来我们是以黔教育厅颁行之三十二年度中等学校中心工作为目标，加强实施新生活运动，而从整洁运动规矩运动和国民义务服务运动入手。本学期我们仅雇用两位工友，负递送公文及照料办公处责任，其余课室寝室校场各地清洁工作，悉由学生轮流扫除，以五人为一小组，称服务小组，分区服务，而由职员分别督导。尊师重道风气，我们亦积极提倡：学生每日入校，必须向教师职员敬礼。教师上下课及外宾来校，均由学生进茶进巾。此外对生产劳动，亦认真推行，在校场四周，由生物教员指导学生自载菜蔬，饲养家禽，期以所得补助营养，并养成艰苦卓绝手脑并用的能力和习惯。

（三）总务方面：我们年来有三个大运动：（1）是提高待遇，安定教职员生活。本校是私立学校，经费素感困难，在此战时物价波动剧烈年代，更感拮据支撑，艰苦万状。迫不得已，我们年来是采精兵主义，即用人方面，极端慎重，用一人至少要当两人用，而以所省经费，增加到现有教职员身上，使其生活安定，可以全部精神为学校而奋斗。此外并成立消费合作社，经常以低廉的日用必需品，售卖予教职员，藉以减轻全校教师及工友之负担，并培养学生节约消费之习惯，尤其是自本学期起，对教职员食米，均由合作社发给食物，使他们不致感受物价压迫的痛苦，而影响到教学的精神，这一点，实在予学校发展的裨益不少，因为战时各级学校最感困难者，就是"师荒"，而"师荒"的最大原因，就在学校无力解决教师生活困难，我们能使各教师生活上得到安定，自能进一步的要求其专心教学，学生学业上当然可得到很多利益，学校无形中也就进步了。（2）是充实设备，提高各科教学效能。在这一方面，我们年来购买了两万多元的新书，成立了一个小规模的图书馆，所有中学生时代基本必读书籍，大致已应有尽有，今后如能再补充一些新出版书刊，就可不必再借重于大学部图书馆了。实验仪器及化学药品方面，我们一向是与大学部合用，现在拟除整理旧存者外，在经济许可情形下，决向贵州省科学仪器厂定制仪器一套,以供学生实验。(3)是寻觅校址,展开建校运动,本校现有校舍,系与大学部共用前讲武堂旧址,尤其是女生宿舍,完全是附在大学部女生宿舍内,此不但管理上诸多不便,而且大中学教育方法宽严悬殊,两部设在一地,彼此均受到影响,故自上学期起,我们就多方寻觅新校址,拟自成一单位,以求尽量发挥中学教育效能,现已觅定市郊数处地址,一俟经费有着,呈请校长决定新校址,即可展开建校运动。

综上所述,足见过去一年来之贵阳大夏中学是存相当进步,惟窃思在此抗战艰苦年代,整个教育皆有改进必要,本校系整个教育中的一环,教务、训导、总务各方面需要改进之处当然也还是很多。谨藉此母体——大夏大学进入成年开始独立奋斗,本校安届六周年之际,将个人主持部间坦白陈词于我千万师友及爱护本校社会人士之前,希望不吝珠玑,宠予示教,则不第本校之幸,照恩亦与有荣焉。

贵阳大夏附中校史①

　　自"八·一三"淞沪战起,我大夏大学为拥护长期抗战及为国家作育战时人才计,乃毅然西迁贵阳。贵阳位于贵州全省之中心,且亦为省会所在地,各县学子有志升学者,多负笈而来,同时,战区学生,流转千里,纷集西南,多感无继续求学之机会。以贵阳所有之中学,尚虞不足,为适应上项需求计,王校长伯群及欧副校长元怀乃决定创设贵阳大夏附中一所,当请鲁继曾,邰爽秋,王裕凯三教授负责筹备,于民国二十七年六月一日正式宣告成立。初系男女分校,男女部附设于大学部内,请来元义先生主持,女子部设于域北之乐群路,请俞曙方女士主持,旋以两部分立,行政上有所不便,乃于二十八年春合为一处,同在讲武堂上课。来俞二先生均有他就,乃改聘曾广典先生为附中主任,自是集中管教,学子激增。三十年春曾主任因事辞职,由朱伯奇先生继任,以注重切实有用之学科与养成诚朴优良之学风为要务,贵州省教育厅认为办理成绩优良,准予立案,同年秋,朱主任另有高就,赵发智先生继掌其事,崇实务勤,不遗余力。四方来学之青年,有如万流之归海现有学生逾五百人,藏修息游,气象蓬勃,漪欤盛哉。惟因学子过多,校舍不敷应用,承贵阳县政府慨捐距贵阳五里之土地关地皮三千余亩,充作校址,正计划建筑事宜。欣看他日新舍巍峨,前途发展,未可限量。际兹抗战建国大时代中,有赖于全国青年之英勇迈进,但必须具有坚强之体格,丰富之知识,与完善之品性,方足以担当继往开来之大任。切盼我校青年,即时努力,以发扬我大夏之光荣,完成复兴民族之伟业是幸!

---

　　① 作者为王裕凯,原载《大夏周报》第18卷第3期。

重庆大夏中学之回顾与前瞻①

我们的母校——大夏大学——是一个富有创造性的学府，我因为受了这种教育的熏陶，所以也使我走向办理教育的途径上来。

记得从前在学校里，每当开学时，王校长或欧副校长总要报告创校的历史，使我们深深知道是经过了许多的心血，才有富丽辉煌的中山路大夏学府的产生。我们在学校里只知道校址一天比一天的扩大，校舍是一期比一期的增加，校誉是一年比一年的提高，这生气蓬勃，努力创造的精神是如何导诱人们向光明正大创造事业的道路上去，但也真切的体会到当时创办人的辛苦和创造一件事业的艰辛。

当我在中学的时候，是未受着良好的中学教育，无论在物资与精神方面，都深深的感觉到不能满意。所以我常常幻想着：要办一所最理想的学校给后来学子以满意的答复，但也相信理想或许会成为事实，就是像母校那样的刻苦努力，惨淡经营，不出十年，就有富丽辉煌的校舍，成绩卓著。

二十六年的冬天，我由广西回到重庆，很凑巧的街上碰着在大学四年同房间同餐馆的陈宗朝君，知道他正在筹办大夏附中移渝办理的事，并约我帮忙，那时大学部正在重庆与复旦设立联合大学，校长与许多老师均在重庆，我因为受了大夏教育的熏陶，深感到创造事业的兴趣和对人类社会的贡献，所以就答应陈君来校任事务主任。

一件事业的开始，都是非常艰巨，陈君是一位艰苦卓绝实干硬干的人，他常常以民生公司的成就以自励，所以不辞任何艰难困苦，主持渝中校务，以为他的希望终究会有成功的一日。

那时初中计有四班，有学生一百余人，高中设有农商普三科共有九班，有学生三百余人，全校共有学生四百八十余人，教职员有三十多位，学校真是欣欣向荣，朝

---

① 作者为张维，载《大夏周报》第 20 卷第 18 期，1944 年 6 月 1 日。

着发展路途中迈进。

二十八年暑假，我因事到成都去了，不久即接到一个噩耗，即陈君为学校而牺牲了。因为由渝乘木船返校时，就被民生公司的轮船撞翻落水，至今尸体犹未寻着，这是本校历史中一件最伤心的事，也是一件意外的最大打击。

陈主任死后，由侯刚春同学主持教务，一年间纠纷时起，先后将高中部各科陆续停办，侯同学是尽了他的最大努力，但以一时风气所播，实无法避免纠纷。

二十九年我来重庆财政局工作，侯同学因见学校情形如此，来局多次邀我出面维持校务，那时重庆市教育局还未成立，学校是属于社会局的教育科管辖，科长是同学童世荃君，有一天邀我去谈话，并拿出王校长的电报来，要我到大夏附中主持校务，我因为开办时曾费了一点心血，同时并为理想所驱使，所以也就毅然来校了。

这次回学校来，目的是在整理校务，同时也请了几位负有声望的旧同事回校帮忙，平时多注重优良教师的聘任，学生课业的督促，管理方面的认真，所幸四年来得各同仁一致努力，尚未发生任何纠纷，这是一件堪以告慰的事。

近年来因整顿校务，招生较严，每期学生只有二百余人，且以年来物价高涨，收费有限，故历期全部校费收入，均不足以维持教职员之生活，他如办公，设备，修缮，租佃，杂费等，也是数字惊人，所以学校经费支绌，成为一严重的威胁。所幸的事物主任许星垣君，他是一位真挚热诚的校友，是江安县的巨富，学校每期所差的款额，均由他垫付，所以学校才得以平安度过一切难关。

办学校真是一件难事，尤其是私立学校，政府既少津贴，外间又鲜经济援助，全靠埋头苦干的精神支撑一切，一心以为三五年间，学校有了成绩，人家一定会来援助我们。

同时也有许多好朋友对我说：一件事业的成功，是要经过各种的困难，忍受困难，随时设法克服困难，结果一定有所表现。所以我把总理题的"百折不回"四字，作我的座右铭。然而最痛心的是去年四月间，我的妻子死了，她不但是一位强有力的助手，而且学校过去的一切，大半都是出于她的机智与计划，她为学校积劳成疾，竟至牺牲性命，这是我个人一生无法估计的损失，可是她的人格精神给我的印象太深刻了，想到过去的一切，会使我渐渐流泪，丝毫不敢消极灰心，而本着她这种为教育尽瘁牺牲的精神继续做去，算作纪念她的一点私心。

本校高中部停办四年了，每期校外同学均希望恢复办理，尤其是我的亡室生前主张最力，所以本期把高中恢复一班，有学生六十余人，都很用功，程度也相当整齐,这是很有希望的一班学生,也好像给我们带来了很多希望一样。现在高初中计有七班,全校共有学生二百五十余人,教职员有二十位,多系国内有名大学毕业生且富经验者。

悦来场现为江北文化区,现有中学五所,政府机关迁来六七所,本校因抗战后首先来此,故所租房屋相当宏敞,环境优美,球场宽大,图书仪器设备,亦相当充实,这是区内其他学校所难比拟的;学校精神,较之其他学校,亦不稍逊。

我来学校,素以母校的精神作我们推动校务的主要力量,"三苦主义","师生合作"作为我们立校的法宝,王校长的手谕,"牺牲,奋斗,合作,创造"作为我们办理学校金科玉律,所以我们总是向创造事业的道路上去。

学校在渝办理已经七年,毕业学生也有好几百人了,无形中他们也受了相当的影响,所以毕业学生也特别有这种奋斗创造的精神,现在重庆市的许多行政机关和商业团体,都有我们的毕业生,尤其是在银行界服务的最多,成都重庆各大学,也有我们的毕业生考进肄业,在江北教育界服务的也不少,他们都能本着大夏精神,创造他们的事业。

至于今后的计划,我们要在重庆市区交通方便的优良地带,物色一广大校址,我们要一天一天的发展起来,完成我们富丽辉煌的新校舍,使成千上万的优秀青年都陶铸在大夏的怀抱里,使他们将来都是各科专家,建国的干部。这是我们的计划和理想,如果有一天成为事实,大夏的光辉将更照耀于寰宇了。

南宁大夏中学概况①

壬发滥竽于本校职务,瞬经六月,为时虽属甚暂,而各种事物,诸待整理,颇觉烦忙,兼以经费有限,欲求内容充实,亦难一蹴而至,顾以责无旁贷,虽绠短汲深,亦唯有竭其绵薄,以资应付。际兹母校举行廿周年纪念大会,爰将本校概况,撮其大要,以供众览,尚恳诸师长勿遗在远,加以指正,各校友不吝赐教,匡其不逮,则幸甚矣。

兹篇分为三节:1.为过去演进,2.为目前现状,3.为今后发展计划。

(一)过去演进:本校于民国二十七年春,在邕创立,初名大夏大学附设南宁中学,去冬奉大学部令,改为今名。当创立伊始,初赁南郭街天主堂之房屋为校舍,旋因学生人数日众,至二十八年上期,以校舍不敷容纳,会一度迁至南较场设立,而学生仍有加无已。为扩充校务起见,始于是年五月,向津头村购买卯逢墟旧墓地及私人田产,共计三十余亩,以作校址。正拟鸠工建筑,不料是年十一月倭寇南侵,邕垣沦陷,事出仓促,本校全部校具图书仪器,损失殆尽,乃迁往贵阳,与贵阳大夏中学合并,至二十九年邕垣光复,因各项设备问题,未能解决,延至三十一年秋季,始克迁邕复课,迄今已迁二年矣。

(二)目前现状:关于此节,可就下列各项群述之。

(甲)校务:本校与渝筑两大夏中学一致,对于校长一职,系由大学部王校长兼任。以距离筑垣遥远,校长不能时常在邕主持校务特专设校主任一人,综理全校校务,下设秘书一人,协助主任办理一切行政事宜,并分设教务、训导、事务、体育、农场五处,每处设主任一人,以专责成,秘书及各处之下,设文书,会计,出纳,教学,训育,注册,设备,指导,管理,体育,卫生,农事,劳作,庶务等组,每组或两组设组员一人,负责办理各组工作,又在设备组之下,设有图书仪器管理室及阅报室,均由管理

① 葛壬发:《大夏周报》第20卷第18期,1944年6月1日。

员管理之,卫生组之下,设有疗养室,由校医及护士主理之,庶务组之下,分设管米室,杂物室,由组员分别负责管理,至军训队部,设队长助教,实施高中学生军事训练及军事管理。童训团部,设教练员,实施初中生童军训练及童军管理,此则行政组织之大概情形也。

(乙)教务:本校现有高中部学生四班,由第一学期至第四学期,每学级各有学生一班,初中部学生九班,计第一学期学生三班,第二三四学生各二班,其中因有升级或留级之关系,原定班次,人数过少时,则两班编为一班,或五班编为两班,使高材生同在一班,低能生同在一班,俾各尽所能,依照进度学习。至于所编教学课程,均依教部新颁中学课程标准办理,关于考核学生成绩方法,除月试及学期试验外,并采取临时抽考办法,各科习作,则限期缴交。其他如自修早读,亦分别规定,由各导师教师轮值督导。至本学期教职雇员人数,合共六十三人,计校长一人,主任六人,秘书二人,导师九人,教师二十七人,军训队长一人,助教二人,童军教练二人,校医一人,护士一人,会计兼出纳一人,组员九人,办事员一人,雇员一人,高中部学生四班,男生二二九人,女生一四人,初中部学生九班,男生五四〇人,女生一〇人,统计全校学生人数共七九三人。

(丙)训导:训导目标,采用积极感化觉悟,以启发暗示之方式样,使学生自动自治自觉,恪遵国父遗教,总裁言行,成为三民主义之忠实信徒,并注重提高政治认识,(如举行宪政座谈会等),实行生产教育,而训导方式,除采用各种集会及早晚点呼作精神讲话外,并由各主任利用机会,及每周由各导师利用课余时间,作个别谈话,以了解其个性,及检讨其日常生活外,并于每周班会时,各作自我批评,以增进学生学习情绪。此外更组织助耕队,慰劳队,劝募队,歌咏队等,以协助社会各种事业。

(丁)事务:本校校址分三部:(1)校本部,(2)初中部宿舍,(3)女生宿舍,本学期除就原有各部修理外,并将办公厅扩大集中办公,最近更添建宿舍三大座,以能容纳初中部学生为主,以期便利管理,前旬业已落成,并饬令初中部学生迁入住宿矣。至于高中部宿舍,系在校本部附近,女生宿舍,则自为一所,均甚适宜。教师原有十四间,除用十三间外,另以一间作为音乐特别教室,此外另有教职员宿舍两大座,足供住宿之用,而图书仪器室,学生疗养室,均已布置恰当,并于操场四周,一律用杉条围好,以免疏虞。至于所用警役,并由事务处加以训练,以增加工作效率。

（戊）体育卫生：本校对于体育方面，与德智群各育同样重视，且注意普遍性，故虽复校未久，而运动场所的开辟，以及各种运动器械的设备，均积极进行，不遗余力。实施方面，依据教育部颁发中等学校体育实施方案，严厉施行。首在要求全体学生有运动之兴趣，与机会均等，次复选拔优秀者，加以特殊之训练，以为多数表率，藉收示范之效。而对于体育道德，尤斤斤注意培养，以期达到身心发育健全的目标，藉以发扬民族精神，至于卫生方面，以养成清洁习惯为原则，而尤侧重公众卫生之实施，除每日由军训教官童训教练员督促各生整理内务及各室清洁外，每周更举行内务检查一次，订定清洁竞赛规则，每学期举行全校大扫除二次，以收实效。他如普通医药设备，及施种牛痘，与夫注射预防针等等，则历经举办矣。

（己）劳作：本校劳作分为二种：一为农桑生产，一为劳动服务。前者系由学生分组种植短期植物，如瓜菜豆类等，并限令各生于入校注册时，缴交锄头一柄，以资耕耘之用。后者如修正校内外道路及操场地点等，均令学生负责修理，以资习劳，收效颇巨。

以上所举六项，均系目前施行之实况，以限于篇幅，未能详述，仅就其荦荦大者，概括言之而已，阅者谅之！

（三）今后发展计划：关于此节，复有下列四点：

（子）迁建新校舍：本校现有校舍，系与古城口村校暂行借用，限期亦将届满；加以前旬发生火灾，烧毁校舍一大座，内有教室十三间，学治会一间，器材室一间，以致地方不敷应用，为今后校务发展起见，应在卯逢墟校址，建筑校舍，以便迁移。今拟分作三期办理，第一期建造总办公厅一座，（楼下系办公室，楼上系图书仪器室及职员住室。）高中部教室一座，（以能容纳六个教室为主。）初中部教室一座，（以能容纳十二个教室为主。）教职员宿舍一座，（以能容纳五十个教职员住宿房位为主。）以及警役室室厨房便所等。连平地基及整理各处场所，合计预算第一期工程，约需一千万元有奇，数量庞大，尚须设法筹措，方足矣竞全功，而观厥成，惟就目前环境观之，势非达到此种要求不可。

（丑）宽筹学校基金：本校迭奉省令，以前准教育部咨，关于本校经常费，应再宽筹基金，增加固定收入，缴呈证件送核，饬即从速办理等因，自应遵办，以期完成备案手续，并使基础稳健，不致受物资波动的影响。

（寅）充实内容：本校成立未久，且中经沦陷，一度停顿。各项设备，殊嫌简陋，为增强教学效率起见,关于参考的图书,实验的理化仪器等等,均应力谋添置。至于应用之校具,亦尽量购备。以期充实内容。

（卯）其他:本校系属完全中学,以培养升学青年,使达到人才教育为主,惟每期招生,初中部投考人数较多,而高中部投靠人数较少,兹拟照目前环境,确定最低限度,暂办至高中六班初中十二班为原则,在招生时,依照省定统考标准录取,宁缺毋滥,每期升级成绩,考核从严,庶使养成勤奋好学之风,以收育才之效,此则本校寓管于教之本旨也。

战后大夏附中情形述要①

去秋"八·一三"战事暴发后,海上学校多罹劫运。本校附中以地处战区,始迁慕尔鸣路光夏中学,今春再迁福煦路七二五号,为时不及一年,而辗转播迁者二次,幸赖社会爱护以及同人之努力,弦诵不致中辍,且益淬厉奋发,日进无已。兹值校报发刊,抚今追昔,不能无辞,爰就臆想所及,尽其经过之荦荦大者,以当备忘录云尔。

大夏大学教务长　孙亢曾

一、迁校与筹备开学

溯自卢沟桥事变后,海上情势日趋紧张。迨"八九"虹桥事起,而战云密布歇浦矣。本校观局势严重,为未雨绸缪计,陆续将重要文件及仪器装箱运往较安全地带,少数留校男女学生亦为觅妥楼止处所于新寰中学,甫□事,而中山路交通即告断绝,时八月十二日也。当日午顷欧副校长率大中两部同人到光夏中学,即暂借该校为临时办事处,迁入办公。翌日战事□人奔走于救死扶伤,不遑宁处。迨九月初旬,校务会议以教育关系国家命脉,不欲因战事而停顿,除大学部决与复旦诸校商筹内迁外,议定中学部仍在上海开学,以学生彷徨在沪者尚多也。时四郊战事正烈,市区内流弹横飞,人怀戒心,而市内各学校又多辟为临时伤兵医院或难民收容所,欲借屋开学,殊有无处问津之感。际兹时艰,

---

① 作者为孙亢曾,原载《大夏半月刊》第1号。

学校生命绝续系于俄顷。顾念大夏创校于流离颠沛之余,十数年来,几经忧患,而进步未尝稍懈。此次遭逢国难,正所谓,"困心衡虑而后作"之时,焉敢退藏于默,嗒然自丧耶? 于是各方奔走,相度校舍,乃了无称意者。卒以光夏中学当局愿假四间教室为我校半日讲学之用。于是计遂定。九月十五日登报通告学生并分别函知各生家长,定是月二十日开学,二十三日起办理缴费注册事宜,十月一日起正式上课。同时,并访聘在沪各科旧同仁,咸愿本苦干奋斗之固有精神,矢诚合作。本校创办人如傅式说先生,大学部教授如吴浩然,王仲扬,傅复天诸先生等亦愿加手相助,分任理工国文等学科,于是胆益壮而学子之来归者日众。顾时值非常,为关系,各级课务,决采集中教学原则,注重普通基础训练及各分科主要实用学程。此外,兼教授时事常识,以适应当前需要,每日下午一时起上课至五时或六时为止,星期日则上午授课,平均每周各级上课二十八时至三十时不等。所有初中三班,以学生人数过少且教室不敷分配,则暂行并入光夏初中附读。又为减轻战时学生家长经济负担起见,决定免收一切杂费。高中学生每人全期只征学费三十五元,初中廿五元,一律通学。计较平时减收达三分之二。各事规划已定,而战局日益扩大,欧副校长早已离沪赴京筹备联大,而此烽火四围中之大夏钟声竟于十月一日下午一时发其初响于慕尔鸣路四十号矣。

二、上学期一般情况

当开学之初,学生注册者不及百人,较预算百五十人者尚仅及其半数。初颇惶虑,以为此渺小生命将难以维持。及后三周内学生陆续来者,日有增加,至十月廿五日截止注册时,高中生达一百六十九人(高一,五十六人,高二,五十七人,高三,五十六人)。初中学生附读光夏者亦达三十六人。此固非始料所及者,当是时也,光夏中学教室一部已为救护委员会借用为伤兵医院,而江西高级职业学校亦并入光夏上课。区区数幢屋宇,大有人满之患。以故种种课外作业之设施,未能尽如平时办理。惟教学精神,转以处境愈艰而益奋励。学生于上课之余,亦能各献所长,为社会服务,或募捐救济难民,或参加救护训练,或制衣馈药,慰劳伤兵。师生间雍雍知也。迨十一月中旬后,海上情势突变,楚歌四面,颇有山雨欲来之势。幸同人力持镇定,仍本向时教学初衷,互相勉策,不稍弛懈,难关卒以稳度。上课四个月,至一月下旬依原定日期举行期考,普三下学生九人在校举行毕业试。一月三十日寒假开始,多事之一学期于焉告终。本期任教教员计十二人,职员十一人,学费收入差可六千元,依量入为出原则支付一切，教薪以周时计，照平时标准七折奉酬，职员则酌支维持费。故学校度支尚未见若何穷绌，而同人含辛茹苦精神，益使人感奋不置已。

三、再度迁校与今后设施

一学期来感于环境局促，管教问题，未能得适当解决。光夏当局亦以前假教室，下期须收回自用为辞。于是迁校问题，又形严重。侧闻中山路劫余校舍尚存其半，然望梅止渴，徒唤奈何，而环顾海上人口日增，寸土尺金，容膝无地；且战区学校迁入所谓比较安全地带者，亦势如潮涌。际此广厦无多，学子若鲫之时，欲求一适当修游地，诚有踏破铁鞋无觅处之感。经多方奔走结果，始赁得今址，地点既适中，交通又便利，且教室数楹外，尚有运动场花园等，差可人意。然而月租四百金，较上期增数倍矣，一月十五日签定订租全同，二月一日即迁入办公。并决定自本期起初中三班，仍赓续办理，以便衔接，七日添招新生，十日开学，十四日正式上课，一切均依原定计划逐步实现。时值本校大学部建议在沪复课，风声所播，全校师生皆为色喜，盖半年来，附中处境俨如游子，虽万里思亲，白云可望；然终觉嘘寒问暖，抚慰乏人。果也，大学部复课矣，而本校奋斗精神，更觉竿头迈进，开学之初，如新旧同人加入合作者之增也（本期教职员合计三十五人）；新旧同学负笈来趋者之日众也；（本期注册学生高初中合计三百人）课程教材之重行编配也；国英算各工具学科之特加重视也；公民课程与体操童军之并行增设也；此外如学生课余生活之指导，实习教育班之附设等等，皆无不惟力是视，计日程功，□于环境，格于经济，其不能尽如吾人理想之处，亦所在多有。如各科特殊学程，未能尽量开设；春秋始业各班，未能双轨并进；室无巨厦，以为礼堂；校无宿舍，以资寄宿；场无广地，以供各类运动；此皆吾人所慊然于怀，而企图改进于异日者。语云："作始也简，其毕也巨"，今日大夏中学因陋就简之情形，无殊于十三年前辟草莱于潘氏花园时代。然我校固以"自强不息"之精神自励者也，令兹之简陋，安知十年后，又将何如乎？今日吾人之困心衡虑，将以恢宏大夏一校者，又安知十年后不为恢宏华夏之大业于此种其因乎？是在吾人之努力焉耳。

以上所述，皆为实录实感。在孤岛中，未敢发宏愿为文章，所能者，就教育言教育，于流离播迁之中，苍凉感喟之余，辄喜对庭园桃李，讯问春风秋雨而已！

廿七、三、廿七、

一年来的贵阳大夏中学①

二十七年春季，大学部迁来贵阳，越四月即有本校的产生，筚路蓝楼，筹划期间的种种困难，都在校长和诸位创办人精明的肇划和同志们热诚的努力下，一一克服。其间来元义俞曙芳曾广典朱伯奇四先生，先后分别主持校务辛苦经营，规模日具，本人于三十一年九月，奉命来校在职将近一年，兹逢校庆，谨以年来工作，作为庆祝礼物。并为关心本校人士告。

我国人生活习于散漫，影响所及，则至精神不振作，组织不严密，团结不坚固，工作效率低，新生活运动，提倡迅速确实，中等以上学校，采用军事管理，即为针对此病象之有效方剂。本校对于此点，向极注重，凡学生日常生活，服装仪表，进退礼节，以及内务之整理，教室之秩序，无不采用严格管理，不惮繁琐，不存姑息，经过相当时间之训练，学生均已习成自然，蔚然成气。

在全国共感师荒的今日，中等学校教务，无不遭受严重影响，本校校址既在生活费特高之贵阳，教职员待遇，又低于国立或省立学校，然一般热心教育，爱护青年之同志，竟甘苦若饴，始终不懈。不惟课无虚设，而且工作加紧。即或因事因病，偶然缺席，亦必设法补足。学生在教员"诲人不倦"的精神的感召下，绝无故旷课之习，偶遇教员缺席，必利用时间自习，或由学术研究组主持，作集体研究，平时小考及每四周一次之月考，均按预定计划进行，学期终之考试，尤采精密方式，杜绝弊端，决不宽假，而学生秩序，亦极良好。本年元月十五至十七日，本校举办各科成绩展览会，参观者络绎不绝。本省教育当局，亲临告示，一般印象，极为满意。

本校学生对课外活动，颇富兴趣，每有校际学术技艺之竞赛，无不踊跃参加，三十年双十节，全市学生军童子军大检阅，本校获得特殊荣誉，同年十一月市运动会，本校学生蒋从龙获越野赛跑冠军。本年五月，青年团举办全市中学生国语演讲竞

---

① 作者为赵发智，原载《大夏周报六一特刊》。

赛及各项体育竞赛，本校参加演讲竞赛学生曾永慧获高中组冠军，徐文英获初中组冠军。参加越野赛跑之学生四人均各列前茅。

根据年来的经验，深觉一个学校的基础，虽然一部分建立在经济上，而整个工作，则须赖健全的精神来维系，没有健全的精神，虽有优厚的经济条件，仍旧无法统率，无法推进。本校经济新，称充裕，而职员认清苦做的目标，教员始终抱定苦教的精神，学生坚守着苦学的旨趣，和衷共济，一德一心，今日本校欣欣向荣之生命，实即我同事同学艰苦奋斗之成果。谨视本校的前途无限，进步无疆，并祝全体学生均具备坚强的体魄，丰富的知识，完善的品性，能担当继往开来之大任，以发扬我大夏之光荣，亦即奠定民族复兴的基础。

四　校　友　回　忆

我与大夏附中的点点滴滴①

大夏附中最初设在上海戈登路，办理相当完善，这是我民国十六年到达上海首先考进的一个高中。那时高中已经分科，我进的是师范科，毕业后，考入大学部时，附中不久也即迁入梵王渡新建校舍，历任附中主任（即校长，均系聘兼）为王祖廉博士（时任外交部司长）、吴泽霖博士（时任大学部文学院长）、倪文亚先生（倪先生系母校第一届毕业之老学长，亦即现任立法院长）。

当时附中功课，有少数系由大学部教授兼任，颇受同学欢迎。而给我印象最深的，是教务主任曾昌燊先生，训导主任王裕凯先生，都能循循善诱，有威有容。国文老师傅复天先生讲书时风趣生动，我的作文常得到他的双圈密点，以及颇有分量的评语；由于他的鼓励，对我以后从事古文研读及教学不无影响，这是我所深深怀念和感激的。

另有一位临时代课不到两月的孙世扬先生，是国学泰斗章太炎先生的及门弟

———————
①　本文节选自姚毅成：《五十年前的点点滴滴》，《学府纪闻：私立大夏大学》，南京出版有限公司，1982年，第135—136页。题目为编者所拟。作者姚毅成，为1927级大夏附中师范科校友。

子,国学深邃,只是赋性稍怪,我们毕业时,适逢上海市首届举办高中会考,同学们莫不胆战心惊,以孙为"怪人",于是戏称教育局(局长陈德徵,昔为之江大学所开除,在职时颇负盛名)因为不相信高中老师的考试,所以要举行会考,请教他如何应付?他听了之后,愤然大怒,立停授课,高踞讲台,大骂陈氏荒谬幼稚,他个人决不接受云云,其口吻一如其师章氏之为人。同学们无不拊掌称快,满堂哄笑;而今试一回味,仍觉意趣盎然。

数学老师林觉世先生,系台湾人,厦大毕业,讲解详明,我虽于数学一科素质很差,成绩偏低,但他却始终对我亲切有加,也是我所敬爱的老师之一。其他如公民老师王宗轼先生,哲学老师郭秀勃先生,都是一时之选。

而最感遗憾的是拳术教员佘雪儿,教课既不得法,同学偶犯差错,又喜任性嘲弄;积怨日深,于是有一天终于在他上课时,爆发了全体罢课的风潮。当时操场上不见一人,大家齐集课堂,开会讨论,我和好友李焘攻击最力,发言激烈,声震屋宇,吴泽霖主任曾派人好言疏导。事后得知,假如不是我们收蓬得快,可能早已一律除名(当时竟没受到任何处分,真是万幸);不过,下期佘氏终于去职,拳术课从此仍然改为体育课。于今年逾古稀,怅怀往事,更令人不胜感慨惭愧之至。

母校大夏中学与我[①]

大夏大学创办于民国十三年六月一日，迄今倏届五十七周年。回想创校之初，仅在上海劳勃森路胶州路口租赁一所大洋房作为校舍，设备简陋，学生稀少。幸赖创办人精诚合作，各尽所长，用能克服困难，逐渐粗具规模。五年以后，因管理得法，教学有方，大学部及中学部学生人数激增，已跻于上海有名私立大学之列。

我生长苏北，为增新知、求进步，乃与二弟耀祖、三弟辉祖商议，函索母校附属中学高中部招生章程，并征得家长同意，联袂赴沪投考，幸获录取，至为高兴！时为民国十八年七月。附中校舍设于康脑脱路，主任为今立法院院长倪文亚先生，教务主任为王裕凯先生，训育主任为曾昌燊先生。诸先生任事负责，教学认真，师生亲切如家人，学生获益匪浅。

我高中毕业后，免试升入大学部法学院法律系一年级，旋大学部迁入梵王渡中山路新址，规模宏大，校舍巍峨。群贤堂美轮美奂，群策斋群力斋分列两旁，科学馆图书馆排列于后。对面则为女生宿舍群英斋，同学们每于下课时间，站在阳台上观看花枝招展来来去去之女同学。记得不知何人在墙上写有打油诗一首，系品题某大鼻子女同学者，诗为："鼻子人人有，唯卿大得凶！卧床冲帐顶，入座倒屏风。接吻全无份，呼气宛如虹；江南一嚏喷，苏北雨蒙蒙。"传诵一时，成为美谈。校园之旁，有丽娃栗妲河，小桥流水，花径柳堤，环境幽美，景色宜人，及今思之，令人神往！

---

① 本文节选自蒋慰祖：《大夏与我》，原载《学府纪闻：私立大夏大学》，南京出版有限公司，1982年，第174页。题目为编者所拟。作者蒋慰祖（1910—?），1935年大夏大学法学院法律系毕业。曾任台湾高等法院首席检察官。

大夏中学求学忆往①

一、初中阶段三易其校

初中求学时期,我随先君频频迁调任所,三易其校。早在以富庶闻名之浙江湖州南浔镇(中国四大镇之一)的南浔中学入学,匆匆半年,就转浙江宁波省立第四中学,翌年再择班绍兴省立第五中学,终在五中毕业。那段时间,不过十二三岁到十五六岁光景,纯真无邪,读书以外了无挂牵。记得初创的浔中,在土地堂附近地区。镇上著名的张家花园(即革命元老张静江人杰先生及其兄张澹如先生之产业)、庞家花园、刘家花园,其布置无非亭台楼阁,曲桥流水,近乎古典形象,与姑苏的留园大致相同。而与上海的法国公园、兆丰公园等的洋派作风,当然大异其趣。此外该镇盛产丝绵,民间生活,安和乐利。

宁波四中位于南门外,右傍古刹,左临甬江;一边晨钟暮鼓,一边江水滚滚,适于读书的好环境。可是我初离温暖的家庭,在校中住宿,不免孤寂之感;忆及厉校长乃骥一副严肃的脸孔,酷似不见太阳的阴天,益增小心灵上不自然的反应。尚幸校中刚举办普陀山的旅行,藉此认识同乡的英文老师马焕新先生,和本籍的同学庄君智耀,一路闲聊,愉快无比。此后又私行奉陪祖父母各一次,三上南海普陀山,对满山满谷的剃度光头已不觉为怪,前后山寺院的素斋好像家常便饭。听说来到名山胜地,与佛有缘;那里风景异常幽美,不乏历代名家的楹联墨宝,可惜我年事太轻,任它过眼云烟,未稍留记。

我插班五中初二时已较老练,不过初进新生到运动场上玩球,难免会受高年级生的欺侮,飨以球弹,名之曰"下马威"。据说这种玩意已成校内传统的习惯法,一方面考验新生的容忍力,一方面也显现老生的优越感。该校的教务主任陈次溥先

---

① 本文节选自周传谔:《求学忆往》,载《学府纪闻:私立大夏大学》,南京出版有限公司,1982年,第185—190页。题目为编者所拟。周传谔,大夏附中1930级校友。

生，后奉调留日学生监督，训导主任沈昌佑先生（谢世已久）在台时与我同事省教育厅，师生重聚甚欢。数学教师骆锡全先生，同学们奉称为"烙铁"，盖形容其督教之严，后应聘南京中央大学执教，师资水准，允称上乘。

二、参加上海第一次高中毕业会考

十七岁时，我受五中戴悟仙老师的指引，考入上海胶州路大夏大学的附属高级中学。附中主任为倪文亚老师，教务主任先后为孙亢曾与王裕凯老师。戴师授平面几何，王师授清史纂要，章师颐年授英文，傅师复天授国文。我初与戴师同住一室，直至戴师离校他就，我始租赁校对面民间宿舍。恍忽记起附中前面环以河沟，上架宽阔木桥，直通大门入口，校舍左右绕以竹篱笆。倪主任在纪念周训话，义正辞和，循循善诱；孙主任则声音洪亮，条理清晰；王师裕凯诚恳动人，傅师复天上课时偶发牢骚，也别具风趣，均永记不忘。迁台不久，曾偶逢倪师于车上，虽匆匆一面，倍感亲切。及校友会时，仰睹倪孙两师风采依旧，精神不减当年，良引欣慰。现附中在台同学已甚少见，听知同班同学仅孙义东一人，迄今尚未谋面。

民国十九年九一八事变爆发，次年春继以一·二八战争淞沪紧张，各校处于停课状态，不得已寄读于杭州复旦实验中学，该校主任为徐泽宇先生，在台曾任教淡江文理学院。又逢五中旧同学胡长雄兄，胡君后经商日本，与我重逢于东京，返台不数年患肝疾去世，故旧凋零，能不黯然！翌年复校参加上海破天荒第一次高中毕业会考，沪西区考场设于母校群贤堂靠左二楼教室。临考的前两天，即有某校学友特来暗中通知英文试题为"十年后之中国"。我半信半疑，范围如此广大的题目，以中文撰拟也煞费周章，何况以英文写作；乃当天到图书馆查考几个有关专门名词，并返宿舍开夜车，草草就章。迨次晨进考场时，声音嘈杂，乱成一片；市教育局派员发题前，有他校数名学生上台宣布，此次考试沆弊，请各位同学停考；试写当日各科试题于黑板，再拆对试务人员所携试题，果真一字不差。于是闹得天翻地覆，市教育局职员在学生包围威胁下抱头鼠窜，溜之大吉。潘公展局长的座车才进校内，车门玻璃也遭砸烂。事后据新闻报导，起因于掌理印刷试题工友，泄漏其在某私校的高才外甥学生，致一传十，十传百，轰动全市。又有"左"倾的职业学生乘机捣乱，事态扩大；此案经上诉至南京最高法院，主从犯分别判刑。一般人臆测此次会考弄得乌烟瘴气，教育主管必受处分，末料潘氏官运亨通，来年又荣升上海市长了。至延期再次举行会考时，各科试题较前浅易，大都顺利通过，此后上海市未闻再举行此项会考。

我的艺术道路[①]

　　我是浙江绍兴上虞县人，我们这个县（你不要以为这个县小）出了两位名人：浙大的校长竺可桢先生（上虞人）和上海交通大学的校长谢绳武（都是国务院任命的）。我叫谢绳武先生叔叔，因为我的辈分比他小。他是第 53代，我是第 54 代，所以叫他叔叔。谢绳武同志做了很多的工作，竺可桢先生更不要说了，大家都知道。这样一个小县，居然出了那么多的文人（绍兴更多），是很值得推敲的一个文化现象。我可以告诉大家，浙江省 9 年前就讨论过，现在正式宣布了——〈浙江日报〉头版头条："浙江不但是个经济大省，还要办成一个文化大省。"浙江要办成一个文化大省现在有很多很好的机会、机遇，如茅盾奖现在

大夏附中校友　谢 晋

准备在乌镇——茅盾先生的家乡颁奖；夏衍的电影文学奖准备在杭州颁奖（他是杭州萧山人）；鲁迅先生的文学奖将在绍兴举行。这三位大师都是浙江人。

　　我从小在浙江这样的环境里长大，祖父经常给我讲辛亥革命先烈的事迹。我的祖父是和徐锡麟、秋瑾在绍兴大通学堂一起教书的，当年徐锡麟最艰苦困难的时候，就躲在我家里（老宅现在还在），后来他到安徽去刺杀安徽巡抚，结果被捕后在安庆被剖心肝，秋瑾在绍兴被杀头，我的祖父逃到了镇江一个师爷家里面，辛亥革

---

　　① 　本文节选自谢晋：《我的艺术道路》，原载上海文广新闻传媒集团、上海图书馆、上海市社会科学界联合会主编：《东方大讲坛 3》，文汇出版社，2006 版，第 186—187 页。作者谢晋（1923—2008），浙江上虞人。著名电影导演。大夏附中 1939 级校友。

命成功以后他才回到故乡。祖父是我们上虞县第一个剪辫子的,这些在我童年时代引起很多的联想,至今我祖父的墓碑上还有徐锡麟烈士的事迹,这些经历对我一生影响很大,所以我有强烈的爱国爱家乡思想,也不是偶然的。

我祖父我父亲都希望我将来能够学政治、学经济,连我都没有想到自己后来会搞电影艺术。我在中学时差点要留级的,现在谁都不相信,因为我的数学不行。我父亲最大的希望,就是我小学毕业以后能考上上海中学,但毕业那年,日本人发动了"八·一三"事变,开始了大轰炸。我们全家开始逃难,一直逃来逃去。我在这样的一个经历中长大,所以,从"九·一八"、"一·二八"到"八·一三",是对我一生影响最大的年代。为什么我的功课不大行呢,因为我的数学最糟了,代数、几何考试经常不及格,但是我的语文不错,我还喜欢历史、地理,可以说,我后来走上文艺道路是和喜欢历史有关系(包括我们家乡的历史)。我现在还常劝很多年轻人:如果不知道世界历史、中国历史,甚至连"文革"的历史都不知道,这种人能搞文艺吗?能拍电影吗? 现在的华东师大一附中①是我念高中的母校,虽然我因数学不行差点留级,但是老师却慧眼独具,看在我语文和历史还不错的面子上,把我保了下来。

我之所以走上文艺的道路,和我母亲是有很大关系。我母亲星期六经常带我们在小电影院里看电影,一两毛钱一张票,可以说,程季华同志写的《中国电影史》中我没看过的中国电影很少。我在童年时代就看了《孤儿救祖记》、《啼笑因缘》、《渔光曲》、《天伦》、《十字街头》等好电影。现在回忆起来,我依然很留念那个时代。

高中毕业以后我考上大学,去了四川。国民党时期全国一共只有三个艺术院校,一个是国立音专,贺绿汀同志主持的,另一个是国立美专,还有一个是国立剧专,这三个学校都随着北大、清华、南开、交大、复旦等大学,跟了当时的国民政府搬到内地去了。当年,中国抗战最艰苦的时候,我们所有的大学都搬到内地去了,如同济大学就在我们念书的江安县旁边的李庄,西南联大大作家几个,如朱自清先生、闻一多先生都随西南联大去了昆明。抗战八年的生活,现在回忆起来还非常令人怀念,这段经历决定了我们的一生。杨振宁先生比我大一岁,我当时在国立剧专念戏剧的时候,杨振宁先生在西南联大,所以我们现在开会的时候,大家讲起西南联大都很兴奋。

---

① 按,谢晋当年所就读的是大夏大学附中,此处称"华东师大一附中",因为1951年大夏附中和光华附中合并成立华东师大一附中。

优秀的袖珍班级①

　　1941年9月，我进初三下了。开学第一天，来到班上，我发现已不是原来宽敞的教室了。这是楼梯旁的一间小办公室改成的，只有五张课桌。怎么算一个班？我正在纳闷，同学们到齐一数，只九个人！打铃后级任老师来了，是卢炳衡先生。他上过我们国文课，不过20多岁，高挑个子，苍白的脸，说话很慢，很轻，给人十分温和而亲切的感受。他说：我们班是勤俭级，班级虽小也是个集体，要爱惜集体荣誉，争取当上先进班级。他鼓励我们好好读书，取得好的毕业会考成绩。下课后他同我们一道布置教室。人少，教室也小，很快打扫得干干净净，四周布置得十分美观，真是个小巧玲珑的"家"。

　　我们班有四位女生，五位男生。女生是鲁佑兰、朱攽、肖群萱、裴元湘；男生是何龙昌、屈经权、贺正煊、喻纯武和我。以前四五十人一班，男女界线相当分明，很少讲话。许多过去常在一起玩的同学如今已离开了学校，硕果仅存的几人自然分外亲热，连男女生都打破了楚河汉界。我们不论是学习还是活动，都挺一致的。那时学校每星期六要评优秀班级。评比内容有课堂纪律、清洁卫生、出勤情况、教室布置、早操和课外活动等若干项。于是，我们约定谁都不迟到早退，小病也坚持上课，人少好办。课堂上只有两行三排桌子，上课时谁干什么都看得清清楚楚，自然人人专心致志。放学前大家一齐动手，把桌凳洗刷得干干净净，一尘不染，地上哪怕有了点纸屑，谁都会自觉地立即捡拾起来。上课前，黑板总擦得黝黑精光。在卢先生指导下，级刊总经常出新的。总之，检查的老师们很难挑出我们的毛病，因而"优秀班"的锦旗在一个学期中一直挂在我们班的墙上。

---

　　① 邓宗岳：《优秀的袖珍班级》，《大夏大夏：大夏大学建校80周年》，1999年6月，非正式出版物，第86—87页。作者邓宗岳，1926年生，1939年入大夏大学附中初中部，1942年入附中高中部。曾任贵州人民出版社编辑、贵州财经学院教授等职。

卢先生上我们的国文。他教古文特别来劲。记得他讲《金缕曲》,十分动情。我简直沉浸在宁古塔的意境中,为顾贞观与吴汉槎的真挚友情而深深感动。直到今天我还能背诵这首词、一字不忘。卢先生的字自成一体,既隽秀、又古朴。贺正煊学他的字十分尽心,当然笔力不够,但进步很快,后来有时竟有些乱真。有一次卢先生患病吐血,我们全班人都去看望他。后来他写了二首七绝"呕血不教李贺偏,养生无主庖丁贤,古来寒士知多少,鲜在人间四十年。"当时我对诗意不甚了了,但却被诗的真情所感染,以致对这首诗至今仍没有忘记。

我们班虽小,但肝胆俱全。班上有级会,校中还有童军团,所以人人有职务,记得何龙昌和鲁佑兰是童军团的男女中队长,也是级长;其余的是分队、小队的队长、队副。我是级会的常务干事,朱粦是学术股长,贺正煊是文书股长,屈经权是文娱股长,其他人也各有"官衔"。当然这些股长都是"光杆司令",但干起事来十分起劲。贺正煊能写会画,他设计了一个小巧玲珑的级徽,我们自己花钱打了徽章,一齐戴在胸前,比什么胸花都漂亮。大家不仅办事齐心,甚至穿衣服、鞋袜都一致。像这样怎不得优秀班的锦旗呢?我们十分喜欢文娱活动。屈经权是男高音,何龙昌喜欢引吭高歌《黄河颂》。贺正煊还搞来一个铁皮做的"鼻琴",比核桃略小,用鼻子吹奏,其声清脆悠扬,似口哨而柔和,像钢琴而厚实。很快男生每人一个。何龙昌、屈经权的技巧最好,可以直接吹出颤音。一到课外活动时琴声齐鸣,全校都能听到。至于女生,都是歌手。朱粦当年就会唱《在那遥远的地方》和《达坂城的姑娘》,往往余音不绝。开联欢会自然人人上场表演,以后大家还成了大夏合唱团的骨干。

这年秋末冬初,童子军团在南明河边小西湖旁的草坡地上举行露营活动。我们班的炊事实习人人动手,男生拾柴做饭,女生切菜炒菜,香喷喷的,十分带劲。晚上大家穿着黑棉大衣,聚在一起举行营火晚会,篝火照亮了寒冷的天空,人们的情绪十分热烈。我们班的节目自然是大家一齐上,博得了热烈的掌声。在这样的环境中,我们班的学习成绩提高很快,也相当整齐。上课时认真听讲,下了课不分男女生都互相切磋。当时我家在都市路,一人住一个大房间。于是同学们喜欢去我家玩。特别是考试期内,男女生都一道去我家复习,互问互教。因此,不论月考、小考、大考,大家都成绩优良,毕业会考也人人通过,没有谁是中下成绩的。

一个学期过去了,这个"家"不仅培养了同学间的凝聚力,还增强了我们间的纯真友谊。第二年，我们中除了喻纯武因家庭原因未升学外，其余八人直接升入高一上，全班又恢复成五十余人的大班。而我们八人还是常在一起，有人说我们是"小集团"，但谁能领会在这样一个特殊的"家"中成长起来的兄弟姊妹之情呢！

亲切的大夏附中时代①

论校"龄"，我在大夏读过五年，工作十年有余，包括在大夏附中、大夏大学、大夏夜校、大夏高职、大夏学院学习与工作。所以说，我和大夏真的有缘。

还有，我也是 1924 年出生的，与大夏大学建校同年。这不也是有"缘"吗？

对于"大夏"来说，最令我记忆深刻的还是"附中"时代。那时的校园生活紧张而又有趣味，不感到负担，三年中教过我的老师好多个，可以说每位老师都给我留下深刻的印象。教语文的卢老师，他要我们学写文言体的文章，而我"春日而记秋景"（这是他给我的批话中的一句话），还有一件那已是在我高中毕业正待升入大学部的 1943 年上半年的事，当时我在附中教务处工作，卢老师是教务主任，他家住在中华北路（喷水池），对面有一条巷叫"三才巷"。记得有一天下班时，我和卢老师同路，在路上的交谈中，我问卢老师您家对面的"三才巷"是不是那条巷子里出了三个"才子"呀？卢老师笑着说什么三个才子，"三才者，天、地、人嘛！"这时我恍然大悟。发蒙时读的《三字经》里不就是讲得清清楚楚的吗？而我只是从某些街道的命名上如"状元巷"等去想了。真惭愧，真是孤陋寡闻，真是天下奇闻！还好意思去问，幸而问的是老师哟！

高三了，教语文的是许老师（也是我们的班主任），在他的教学中，我最记得的是教朗读诗词，特别是教朗读北宋柳永的《雨霖铃》"寒蝉凄切。对长亭晚，骤雨初歇。都门帐饮无绪，流恋处、兰舟催发……"他一句一句地教，不是用现在的普通话，也不是用我们平时朗读的声调，而教的据说是吟诵词的特定语调。抑扬顿挫，句读分明地诵，我们也跟着他一句一句地朗诵。记得他还强调指出兰舟催发的

<hr>

① 本文节选自喻元春：《我和大夏有"缘"》，《大夏大夏：大夏大学建校 80 周年》，1999 年 6 月，非正式出版物，第 85—86 页。题目为编者所拟。作者喻元春，贵阳大夏中学高中部 1940 级校友。1943 入大夏大学部文学院外文系，后转银行会计系并于 1944 年肄业。

"发"字不能读"fá"而要读"fé",所以至今我记忆犹新,还能用他教的那种音调朗诵这首词。

要写的太多,就此停住吧。亲切的附中时代留给我的太多太多了……

回忆贵阳大夏中学及其校友会[①]

　　大夏是贵阳私立大夏大学的简称。她是在抗日战争时期于1937年底从上海市迁到贵阳的一所较大规模的学府。校址是借用原"讲武堂"即今河滨公园对面包括黔剧团、杂技团暨整个贵州教育学院在内的全部场地。

　　大夏大学设有文、理、法商学院,科系比较齐全,迁到贵州,给贵州的青年学生提供了深造的机会和条件。大夏为贵州教育事业的发展具有一定的贡献。

　　我于1940年春考入贵阳私立大夏大学附中高中部读。三年的中学生生活给我留下了深刻的印象。

　　大夏附中的师资素质较好。贵阳一些有名的教师受聘在这里上课。有的老师本身就在大学部任职而兼课于附中。三年里教过我们班的老师中能回忆起来的有:许庄叔、卢炳衡、冯楠、徐庭栋、路尔玉、李清心、庄心田、张瑞钰、颜谦亨、肖子明、严文炜、麦放明、陈曼鹤、赵静芳、李实等;还有为其他班级的同学推崇的严余春、陈德安、尹斌、刘汉宗、车泽普、杜光炎、陈果等。

　　这些老师教学认真负责,生动而风趣,使我们易于理解和记忆。如徐庭栋老师教代数"入"(Slope)时就形象地比喻为"懒洋懒洋的坡",这样使大家一下子就记牢了。老师对我们的要求很严格。一次作文练习,卢炳衡老师规定要用文言体写,我找不到切合时令的素材,结果得到的是"春日而记秋景"的评语。

　　已是高三了,由于物理课的徐老师教得很好,调动了我的学习积极性。这个学期我特别喜欢物理课,作业也很认真,错得也很少,可我的字写得很潦草。有一次发下作业本,徐老师给作业的眉批是"看得眼都发花了!"从此,我注意誊写整洁,也

---

　　① 中国人民政治协商会议贵阳市南明区委员会文史资料委员会编:《南明文史资料选辑》第11辑,1993年9月,第75—80页。作者喻元春,贵阳大夏中学高中部1940级校友。1943年入大夏大学部文学院外文系,后转银行会计系并于1944年肄业。

不乱写草书了。

赵静芳老师上体育课,还组织课余球队,让大家有锻炼的机会,连我也被指定为校队的一名队员。我很喜欢唱歌,陈曼鹤老师(后来还有严文炜老师)领导我们歌咏队演唱《海韵》、《旗正飘飘》、《满江红》、《山在虚无飘渺间》等名曲。我们的歌咏队还参加比赛、演出、录音等等。

时值抗日期间,学校由上海迁来,当然各方面条件受到一定的影响。但是因为是大夏大学的附中,在教学仪器方面可以利用大学的设备,这是其他中学所不及的。高中一年级开生物课,上课的张瑞钰老师是大学部来兼课的,所以我们上生物课可以到大学部去实验,两个同学共用一台显微镜,张老师指导我们观察葱的表皮细胞,我们学得很带劲。

张老师考试也不让我们死记硬背,为考试消化系统的知识,他出题目是:"给你蛋炒饭一碗,试说出其消化过程。"这样的题目既新鲜、不呆板,又考了知识。

大学部的图书馆对中学部的同学也开放,不过我们很少去。不仅在教学设备上有大学部的支持,而且学校还请大学部的教授给我们作报告,丰富我们的知识。如有一次夏元瑮教授给我们讲"月球的故事",他说登上月球因为无有"引力"所以走起路来是飘飘的,温瓶里的水也倒不出来了……等等。我们站在操场里听他讲了几个钟头,一点都不累,还希望他多讲几次。

行政上大夏的校长王伯群,副校长欧元怀,中学部主任曾广典,后来是朱伯奇,以后是赵发智。以下有教务、训育、总务几个处均有主任统管。我进学校的时候教务主任是吴照恩、训育主任是李繁钧、总务主任是谭宗禄。以后是聂汝达、卢炳衡也当过教务主任。

高中部的学生必须参加军训,所以配有军训教官二人,初中部学生必须参加童子军训练,设有童军教官。每周都有军事训练的课程。当时学校对学生服装是很严格的。高中生是草绿色军服,初中生是童子军装,上学时必须穿戴整齐,所以我读书三年天天身着军装,绑腿、皮带从未离身。那时候在同学们当中也没有比哪家有钱那家穷,同学就是同学。

高中毕业时,因大学要秋季才招生,所以我留在中学部教务处工作了半年。我分管的是全校的学籍,我的工作就是要将全校每个学生上一学年的考试成绩分别登在各自学籍卡上。从这段时间的工作中,更可看到附中教学管理的严谨。当然其他的部门,其他的职员均各自分工不同,正是由于有这一套整体而又严密的行政管理机构的正常运转,才能使学校教学活动有条不紊地,一学年一学年地进行,一批一批地为国家培养出不少人才。

大夏附中的每个班级都有一个名字,我们班是高中第四期名"博爱级"。我们这个班从高一上的60人到高三下流动得只剩30多人。我们这个班有个关心我们的班主任许庄叔老师(不幸已于前年去世了)。有几个热心集体工作的班干,所以我们班很团结,学校出刊,我们班第一个贴出去;清洁比赛,我们一定要争取优秀。

毕业时,我们全班每个同学或自传或互写每人一篇小传,集成同学录一册。这册同学录有班主任许老师题为"别了,前途无量的弟妹们!"的代序言。有学校领导的题词,记得有一个老师的题词是:"愿诸君乘长风破万里浪"。我们班还特制了一个铝质圆形的级徽,图案上方是环形四个绿色英文字母CSGM,即大夏中学英文的缩写,中间一个蓝色"4"字表示第四期,下方还有毕业时年份1942几个字。

1943年春,我入大学部文学院外文系念书(后转银行会计系),这一时期的学习生活与中学时简直两个样。学校实行的是学分制,各学年的学分有一定的指标。各院系各年级有必修课和选修课,每个学生可以根据学校的规定结合自己的实际安排学习课程和时间,每天按照自己选定的课程到指定的教室修课。这样的组织形式就不像中学时代那样,同班同学必定天天在一个教室里上同样的课了。所以上了大学原来的同学中,因科系不同,选课各异,很少碰面,打个招呼就又各奔东西了。在大学虽然也结识了一些新同学,但不知怎么的,也只是见面时笑笑,寒暄几句而已。

大学的老师只是按时来上课,下课后不大和学生接触。只有上物理课的夏元瑮教授有时还喜欢和同学们聊聊,其他的老师有的只是在路上遇见时打个招呼,有的根本连学生都不认识。

1944年冬,日寇进犯黔南独山,贵阳吃紧,学校被迫迁往黔北赤水。我因家庭原因没有随学校去而辍学,从而结束了我学历的最后一站。

1985年春,经部分在筑校友的发起,于同年报贵州省教育厅批准成立了"贵阳大夏中学校友会"。几年来校友会逐渐发展扩大,联系了5000名中学及大学部的校友。今年又报贵阳市民政局批准登记。

1991年,贵阳大夏大学校友会与上海大夏大学校友会取得联系,在换届选举中贵阳大夏校友会理事长李际铨被选为校理事会成员之一。

为了增进同学之间的友谊，大夏校友会成立以来，每届"八一"校庆、元旦或春节前都组织庆祝联欢活动；为了表示历届教师的崇敬和慰问，每年的教师节都请过去的教师们和同学们欢聚，向老师们赠送纪念品，表示感谢教导之恩。

春光明媚时节或金风送爽的日子，校友会就组织同学们郊游，欣赏祖国美丽的大好河山。1988年春节前，校友会还开展一次"送春联下乡"的活动，特邀了著名书法家张星槎老先生亲自参加。这次活动受到花溪区人大、政协、书协以及花溪区文化馆的领导和同志们的盛情接待和支持。我们共书赠了400多副春联给当地农民朋友。当夕阳西下我们不得不告别前来求赠的朋友们时，他们依依不舍地说："这些老同志不仅给我们送来了春联，还给我们送来了春天！"

校友会还通过书面形式广泛联系校友，创办了《大夏校友》。几年来共撰集了十九期，刊出八十七篇约八万多字校友们的创作。校友们通过诗歌、散文、报导等形式歌颂母校和老师们的业绩；回忆学校生活；通过书信互通信息，增进友谊；通过猜谜语、对楹联等形式活跃生活情趣。

难忘的大夏

——在贵阳①

1939 年我因受进步思潮的影响,同情和支持进步老师而被开除学籍。经过自己刻苦努力学习,1940 年我以同等学力考进大夏大学的附属中学高中部。国、英、数、理、化各科都是水平较高的老师教授,对学生要求也很严。有的就是大学的老师,例如张瑞钰就是大学生物系的老师。他在中学担任我们的生物课,要我们到大学部去做实验。我第一次亲手摸到了显微镜。张老师的爱人就教我们化学课。数理系助教徐士高教我们物理。我又是跳级生,所以功课负担很重。但教学中广博的知识性和严密的学术性,使我越来越热爱学习,热爱科学。我经过不断努力学习,不但逐渐赶上本班水平,而且成绩逐渐上升。当我毕业时,正愁走向何方的时候。忽然中学部部主任吴照恩老师宣布:凡已经正式毕业的学生,成绩优秀的,可保送入大学学习,这又一次给我一个震惊和鼓舞。大学的道路就在脚下,上大学不是那样神秘和高不可攀了。

这样突如其来的喜讯,使我非常激动。我想我到大学应当学点什么?大夏这所最高学府,不但图书仪器充实,而且学者云集,尤其有像夏元瑮那样世界知名的科学家,我当然要选人类最新的科学知识来学习。我就选读大夏大学数理系。开课的都是名教授,化学实验,物理实验,不但使我学到许多实际知识和技术,而且大开眼界,使我的智慧和思维能力都有所提高。

1994 年上海大夏大学校友会庆祝大夏大学建校七十周年纪念大会,我是抱着一颗赤子的心去给妈妈祝寿的心愿去为母校祝贺的。我感到遗憾的是我没有任何成就来为母校敬献。

---

① 赵振棠:《难忘的大夏——在贵阳》,《大夏大夏:大夏大学建校 80 周年》,1999 年 6 月,非正式出版物,第 44—45 页。作者赵振棠,贵阳大夏大学附中高中部 1940 级校友。

但我还有生命,我就得来凭吊"母亲"所居住过的旧地,以寄托我对"母亲"一片怀念的情思。想不到来到大会会场,更有那千千万万的大夏之子,对大夏更是怀念深深,当他们得知在祖国西南边陲,亮出"大夏学校"这个名称时,是何等的高兴和爱羡之情。"大夏"这个凝聚力又使大家走在一起!

啊!"大夏"我的母亲。

你的西迁,是远征,是进军!

你把江南最先进的文化送到西南边陲。

解放了多少文人学子,

培育多少鲜花和幼苗!

你把愚昧落后的山区引导上文明进步的旅程!

虽然你的躯体化为这样那样的高等学府。

但对民族文化的进步和贡献是永不可磨灭的!

我这山区的游子,永远忘不了你对我解惑和开化的恩情。

你成功了! 你胜利了!

后人再骄傲,总是踏着你的足迹前进的!

峥嵘岁月

——忆贵阳大夏附中求学往事①

20 世纪初叶的贵阳西南近郊,有一座金杯玉盏坡(今文化路)和驿马坡(今河滨公园大门)。两坡之间有一片开阔地区,今省黔剧团、省杂剧团和省教育学院范围,早年是铸钱局旧址,清末设为武备学堂,辛亥革命后,建讲武堂、讲武学校。抗战后,大夏大学内迁贵阳,设校于这里。

我是大夏附中(贵阳时期第三期)1942 届高中毕业生。我忘不了学生时代的事。

1939 年 12 月以后,国民党发动反共高潮。面对白色恐怖,我们组织起来与敌人斗争。在大夏附中,第二期同学黄亮星、黄石光(皆广东籍),我和四期李际铨(皆贵阳籍),五期陈一平(江苏籍)等,秘密成立了"战斗社",刻印揭露敌人反动罪行的地下刊物《战斗》。

1941 年隆冬的一天,大考结束,隐蔽在大夏附中继续进行革命活动的原大定(今大方)县地下党员王铁中(王善桐)、黄嗣涛(黄正芗)同志约我作本学期的末次碰头。我们分别踏上驿马坡,在一座古墓旁交谈对于险恶形势的认识,小结一学期的工作。谈起被关押的一批共产党员和革命志士惨遭敌人疯狂秘密杀害,大家悲愤之极,两位大姐禁不住俯首垂泪!

更使我终身难忘的是,1942 年正在附中执教的聂汝达老师。1942 年初,抗日战争已经过了五个年头,国民党统治区人民的生活愈益艰难。当时的贵阳,穷苦人家一日两餐,现在吃的中饭那时叫做吃早饭。这时我已读到高三下,即将毕业,学习十分紧张,我家离校又远,中午常回不去。家庭生活清贫,父亲是个小公务员,每

---

① 车祖尧:《峥嵘岁月——忆贵阳大夏附中求学往事》,《大夏大夏:大夏大学建校 80 周年》,1999 年 6 月,非正式出版物,第 45—46 页。车祖尧,1942 届大夏大学附属中学校友。

月仅有八斗米和一点微薄的菜金收入。我无钱在学校搭伙,经常饿着,一天只吃一顿晚饭。一天午后,我一直空着肚子,头都发晕了。我找到聂汝达老师,冒着眼泪花花:"聂先生,我还没有吃饭!"他二话没说,立即往衣袋掏钱,要我到学校对面驿马坡脚的小店去吃客饭。

后来,《新华日报·青年生活》提出"勤学、勤业、交朋友"的要求,我萌发课余卖一卖报纸的设想,借以勤工助学。我首先就商于聂汝达老师,他表示完全支持和同意。后来,还协助我书写和张贴开业的海报。记得我的报纸摊头就摆在母校(今省黔剧团)大门旁。日报售价三角,每天售出一百多份,八折交报社,我收入有六元。这对我说来,不仅得以向母校交了伙食费,而且搬进母校住宿。

高中学程结束,参加毕业会考,我名列第一,按当时教育部规定,获免试保送直升任何高等学校的奖励。记得正是暑假中,我去聂老师家,向他报告这一讯息的时候,我的眼泪掉了下来。老师以他那惯常辅之以强有力手势、街头讲演一般的声貌热情地鼓励我说"车祖尧,你是好样的!"在人们的学生时代,有时候,老师的一个微笑或瞪眼,一句褒奖或贬斥,往往会决定一个学生对人生的抉择。

聂汝达老师出自贵阳名门世家,抗日战争以前(1931—1937年)在上海大夏附中和大夏大学就读期间,受到党的教育和影响,思想激进,担任学生自治会主席,在大夏大学的学生反帝爱国运动中做过出色的贡献。

1945年10月中旬,聂先生在贵阳不幸被捕。他是知悉和支持我们在母校进行地下革命活动的。他被捕以后,我们坚信,以老师的坚定与睿智,义无反顾,决不会牵连于我们。这个预见,已为此后四十多年的历史所证明。也就在这一月下旬,我离开贵阳故乡出省找党,辗转到了上海。1949年5月,上海解放。同年底,从故乡传来令我极其悲痛的噩耗:贵阳解放前四天——1949年11月11日,聂汝达老师惨遭杀害于贵阳南郊马家坡,为革命事业献出他的宝贵的生命,时年38岁!

时光流逝,聂汝达老师为之奋斗牺牲的伟大革命理想,早已在中华大地实现。

1989年6月,我回到贵州故乡,来到那往昔断碑蔓草的驿马坡。我伫立在高高耸立的河滨公园大门前,半月形横额拱下,心中禁不住有多少宽慰。极目凝望广场尽头母校原址,缅怀先烈,又尤感怅然若失。人生有永远无法预料的遗憾,回想那年,未曾向聂先生多表达几次感激之忱,欠老师的情谊,已永远无法偿还,我总是唏嘘不已。

大夏中学的音乐演奏会[①]

大夏中学是一所爱好音乐活动的学校。民国三十二年(公元 1943 年)元月十二日至元月十四日三天,该校在贵州省党部举行音乐演奏会。既有管弦乐也有声乐,是贵阳地区的中学单独举办音乐演奏会的开端。

音乐会演奏舞台布置雅致美观,看去给人一种音乐艺术的享受,深蓝色的布幕上衬着一个大音符;台上还有照明和景物的装置,使观众既能看出演唱者的表情,也能加重音乐气氛的渲染,对演唱效果,增色不少。

这次演奏节目,大多数为名歌名曲。器乐,有大提琴、小提琴、洋笛、喇叭等,甚为完备。参加演奏者有予世沆、严文伟、朱懋根、路尔玉等二十余人,多数均为贵阳音乐界有名的人物。所奏《嘉禾舞曲》及《库里布鲁德进行曲》,均为西乐中高雅者。前者悠扬轻快、闻之悦耳清畅,使人为之神往。后者慷慨激昂,有如大军进行,不禁使人精神振奋、为之起舞。此外李伯华之小提琴独奏,亦非凡响。其德拉之《怀想曲》及柴霍斯基之《无言曲》,奏来情意无尽,缠绵悱恻,极尽哀怨之情。又方正之洋笛独奏及于世沆之钢琴独奏,均熟练感人,各有独到佳处。

声乐中的大合唱,参加者八十余人,歌声宏亮,音调整齐,十分动听。所唱歌曲《念故乡》为流行一时之名歌,不啻使人见到一幅流亡图,充满无尽的忧怨。《暮色》则给予人们美妙的晚景,郭沫若认为这是歌德诗中最优美之作。《冲锋歌》杂以鸣金击鼓和朗诵,是音乐中一种新颖的风格,显得劲强有力威武雄壮。《海员》则是一首最有诗意的歌,徐志摩的诗,赵元任的曲,两位有名人物的作品合在一起,显得格

---

① 本文节选自石国梁:《贵州大学音乐社和大夏中学的音乐演奏会》,中国人民政治协商会议贵州省贵阳市委员会文史资料研究委员会编:《贵阳文史资料选辑》,第 23 辑,抗战中贵阳文化活动,1987 年 10 月。题目为编者所拟。

外美妙。最后的《进军曲》则极为壮烈,是极好的抗敌歌曲。

此外,如杨承吉之女低音独唱,叶俊岭之男高音独唱,王勋华之男低音独唱,王仁丽之女高音独唱,各有精彩独到之处,均给人留下了难忘的印象。

谈谈贵阳大夏附中[①]

大夏在上海时即设有附中,附中行政上受大学校长的领导,故附中不设校长,只设主任。在上海时附中主任有倪文亚、王毓祥等先后担任。抗战时期迁来贵阳后,有来元仪、曾广典、朱伯琦、赵发智、吴照恩、罗亮畴等人先后担任。

大夏附中校址,原与大学部同在贵阳讲武堂。一九三九年贵州省政府划拨花溪公地数百亩给大夏自建校舍,又得当地人士捐赠部分土地,合计一千亩。一九四○年大夏在此修建了十二间教室,二十八间宿舍,因经费困难,无力再建。一九四四年黔南事变,大夏迁赤水,附中未迁,留在贵阳,改名大夏中学。并另组成校董会管理学校,由吴照恩任校长,何纵炎为董事长(何当时任贵阳邮政储金汇业局局长,大陆解放后,在台湾任"邮政总局长",一九八五年六月病逝于台湾)。

一九四五年下半年,贵州政府收回讲武堂地址,大夏中学乃将高中部迁花溪新校舍,初中部则在市区租用乐群小学房屋。不久,大夏校长欧元怀由赤水来贵阳代表大夏校董会将花溪校址租给贵州大学,大夏中学高中部乃由花溪迁回贵阳与初中部一起同住乐群小学。

一九四七年,大夏中学为纪念大夏创办人王伯群,将校名改为伯群中学。贵州省政府将原国立十四中学马鞍山校址拨给伯群中学使用,该校即由乐群小学迁至马鞍山。解放后,伯群中学合并贵阳一中,马鞍山校址改为共青团团校校址。

关于上海大夏分校附中情况。抗战胜利后,大夏由贵州赤水复员回上海,即与上海分校合并。一九五一年大夏大学与光华大学合并为华东师范大学,两所大学附中也同时合并为师大附中。师大附中校址设在光华大学原址。从此,大夏附中

---

① 本文节选自王守文:《王伯群创办大夏大学始末》,原载中国人民政治协商会议黔西南州委员会文史资料研究委员会编:《黔西南州文史资料选辑》第 5 辑,1985 年 1 版,第 167 页。题目为编者所拟。作者王守文,大夏大学毕业生,抗战时期任大夏大学校长王伯群秘书。

（含大夏中学、伯群中学）结束了过去的坎坷历程，走上了社会主义的光辉大道。

回顾二十多年来，大夏附中也为国家培育了不少人才。仅就贵州来说，大夏附中毕业校友服务于党政机关、文教、医药卫生部门的人数不少，如杨德政（现任贵州省广播电视厅长）、任吉麟（现任贵州省教育厅长）、徐用度（现任中共贵州省委宣传部副部长）、曾国恒（现任贵州省卫生厅长）、祝庆平（现任贵阳医学院附属医院党委书记）、易嘉琳（现任贵州农学院党委书记）、余国铨（现任贵阳师范学院物理教研组支部书记）等等。他们在各自的岗位上，兢兢业业，努力为人民服务，受到群众的好评。

四十年代的贵阳大夏中学①

　　1937 年抗战开始,大夏大学(即今华东师大)由上海迁来贵阳。该校设有教育学院。毕业学生需要到中学实习,当时贵阳城内的各中学又都迁到外县外乡去了,没有可供实习之地,便于 1938 年恢复附中的设立。最初。附中分男、女两部,实行双轨制,春、秋两季招生。1944 年冬,黔南事变,大夏大学再迁赤水,附中不能随迁,另组校董会来管理学校,并改名大夏中学。当时由校董会决定,高中部迁花溪朝阳村大夏大学留下的原租给之江大学的校舍(即今贵州大学内)上课。初中部则租用乐群学校部分校舍上课。1946 年,大夏大学校董会开会决定,为了纪念已故校长王伯群先生,建议将贵阳大夏中学改名伯群中学,同时改组校董会。这时抗日战争胜利,大夏大学已迁回上海原校址,特将在贵阳花溪的校舍及两千余亩的地产拨充伯群中学基金。王伯群夫人保志宁拨水口寺三座水碾的收益作为伯群中学经常开支。经过一年的筹备,贵州省政府拨贵阳市南门外马鞍山原十四中学校址为伯群中学校址(现为省团校)。1947 年秋改名伯群中学。1949 年冬,贵阳解放。翌年元月,由军管会接管,师生合并于贵阳一中。

　　大夏中学(包括附中和伯群中学时间)共办了 12 年,毕业 18 期学生,约 2000 余人。现将该校的教学情况记述予后,以史育人。

　　大夏大学创校时,是因厦门大学部分教授和学生,不满学校的家长式的教育,为了争取自由,脱离"厦大"到上海另行创立学校而取名"大夏"的。其命名有两个含义:一,大夏即大中国,寓有光大华夏之意;二,师生为了争取自由离开"厦大"而来,故将"厦大"变为"大厦",再将"厦"字的头"厂"去掉,就成为夏字,取名"大夏",

---

　　① 政协贵阳市云岩区委员会、文史资料委员会编:《云岩文史资料选辑》,第 12 辑教育专辑之二,1992 年 6 月,第 77—81 页。作者吴照恩(1910—2008),贵州兴义人。1937 年考入内迁到贵阳的大夏大学,1940 年毕业后经王伯群校长推荐任大夏大学附中训育主任,后任附中主任。

盖寓有革命之意。大夏中学是附中改称，故名为大夏中学。

大夏中学的学生，来自全国各地，有东北流亡来的，有江浙、两广疏散来的，甚至还有一部分泰国、马来亚、新加坡、印尼的华侨子弟。教育部曾在附中设置战区学生补助费，救济失学青年。这些青年不愿做亡国奴，流亡到大后方，到本校来学习，能刻苦钻研，期于将来报效国家。但附中因限于教室少，每期只能招收高中和初中各一个班，总数小过百余人，然而报考生总在五、六百人以上，故录取质量较高。学生都能自觉学习，后来都学有所长，或成为专家、学者，散居海内外的，如赵发琳、许明舆、雷毓俊、朱美书、冯正仪都在美国和台湾各大学任教授。

大夏中学的知识技能教育，注意基础知识和能力的培养，在学习上要求先有广度，即除正课外，鼓励学生多读课外书，指导学生如何读课外书；再有深度，就自己的爱好，专一门或两门，希望有独立的见解。课程则按教育部规定设置。学校特别重视国文、英文、数学三科的学习，规定：凡这三科学期成绩均在 80 分以上者免缴全部学杂费。两科特别突出，一科在 75 分以上者免半费。若是主科有一科不及格，副科有一科不及格者，补考升级。主科三科不及格的留级。毕业考试必须全科及格，才送教育厅参加会考，会考及格，发给毕业证书；因一科或两科不及格未送会考者发给肄业证书。学生在考试中，自尊心最强，很少有人作弊。如有作弊者，全科分数作废。分数的计算法，以各科的分数乘各科的教学时数，然后将各科相乘的分数之和除以上课总时数，得出的成绩，作为名次。这样的措施，防止学生轻视副科的学习。

为了提高教学质量，养成学生好学精神，树立自学钻研，不受家庭社会的习俗干扰，学生一律住校。每晚有两小时的夜自习，像上正课一样，主要利用这个时间完成当天老师布置的作业和预复习。作业成绩计入考试成绩内，比重占百分之十。每年要在"六一"校庆时举行一次作业成绩展览，作业成绩好的，受到奖励。每天早上有一小时的早读，规定一、三、五朗读古典文学，二、四、六朗读英文范文。天明各处书声朗朗，没有追逐打闹之事。早晚自习和课堂自习课均有老师巡视，查缺席，抽背或解答问题。自习课养成习惯后，学生都能自觉遵守纪律，保持教室肃静。实践证明，学生自学的风气好，学习就有创新，学生素质就好。

该校为了扩大学生的知识面，就增加学术讲演一科，利用当时每周"纪念周"时间，请大学部教授、社会名流作学术讲演。讲演内容，包括科技知识、文学知识、国际新闻知识、品德修养等。我们请大学部理学院院长夏元瑮博士作科技知识讲演，他的讲题一个是"月亮在哪里?",一个是"不知天高地厚!"是最吸引人的。他把数学、物理、化学、生物等科学知识,带进通俗的生活中讲解,生动活泼,适合中学生的特点,既灌输了科学知识,认识学习科技的重要性,更将这些科学的相互关系阐述得明白透彻,扩大了学生的知识面,推动学生智力发展。

大夏中学成立之际,正是抗日烽火之时,一无基金,开支靠收费自给自足,白手兴家;二无固定校址,无条件设计学校的远景,因陋就简,进行教学。且日机空袭频繁,物价飞涨,教师生活不安定。但全校员工一本爱国初衷,为救济失学青年,到校支持教学,从不为生活艰苦而辞教。全校十二三个班,学生六七百人。而职工(包括校长、主任、办事人员)不到10人管理学校工作。校长、主任都要兼课2至6小时;专任教师每人每周教课16—18小时,还兼级任导师,兼职不兼薪;一个体育老师任全校体育课。他们艰苦劳动,始终不懈,是值得称赞和敬佩的。

大夏中学的地下组织活动频繁,在1940年到1942年间,高中部一些进步同学,以车祖尧、蔡之诚为首,接受党的"隐蔽精干,长期埋伏,积蓄力量,以待时机"和"勤学、勤业、勤交友"的方针,组织了读书会、读书小组,其成员有隐蔽下来的地下党员王铁中、杨家源、何影梢等,参加读书会的有黄俊秀、李际铨、陈一平、刘振武、张人俊、曾繁昌、聂美华、杨士逵、唐树本、袁德凤、伍骏、邹学英、王勋华、汪六合等。1946年有罗礼贤、傅定华、陈开秀等。他们的活动,不惟没有受到干涉,相反地受到老师的暗中支持。这些人在解放后都在不同的岗位上搞领导工作,很多人还健在。特别应该提到的是聂汝达老师,当时他任大夏附中事务主任和训导主任,对进步学生给予大力支持,后来在贵阳解放前夕,被国民党反动派杀害了。当时遇害的还有曾在大夏高中毕业的毛克诚校友。现在都被追认为烈士(此段记述见《贵州党史资料》第四期)。1949年国民党在贵阳组织的反共大游行,大夏(伯群)中学没有参加。学生在教室里小声唱"解放区的天"等革命歌曲,均未受到干预。贵阳解放前夜,解放军到达贵阳油榨街,等待次日入城,因与伯群中学相近,师生闻讯,都自觉前去欢迎。

近年很多在国外居住和台港澳的校友回大陆探亲,只要到了贵阳,无不四处打听就读大夏时的老师,凡能遇见的校友,欣喜若狂,感慨得流泪。四十多年的别离,深情未减。大夏校友会于1987年教师节特地组织一次"尊师会",借用石守文校友主办的杜鹃饭店欢宴过去在大夏中学执教而仍健在的老师,到会师生百余人,代表全体校友向老师赠送纪念品。杨德政校友特备了两份厚礼赠予年高德勋的陈果和赵发智老师。师生欢聚一堂,畅叙旧情,欢声笑语,不减当年风貌。

　　大夏中学校友会于 1985 年 3 月 10 日成立,时逢王伯群校长百年祭辰。王夫人(原伯群中学校董)保志宁先生回到贵阳,校友会举行了欢迎会。两年多来,校友会做了大量工作,所有校友,包括台、港、澳、美欧等地三百多人,印发《大夏校友通讯》计四期。

　　在大夏中学建校的十二年中,高、初中毕业生数以千计。当全国解放时,风华正茂,大都参加了革命工作,在各级政府中担任领导工作的人不少。几十年来,在不同的岗位上都各有建树。昔时翩翩少年,而今已白发苍苍,然壮心未已,很多人还在坚持为社会主义事业奉献余热。

贵阳大夏中学校友兴办伯群小学始末[①]

　　1944 年 11 月,黔南事变发生,已经在筑六年余而站稳了脚跟的大夏母校又再临厄运,大学部不得不北迁赤水。中学部奉命停课,但为照顾我们高初中两个毕业班,决定举行毕业考试,以便发给大家证书。眼看培育我们多年的美丽校园人去楼空,不禁满腔悲愤,无穷思念。

　　所幸日寇很快溃退,贵阳渐趋安定。到了 1945 年初,母校通知我们去领毕业证书。听说我们敬爱的伯群校长在重庆仙逝,一声惊雷,大家悲恸万分。我们第八期高中毕业班勤俭级和初中毕业班忠孝级的同学聚在一起商量,决定办一所伯群小学来纪念伯群校长,寄托我们的哀思。中学部的吴照恩老主任已继任大夏中学校长,他很支持我们的想法。但当时大夏的校舍已经被大量流亡的难民占用。在花溪的大夏校舍只有三幢楼房,中学部迁去还不够用,更不用说办小学了。吴校长说城内许多小学已经疏散,建议我们去找找试试。于是我们两个班的同学在一起商量,成立了一个筹备委员会。记得勤俭级的有何龙昌、高朴、邓宗岳、邵陵、汪柏龄、屈经权等人;忠孝级的有王庆麟、蓝智多、孙成孝等。大家情绪很高,自己凑点钱来办事。一方面,到处找校舍。一方面,由邓宗岳起草了一份募集基金的"缘启",石印好后由两个班的同学分头去募款。吴校长又同意送给我们几十张课桌和黑板,以及一些办公桌等校具。这时何龙昌的姑母已回大定(今大方),在芦花村的房屋还空着,这批校具便存放在芦花村。

　　很快,我们找到了学生早已疏散下乡还空着的毓秀小学,院内杂草丛生,房屋

---

　　① 邓宗岳、高朴:《传薪继火寄情思——记兴办伯群小学始末》,原载《大夏大夏:大夏大学建校 80 周年》,1999 年 6 月,非正式出版物,第 88—89 页。此据三联书店贵阳联谊会编:《世纪耕耘集——邓宗岳诗文集》,2002 年 12 月,第 220—222 页。题目为编者所拟。邓宗岳,1926 年生,1939 年入大夏大学附中初中部,1942 年入附中高中部。曾任贵州人民出版社编辑、贵州财经学院教授等职。高朴,大夏大学附中高中部 1942 级校友。

多已朽坏，只有大殿还可以修葺。我们找到毓小的宋校长，她同意借用，但要我们修好房屋，以后毓小恢复时要收回。我们就用募来的钱将大殿隔成教室和办公室。同学们都把青年时用过的读物集中起来。邓宗岳还把自己的一套《小学生文库》六百册捐给学校，一个小小的图书室也像样了。同时，我们还同吴校长商量，聘请原来大夏大学的关系人傅启学（省教育厅长、原大学训导长）、窦觉苍（原大学总务长）、傅启廉（贵阳市教育科长、傅启学之弟）、刘熙乙（大学部董事、贵州银行行长）、吴照恩等诸先生为董事。创办人中何龙昌、高朴、邓宗岳、王庆麟等也参加董事会。在大家的支持下，伯群小学很快办好了立案手续。

1945年春季，伯群小学正式开学。何龙昌任校长，还自己上课。任课和兼课的老师，有勤俭级的汪柏龄、屈经权、严锡、李邦永和外聘的张惠如。学校只招了一个级一个班，学费只够维持老师的伙食和发点补贴。募得的基金本来就不多，除维修校舍后剩余的存在银行生息，只能补贴点办公费。尽管这样，大家以事业为重，仍然不计报酬，还是维持下来了。

暑期以后，汪柏龄、屈经权等到赤水进大夏大学去了。何龙昌因家庭困难辞职。我们决定，请原在大成小学任教的邵陵来任校长。他招了一个秋季班，还动员自己家中的小弟妹前来上学。又坚持了一个学期。1946年春，邵陵进贵州大学先修班，只好把校长职务交给勤俭级的校友唐世龙。这时，学校的班组扩大了一些，他实行复式办学，请了一些志同道合的年青人，如郑兰珍、赵瑞华等前来任课。他们勤勤恳恳一心为学生，学校稳定了下来。

此后，一些私立小学陆续迁回城内，许多战时流亡到贵阳的外地人纷纷返乡，小学的生源锐减。特别是内战发生，物价飞涨，学校原来存在银行的有限基金早已贬值得一文不值。唐世龙只得向少数已工作的校友"化缘"来维持。到了1948年秋，国民党政府经济濒临崩溃，民不聊生，学校已无法支持。毓秀小学的宋校长又催着收回校舍。唐世龙找我们商量，只好将伯群小学暂停办，所有办公设施请宋校长代为保管。我们校友三四年来流下许多汗水浇灌出的幼苗，也就从此夭折了。当时，能使我们感到欣慰的是，留在贵阳的大夏中学已改名为伯群中学，承载了我们对伯群校长的情思。

不久前，我们还遇到当年进过伯群小学的邵光华，如今已是高级教师了。真正是：传薪继火有来人，教泽沾润永无穷！

伯群中学概况①

一、沿革

伯群中学是为纪念大夏大学校长王伯群而命名的。一九三七年,抗日战争爆发,沿海地区学校内迁。大夏大学原设立在上海梵皇渡(今华东师范大学校址),校长为王伯群。王系贵州兴义县人,学校内迁时,他即决定将大夏大学迁设贵阳。最初大夏是与复旦联合内迁,设第一部在庐山(后又再迁重庆),第二部设在贵阳。一九三八年秋,大夏、复旦双方协议分立,在重庆的第一部仍为复旦大学,在贵阳的第二部为大夏大学。分立后的大夏大学,设文学院、理学院、法商学院、教育学院、师范专修科。

当时贵阳各中学多疏散在乡下,大夏教育学院及师专科毕业生,需要有个实习园地,故于一九三八年六月,增设了大夏大学附属中学(简称大夏附中)。最初附中男子部设在讲武堂(今省杂技团内);女子部租用乐群小学为校址。一九三九年秋,南宁失守,原大夏大学校友在南宁创立的大夏中学部分师生,迁到贵阳,学生分别插入附中各班。同时附中原男女两部为节省开支起见,又合并在一起,全称仍为"大夏大学附属中学。"

一九四四年底"黔南事变"发生,大夏大学再迁赤水,附中留贵阳,改称贵阳大夏中学。随后王伯群校长因病逝世。一九四五年抗日胜利,大夏大学迁回上海梵皇渡原址,贵阳附中另成立校董会管理校务。一九四六年经大夏大学校董会决定,为纪念王伯群校长,将贵阳大夏中学改名为"伯群中学"。一九四七年八月一日,正式更名,校址迁到贵阳市大南门外马鞍山(今省荣军学校)。一九四九年十一月,贵

---

① 吴照恩:《伯群中学概况》,中国人民政治协商会议贵州省贵阳市委员会文史资料研究委员会编:《贵阳文史资料选辑》第9辑,1983年9月第1版,第33—41页。吴照恩(1910—2008),贵州兴义人。1937年考入内迁到贵阳的大夏大学,1940年毕业后经王伯群校长推荐任大夏大学附中训育主任,后任附中主任。

阳解放,一九五〇年元月军管会接管后,与贵阳一中合并。

二、行政组织与历届负责人

学校最初称大夏附中时,校长是大夏大学校长王伯群兼任,男子部主任来元义,女子部主任俞曙芳。一九三九年春,男女两部合并后,称大夏附中,设附中部主任,由来元义担任,代行校长职务。一九三九年秋,曾广典继任附中部主任,教务主任冯汉斌,训导主任吴照恩。一九四〇年春,曾广典辞去主任职,由朱伯奇教授担任部主任,教务主任谭宗禄,训导主任吴照恩。一九四一年八月,赵发智继朱任部主任,教务主任吴照恩,训导主任李繁均。半年后,李繁均去职,聂汝达继任训导主任。一九四二年秋,吴照恩继赵任部主任兼教务主任,训导主任仍为聂汝达。一九四三年春,聂辞职,徐盛圭继任。一九四三年秋,刘敬枢担任教务主任,陈哲晖任训导主任。一九四四年秋,李奇谋任教务主任,庄心田任训导主任,傅景文任总务主任。

一九四五年,附中改称大夏中学后,成立校董会,董事长何纵炎,董事有欧元怀、窦觉苍、杜惕生、杨秋帆、傅启学、何辑五、赵发智、刘熙乙。校董会聘吴照恩担任校长,教务主任先是夏国佐,后为冯枏;训导主任文学荣,总务主任杨作平。一九四七年改为伯群中学后,校长仍为吴照恩。教务主任由毛克昌代理,训导主任为曾福祥,总务主任邹学英。一九四八年,吴照恩辞职,校董会聘罗亮畴担任校长。一九四九年秋,再聘吴照恩担任校长,教务主任毛克昌,训导主任邹学英,总务主任李际铨。

各班均设级任导师一人,由专任教师中选聘兼任,兼职不兼薪。级任导师要经常与学生打成一片,在学生中起表率作用。由于级任导师各有专长,无形中也把他个人的专长和爱好影响学生。如陈德安老师长于美术、劳作,他辅导的那班学生,有的就喜欢美术,每次成绩展览、级园布置设计,在评比中均获第一;杨作平长于英语,他的班很多学生英语成绩较好;陈曼鹤是全校音乐老师,学生受他的感染,爱好音乐的也较多。

三、校址和经费

附中校址最初是附设在大夏大学内,即原讲武堂的宿舍。依照王伯群校长在贵州办学的计划,大夏大学在花溪另建新校址,大夏附中仍设在贵阳市。王伯群校长通过与贵阳市政府联系,拨得次南门外荒坟地约五十余亩(今省总工会到财经学院一带),已由大学部土木系同学测量,设计并绘制校舍蓝图,准备兴建。后因黔南事变及王伯群校长逝世,建校工作因此搁浅。在黔南事变中,大夏大学迁往赤水,旧政府收回了大夏大学讲武堂校址,附中遂无容身之地。后来得到王伯群校长的生前友好组成了"大夏中学校董会",经校董会决定,将高中部迁到花溪大夏大学新校舍,初中部暂时租用乐群小学为校址。一九四六年,大、中两部校董会决定将大夏中学更名"伯群中学",聘杨森为名誉董事长。一九四七年,经贵州省政府会议决议,拨原国立十四中学校址(即马鞍山荣校)给伯群中学为校址,并于同年秋搬进新校舍。

学校经费,主要靠学费收入,不敷之数,在附中时期,由王伯群校长向当时的富商募捐。大夏中学时期,由校董会负责管理经费。改称伯群中学后,由大夏大学校董会拨花溪大夏大学校产,作伯群中学校产,王伯群校长的夫人保志宁也捐赠水口寺碾房每年的收入作基金。此外如何应钦、刘熙乙、刘玩泉等一些知名人士都有捐赠,由伯群中学校董会推校董傅启学管理。学校的每月开支,均由学校负责人造册请领。解放前夕,傅启学逃离贵州,学校经费无着,全校师生苦撑到一九四九年十二月,实在无法继续维持,军管会派刘君桓同志接收,合并于贵阳一中。

四、教学与设备

学校比较重视教师质量。大夏附中时期,所有教师,绝大多数是大夏大学毕业生充任,大学部的教授、副教授、讲师,如王佩芬、黄奎元、顾文藻、黄国华、张瑞玉、苏希轼等均在附中兼课。对外延聘的教师如徐廷栋、严余春、周贞一、肖子鸣、杨作平、祝天锡、实家本、李永康、王德懋、许庄叔、陈朝俊、杨心南、朱石麟、刘敬枢等都是在贵阳各中学担任教学多年的老教师。其余教师如:鞠孝铭、谈宗禄、卢炳衡、冯柄、陈德安、刘俊一、杜光炎、车泽普、邹学英、周祉奇、李家麟、金祖复、张以勤、毛克昌等,都是大夏校友。王伯群校长在世时曾规定,凡连续在本校任课满五年以上而教学成绩显著的,在原工资基础上加半薪,如严余春老师,即曾享受过此项待遇。

本校图书仪器,最初依靠大学部的设备,条件比其他中学好,后来本身几次演出筹募,逐年添置,以及大学部迁走后留有一部分书籍和仪器,满足了中学的需要。单以图书而论,约计两万余册。体育设备,因场地限制,当时只重篮、足球。每次参加贵阳市篮、足球比赛,均获良好成绩。

学制采取双轨制,春秋二季招生,因限于校舍,每次招生只能录取高初中各一班,共一百到一百二十人。但每次报考人数,均在五、六百人以上。原因是凡在本校初中毕业,成绩及格,可以直接升本校高中;高中毕业参加会考(当时教育厅每年举行的毕业统考)及格后,便可以直升入大学部。因此学生只要进了初中,努力学习,就有条件一直读到大学毕业。学生的来源,最初是战区流亡来的学生多,更兼教育部一度在附中设战区学生补助费,因而外省学生入学的很多。抗日胜利后,以本省学生为多。一九四三年秋,采取多渠道办学方式,加办了高中商科班。还想逐步办工科、农科班、幼师班,因王伯群校长逝世,未能实现。

学生成绩考查,规定有小考、月考、学期考试、毕业考试几种方式。小考由任课教师按教材段落举行,时间是利用本科课时。月考、期考是定期举行。毕业考试,高初中混合编排考试。学期考试结束后,凡国、英、数三科在九十分以上,其他各科及格者,免全部学杂费。国、英、算三科在八十五分以上,各科成绩及格者免学杂费三分之二。国、英、算三科在八十分以上,各科成绩及格者免半费。国、英、算三科有一科不及格者,补考升级;国、英、算三科有两科不及格者留级;三科不及格者降级。严格执行,从不循情,因此保证了学生的学习质量。

为了提高学生学习质量,培养学生的勤学精神,树立学校良好的学习风气,学校安排了每天早读和夜自习的时间。规定一、三、五朗读国文老师指定精读的古典文学,二、四、六朗读英语范文。由值日老师、教务处负责人,有时也有本科老师参加巡行抽背。本校学生以住校为原则,每晚上夜自习两小时,象上正课一样,不能缺席。夜自习完全着重做作业,当天老师布置的练习题,当天完成。夜自习时,教室内均能保持静肃。所以学生的作业,一般完成得较好,每次老师收作业时,没有不按规定完成或不交作业的现象。

五、课外活动

本校除正课外,也重视学生的课外活动。利用各种课外活动,丰富学生生活,培养学生良好品德,发展学生个人爱好与专长。开展的活动有下列几种:

① 学术讲演:学术讲演利用当时国民党规定的每周的纪念周时间。请大学部教授、社会名流作学术讲演,其中包括科技知识、文学知识、有关个人立身处世的品德修养和国际时势等。我们曾请大学部理学院院长夏元瑮博士(当时在国内是有数的物理学家,人称为爱因斯坦的高足)讲了两个题目:一是"月亮在那里",一是

"不知天高地厚"。把数学、物理、化学等知识带进通俗的生活中讲解，生动活泼，很容易为中学生所接受。大学部谌志远教授讲"第二次世界大战前景"。王裕凯讲"阅读课外书"等。总之我们利用学术讲演灌输给学生很多课外知识，推动学生的智力发展。

② 校刊、级刊：我们办了一个取名《天公报》的校刊，由当时教务主任冯枬老师指导，每周出刊一次。纸型、排版、内容设计，均按一般日报的编排，以在校学生任该报的编辑。我们利用这个活动，培养学生的新闻编辑知识和读报习惯。级刊由各级班会组织，出刊时间，十天半月不定，主要是培养学生的写作能力，并定期举行级刊比赛。

③ 成绩展览：每年"六一"校庆举行一次，各班将各科考试试卷装订成册，各科作业本，学生的书画业余创作，美术、劳作的作品，分类陈列在自己的教室内，并举行评比。

④ 讲演会：每学期举行一次全校性的。由各班先举行初选，选出代表参加全校性的。在评选中选出三名给予奖励。我校曾参加贵阳市中学生讲演比赛，高初中均获第一。

⑤ 音乐会：学校平时重视音乐活动，曾多次举行班级歌咏比赛。一九四二年，曾参加贵阳市举行的抗日歌曲千人大合唱，获得优胜。另外学校组织了一个"大夏合唱团"，主持人是音乐教师陈曼鹤。一九四二年秋季，为筹募军乐器设备费，对外举行一次大型的音乐演奏会。门票收入，除必要的开支外，均购置了乐器。第二次音乐会在一九四六年九月举行，收入所得，也购置了大量图书。

⑥ 话剧。曾对外演出二次，也是为筹募图书、仪器而演出的。第一次是一九四三年，第二次是一九四六年。此外还有每年校庆演出的联欢晚会。每次演出，均获好评。

⑦ 六一校庆除举行学生校内操练外，还有各科成绩展览、各项体育比赛、级刊比赛、级园比赛、联欢晚会等。

⑧ 学校还办有消费合作社，由学生自己主持，价格比外面低廉，既方便了学生，又减轻了学生负担。

⑨ 为了提高学生品德修养的自觉性，加强班级的荣誉感，学校经常举行锦旗竞赛。每周举行一次小评，每月举行一次总评。评比内容，包括学习纪律、出勤率、教室内和清洁区的清洁卫生，内务整理、服装整洁、礼貌等各方面。对好的班级，高

初中各发给一面"优秀班"的流动锦旗,连续夺得三次锦旗的班,在操行评语上给予表扬,这对于整顿学习纪律,改变学校面貌,起到一定的作用。

⑩ 为了培养学生的工作能力,组织了学生自治会,负责人由学生中普选产生,负责领导全校的学术和康乐活动。各班有班会,开展本班的活动。

⑪ 几种生活习惯的培养。每天有升降旗,借此检查学生的迟到早退,作好课前准备,集中思维,上好正课。规定学生穿规定的制服。无论校内校外,一定要着装整齐。在校外遇着老师要敬礼,如有事要超过老师前行,要向老师说明。同学相遇,要互相敬礼;到办公室或老师宿舍,要喊报告,经允许后才能入内;拜访亲友要先敲门。住校生每天要整理内务,把床褥折叠整齐,箱笼要按规定放好,每天由训导处检查一次。就餐时要集合入餐厅,餐厅内不准说话,每桌吃完饭的最后一人要把该桌的碗筷集中起来交给厨师。这些生活小事,看去很觉啰嗦,很不重要,实际起到律己律人的作用。

⑫ 为了改善学校周围环境,由学校倡议,发动各级级会,在教室外围辟地种植花草,自行命名"××级园",用花草布置成各种图案,学校增加了生气。

⑬ 春秋两季郊游,年年举行,全校师生尽皆参加,以班级为单位,自编余兴节目,自由活动。

伯群中学先后存在十二年,有高、初中毕业生约两千余人,如把曾一度在校肄业的同学计算在内,为数将近万余。时间虽短,成立时正当抗战初期,收了大量由前方流亡到后方的失学青年,也收了很多由印尼、泰国的归国华侨子女(胜利后都回到自己的家乡)。所以大夏附中学生,可以说遍全国。

历史回眸

——从大夏附中、大夏中学到伯群中学的历程①

1937年，抗日战争爆发，沿海地区学校内迁。大夏大学原设立在上海梵皇渡（今华东师范大学）。校长王伯群，系贵州兴义人（曾任国民政府交通部长）。学校内迁时，他即决定将大夏大学迁到贵阳。并开设文学院、理学院、法商学院、教育学院及师范专修科。

当时贵阳各中学多疏散在乡下。伯群校长考虑到，大夏教育学院及师专科毕业生需要有个实习园地，同时也可为大学部输送生源，遂于1938年6月，增设了大夏大学附中。

最初附中男子部设在讲武堂。女子部租用乐群学校校址。1939年秋，南宁失守，原大夏大学校友在南宁创立的大夏中学部分师生迁到贵阳。学生分别插入附中各班。为节省开支计，又将男女两部均合并至讲武堂，全称仍为"大夏大学附属中学"。

时局艰难办附中　三苦精神创声誉

当时因避日机轰炸，贵阳城内各中学都疏散在乡下，尚未迁回。附中在城内成了唯一的一所中学。所以招生时报考的学生非常踊跃。录取新生都按五比一的比例。授课老师都是大学部的教授、讲师以及大学部毕业的学生。本着苦干、苦教、苦学的"三苦"精神来办学。又依靠大学部的图书及物理、化学以及生物实验室的优越条件，扩展和深化了学生各方面的知识。故教学质量较高。每年参加全省中

---

① 吴照恩：《学校易名念先贤身世浮沉志不移——怀念老校长王伯群先生》，《贵阳文史》，2009年第2、3期。题目为编者所拟。吴照恩（1910—2008），贵州兴义人。1937年考入内迁到贵阳的大夏大学，1940年毕业后经王伯群校长推荐任大夏大学附中训育主任，后任附中主任。

学会考,无论个人或集体都获得过优良的成绩。

王校长为了照顾沦陷区来的流亡学生以及一些家庭贫困的青年,采用免费就读、奖学金及特殊补助等种种方式来解决他们的学习和生活问题。学生大受感动,养成良好的学习风气,热爱学校,在社会活动中常为学校争得荣誉。贵阳市组织召开的抗日宣传千人大合唱,以附中大夏合唱团为领唱,唱响了贵阳。合唱团还配合贵州省政府军乐队在贵阳举办了大型音乐会,其中包含管弦乐队的演出,在贵阳市首开先河。凡贵阳市举办的中学生篮球、足球比赛,附中必获冠军。

王校长每年"六•一"校庆都要在附中组织检阅式,作为庆祝大会的开幕节目。他亲自主持检阅。当王校长出现在检阅台时,全场欢呼,掌声如雷,那喜庆热烈的场景,让人终生难忘。

我们在1944年开办了商科,惜乎大学部的校舍限制,我们无法扩大招生。王校长策划另建校舍。通过努力,已获贵阳市政府拨给次南门外猪拱坡(即现在的省总工会一带)约两百亩的荒坟地,准备开始兴建。不料黔南事变后,校长因操劳过度,病逝于重庆,未能实现这个计划。

大夏大学迁黔后使用的讲武堂校舍,是贵州省政府拨给大夏暂时使用的。1944年因黔南事变,大夏大学再迁赤水,贵阳市政府立即收回讲武堂校舍,并指定作难民收存所。此时王校长已在重庆逝世,由欧元怀先生继任校长。大学部面临种种困难,无暇顾及附中。原来附中经费全靠学杂费收入。不敷之时,都是靠王校长设法解决。现在王校长去世了,附中失去了主要的精神支柱和经济支柱,在既无校舍又无经费的艰难处境下,面临停办之势。

我自1938年从大夏大学毕业,蒙王校长亲自选用留校,到附中工作已六、七年,时任附中部主任之职。校长临行时又特别嘱咐过我:"大学部迁赤水,附中部留贵阳。你要尽力保护好这个学校,继续把它办下去。"而现在,一旦停办,无论是面对校长的重托,还是个人对大夏的感情,都是难以接受的。

白手起家办夏中　各方支援打基础

当时大学部总务长窦觉苍先生末随大学部迁赤水,我特诣请指示。先生要我先找大夏大学校友会理事长何纵炎先生商量。(何是大夏大学第一期毕业生,大夏大学最初在上海筹建时,还是他去找到伯群校长赞助的。)我找到了何先生。他问我:"你想怎么办?"我说:"当前最重要的是要找到一个存放校具的地方,也就是作为校址的校舍；其次是筹措办学经费。这两个问题，经我反复考虑，倒有两个办法。但是否能行，只有去试试看。"何立即说："我支持你，你尽管去办，需要我的时候，给我讲一声就是。"我又告诉他："大学部迁走后，附中这个名字已不能再用，需要改名。我想改为大夏中学。但按教育部规定，私立学校要先成立校董会，由校董会报请立案。这个工作只有请先生出面来主持了。我来找先生之前，已先找过窦先生，他要我先找你谈一下有关的情况。组织校董会的事，先生可否找他商量一下？"纵炎先生慨然答应了。我随即将情况转告了窦先生。以后组建校董会就由二位先生去商办了。

我由此得以腾出手来，全力去抓寻找校舍和筹措经费的事情。因我原在平刚先生(老同盟会员，曾任孙中山先生秘书)创办的乐群学校工作过，与平老比较熟。我去拜会他，说："乐群中学停办后，校舍租给一些私人居住。贵阳疏散的时候，这些人都跑光了。现在房子空着，若不设法利用，恐怕难民挤占进来就会遭到损坏。"平刚先生微笑着，似乎已看穿我的意图。他说："那你说怎么办？"我接着说："现在大夏大学迁赤水，附中失去了校舍，正面临困难。我看不如由附中向乐群租用校舍，其所交租金还可补贴乐群小学的开支。"平先生很爽快地回答说："好的，就这样办。你就连乐群小学一起负责吧。"平刚先生对我这样高度的信任和支持，使我非常感动，连连向他道谢。校舍的问题就这样解决了。

紧接着我着手解决经费问题。其时，我同上海银行姚经理比较熟，又是邻居。我还知道大夏大学在上海建校时曾得到该行总经理陈光甫先生的赞助。我去找姚经理谈："我想向你们银行借点钱作办学经费，以后我用学生学杂费来偿还，你看可不可以帮我这个忙？"姚经理也很爽快，当即表态："可以，我们银行为你收学杂费就是。"学校的经费问题就这样解决了。

我把解决以上问题的经过报告给何纵炎先生。他非常高兴，连连称赞我说："你很有办法。"何还告诉我："杨森省主席的夫人汪德芬是大夏校友。我通过她邀请杨主席任校董会名誉董事长，主席已答应了。汪德芬还准备将主席的子女约五六个送进大夏念书，我给她写了介绍信，可能她会来找你。另外傅启学先生是现任教育厅长，又曾任大夏大学训导长，他也答应任校董。杜惕生是何总(何应钦)的秘书长，现赋闲在家。请他任校董，他也答应了。杨秋帆你是知道的。另外还找了个商界的刘熙乙。再加上欧元怀校长，共七个人。你去行文呈报备案。"最后确定董事会成员组成如下：

名誉董事长:杨　森

董事长:何纵炎

董　事:欧元怀　傅启学　窦觉苍　杨秋帆　杜惕生　刘熙乙

大事已定,遂积极组织搬迁,筹备招生。附中正式改名为大夏中学。于1945年3月1日按时开学上课。6月1日举办校庆时,省主席杨森还亲自莅临会场讲话,这在当时是对大夏中学很有力的支持。

在此我要特别提到的是,大学部迁赤水后,贵阳市政府收回讲武堂校舍作难民收容所。一时大量难民纷纷涌入校舍。时值数九寒天,难民们为了取暖和做饭,把教室门窗拆下,把课桌凳砍了当柴火烧。此时保护校具就成为首要任务。由于师生员工均已疏散,我一人孤掌难鸣。正焦虑时,碰巧附中的毛克昌校友由金沙回来。见面后谈及学校的艰难处境,克昌毅然为我承担起护校工作,使我得以分身,在外求援解决校舍和经费问题。说到保护校具,谈何容易。一方面,难民们的悲惨遭遇确实令人同情,其拆烧行为或亦出于无奈。但学校财产亦需保护,不容破坏。如何两全,真是费尽心力。当时大学部的门窗课桌几乎全被烧毁。惟独附中部分,由于克昌夜以继日地同难民反复交涉,又通过政府相关部门进行协调,终于完整地保存了附中部的全部课桌凳及其他校具,为后来学校复课创造了条件。

我落实好乐群校舍后,他立即雇车雇工把全部校具、图书、课桌凳运到乐群学校,并修缮教室,筹备招生复课。另外,他还把部分校具运到大学部留给附中的花溪校舍,准备以后高中部迁花溪时使用。又支援一部分校具给应届毕业生筹办伯群小学。他一直帮助我办完招生并开学上课后才赶去赤水大学部报到上课。克昌对大夏中学的设立功不可没。

大夏中学建立后,我常考虑,为作长远计,需解决永久校舍的问题。抗战初期,原中央大学附中(后称国立十四中学)在贵阳马鞍山建有校舍,1945年抗战胜利后,十四中随中大迁回南京去了。所有的房地产,由贵州省政府拨给防空学校使用。该校的黄教育长与我相熟。在一次宴会上,我谈到大夏中学的永久性校址尚未解决。他马上告诉我:"我校现在使用的十四中校舍,是省政府划拨的。我们不久就要搬走。你可以找关系去活动一下,请省政府划拨给你们使用。"我知道这个内情后,不敢怠慢,赶紧去找着杨森夫人汪德芬。我将这个情况告诉她,希望她能给主席谈谈,试探一下主席的口气。汪很直爽的告诉我说:"用不着我去找主席。你先去准备一份申请划拨原十四中校址给大夏中学的报告,在早晨八点以前去六广门体育场,待主席打网球休息时面交给他,并说明情况。主席同你见过面,他是知道你的。"我按照她的指点回去准备了一份申请书,在次日早上8点钟去到六广门体育场。果见杨森主席正在打网球。趁他休息时,我立即去见他,说明来意。他接过申请,并未多问,就把申请交给他身边的卫士,并说:"你将这份文件交给李秘书长,要他在星期五例会上提出。"又回头告诉我:"此事要经省府例会通过,你在星期六看《贵州日报》就知道了。"杨森主席处事这样爽快,令我大出意料之外。内心欣喜万分。我随即将此事向傅启学厅长谈了。他说:"主席是名誉董事长,由主席提出最好。"过了三天,已是星期六。我迫不及待的去买了份当天的《贵州日报》。只见头条载有关于省府例会的报道。其中就有:"大夏中学请拨原十四中校舍使用一案已经例会讨论通过。另行文交大夏中学。"我当时真是大喜过望。一直等到文件下达后,就立马去看望防校黄教育长,向他表示感谢。黄又告诉我:"防校拟于1946年底迁走,待决定后我会通知你。"

1946年10月,黄教育长通知我,防校已决定于11月搬走。我随即积极准备,并亲赴马鞍山校址查看学校设施。当时核实,学校占地约有三千多亩(不包括荒山),有办公楼一座,教室14间,图书馆一座,还有一座能容纳五百多人的大礼堂,以及男女生宿舍两栋。还有一座饭厅(加厨房)以及抽水机房等。用现在的话来说就是学校的硬件设施已基本齐备了。

学校更名为贵阳伯群中学

1946年大夏大学迁回上海时,校董会董事长孙科先生即提出,为纪念王伯群校长,在上海老校园丽娃河畔建思群堂。并函贵阳大夏中学董事会,建议将大夏中学改名为伯群中学,以纪念王伯群先生。我作为大夏中学校长,知道这个消息后更是欣喜万分。

经董事会讨论决定,于1947年元月将大夏中学迁入贵阳水口寺马鞍山校址,正式更名为贵阳伯群中学。

此时谷正伦调任贵州省主席,何纵炎辞去董事长一职。校董会礼聘谷主席任董事长。谷主席因与伯群校长私交很深(谷主席原任伯群校长胞弟王电轮将军麾下旅长,是生死之交),毅然承担董事长一职,并亲临马鞍山校舍召开董事会,到会董事有傅启学(教育厅长)、杨秋帆、杜惕生、赵发智(此前由我提议增补)等。欧元怀校长和王伯群夫人保志宁当时因在上海故未能参加。董事会为了管好学校基金,一致推举傅启学厅长兼董事会秘书,并负责保管学校基金。学校的一切开支由学校会计按预算报请傅厅长审批领取。

伯群中学举办应届高中毕业生毕业典礼时,谷主席莅临参加庆典,并与师生合影留念,对学校给予有力的支持。

伯群中学成立后,大夏大学董事会为了充实伯群中学的基础,将原建在花溪的校舍,包括礼堂,教学楼,食堂,男女宿舍(解放后贵大建为北楼)以及百亩熟土,千余亩荒土,三座砖瓦窑,全部移交伯群中学管理使用。何应钦先生又捐赠一万个汽油桶,董事会派人去湖南晃县接收,变卖成现金带回。为防物价波动货币贬值,又将此款购买五百两黄金储存。还有其他的捐款,如刘熙乙的仁岸盐业公司的赠款等,都用同样的方式处理。王伯群夫人保志宁还捐出王府在水口寺的三座碾房的营业收入。仅此一项,就足以维持学校的办公费开支,这是令不少同行羡慕的。

派系纷争离开伯群中学

当时由于国共谈判破裂,国民党撕毁了与中共达成的协议,一意孤行,单方面召开国民代表大会。国民党在贵州的各个派系以及一些中间力量,为了竞选国大代表和立法委员,上演了一场场闹剧。一些人为了能选上代表,不惜损人利己,尔虞我诈。为了一己或小集团的私利,什么卑鄙的手段都用得出来。一时搞得山城乌烟瘴气。

1948年7月,我奉贵州省教育厅正式调令,接掌省立黔西中学,于8月中旬赴任。到校后我即召集大家宣布:所有前任教职员工一律留用。随即于9月1日开学上课。当时黔西中学校舍简陋,没有礼堂,集会都在操场上。我征求了全校师生的意见,决定筹款修建一个可以综合利用的礼堂。四处去找人募捐,县长熊志英也大力支持,很快就筹足善款并开始动工兴建。同年12月,谷正伦视察毕节专区到了黔西。我也奉召谈话之列。他问了黔西的教育情况后,就问我:"你为什么不愿干伯群中学?"我无言以对。谷主席接着说:"我看你还是回伯群中学的好,伯群中学是纪念王伯群校长的。你是他培养出来的学生,毕业后就安排你在附中工作,你应该忠心地办好伯群中学才对得起他。"刚说到此,县长熊世英进来,我怕妨碍他们说话,就告辞了。

到了1949年5月,我回故乡兴义奔母丧后回到贵阳,即到省教育厅报到述职。刚一见面傅厅长就对我说:"下学期你仍回伯群中学工作。"然后问了问黔西中学的一些情况，我都一一作了答复。因觉不便再谈其他的事而告辞了。

我回到黔西中学，将移交工作办妥，并把高中毕业班同学送来贵阳参加全省中等学校毕业生会考。学期结束，我回到了贵阳。

魂牵梦萦重返伯群中学

1949 年 8 月贵州日报载："黔西中学校长吴照恩另有任用，校长由毛信仰继任。"同时我接到了伯群中学校董会的正式聘书，仍聘我为伯群中学校长。

离校经年，一旦回到魂牵梦萦的伯群中学，不胜唏嘘感慨。正是"种桃道士今何在？前度刘郎今又来。"我为什么愿意回来呢？谷主席说得好，要把这所学校办好，办得出色，才对得起王伯群校长，以告慰他在天之灵。

此时有一批由大夏附中毕业，后又读了大学回来的校友，如毛克昌、张以勤、邹学英等人。还在附中时，我就对他们的学识和德行比较了解，所以相继聘用他们担负起学校的教职工作。

当我还沉浸在为学校未来发展所构筑的蓝图中时，时局已经发生翻天覆地的变化。1949 年 10 月，解放大军挺进西南。11 月 15 日，贵阳解放。此时几乎所有的学校都停课了，师生星散。大家都想在新的社会中另谋出路。部分学生去参军，女生多参加文工团。学校只剩下我和两名工友留守（其中一人还是哑巴，是我收留的残疾人）。我们和贵阳其他学校一样，都在等待着新政府的指示和安排。

1949 年 12 月 5 日，贵州省人民政府文教厅刘君桓同志到校，让我召集尚在本市的部分师生，向大家宣布：伯群中学并入省立贵阳高级中学（后改名为贵阳第一中学），所有教师参加省文教厅主办的教师训练班学习，以后再听候安排。

后 记

伯群中学连同大夏中学总共毕业了十八期毕业生。1947 年秋进入伯群中学的第 19 期学生，后即成为贵阳一中的学生。

2006 年 10 月，贵阳一中百年校庆，承校方热忱邀请，作为解放初期组建成一中的五校之一伯群中学的代表，我应邀参加庆典。并荣幸地被安排在主席台就座，奉为贵宾。抚今追昔，感慨万千。特撰对联一副书赠学校：

百年教泽长远润育良才俊秀时代号角早奏响

半纪业绩辉煌集纳巨川细流黔地文化更弘扬

回忆南宁大夏中学吴光华同志①

我是一九三七年春夏间认识吴光华同志的。那时,我们都同在南宁市新创办的上海大夏大学附设南宁中学工作,他担任教员,我则干图书管理员。

吴光华同志是一个勤奋好学的人。图书馆的阅览室里,每天都见他光临。我党在蒋管区公开发行的《新华日报》、《群众》杂志,进步报纸《救亡日报》等,都是他翻阅最多的报刊。如果他看不到新的报刊,必定亲自走到我的办公室索取。他知道我是一个"自私"的人,凡新报刊来了,总是"先睹为快",留下来看后才放到阅览室去。他每次取走新报刊,都说:"我看后,负责用报夹夹好它,你放心"。经过这样多次的接触,彼此似乎都在思想上有了共同的语言,心照不宣地认为:"大家都是追求真理,追求革命的"。

不久,我得到地下党南宁市委唐敬中同志的通知说:有个同志要用"施先生找你"为暗号来同我接头,以便与当时在南宁市医学院的何日先一道,组成临时中学支部。我的组织关系原在广西印刷厂支部,因我搞工会、工人夜校等活动,为厂方不满,以"怠工"的罪名把我开除出厂,我便不能再参加工厂的支部,市委指定我与唐敬中同志单线联系。我入大夏附中后,恐受反动派注意,便改名为何梓希,等候党组织的安排。得到唐敬中的通知后,我又是喜欢又是急,朝夕盼望那位"施先生"早日前来联系。盼着盼着,一天天的过去,足足等了一个多星期,那位"施先生"才来。他,并非别人,原来就是天天见面的吴光华同志。他趁到图书馆来的人稀少时,以索取新报刊为名,走进我的办公室来,悄悄地递过一张小字条给我,那上面写着"施先生找你"几个挺秀的钢笔字。我看后,马上划一根火柴把小字条烧掉,兴奋地握着他的

① 何家英:《回忆吴光华同志》,玉林市政协文史资料工作委员会编,《玉林市文史资料》第18辑,1990年12月第1版,第120—122页。本文为节选,题目为编者所拟。何家英,南宁大夏中学图书管理员。

手。我们终于联系上了,从此便共同在临时中学支部过组织生活,他担任支部书记。

随着抗日战争进入高潮,根据党的指示,必须采取合法的、公开的形式,大力开展抗战救亡的宣传工作,广泛发动各阶层群众起来,参加抗日战争。吴光华同志坚决贯彻党的指示,以大夏附中进步学生、教员为基础,串连南宁市其他中学的进步学生、教员,发起组织了"南宁市业余歌咏团"、"南宁市业余话剧团"等群众组织,并亲自担任话剧团的导演,曾先后排演了进步话剧《凤凰城》《夜光杯》《前夜》等,掀起了一股热气腾腾的抗战救亡运动的浪潮,冲击着死气沉沉的南宁古城。那时候,吴光华同志是为党而忘我地工作着,白天他要上课,批改作业,晚上则搞排练,常常排练至深夜,才步行返住处。回到住处,还不肯休息,继续读书,非过午夜不就寝。他的工作态度是严谨的,往往为一句台词怎么念才能表达人物的性格特征,才能有戏剧冲突气氛,而进行反复揣摩推敲;有时是自己对着镜子,琢磨着每一个表情动作该怎么表达,才符合剧审人物的要求等等。为了要演好一出话剧,对群众进行抗战救亡的宣传教育,进而使我党发动群众参加抗日战争的方针得到实现,吴光华同志是呕心沥血,鞠躬尽瘁的。可是,有些人不知是开玩笑还是别有用心,称他什么"大导演"。他对于这个称呼很不高兴,曾写了一篇题为《我不愿……》的杂感,把草稿让我看过,后来发表在南宁出版的由华嘉、周行编辑的进步刊物《大地》上,宣称他并不是什么"大导演",而只是抗战救亡大军中的一个战士。

那时候从广州等地撤退到南宁来的进步文化人士越来越多了,促使南宁市的抗战救亡文化宣传工作更广泛深入地开展起来。我参加了在广州出版的《救亡日报》发动的"文艺通讯员运动",并在南宁串连了一批参加了这个运动的进步文化青年,组成"文艺通讯员运动南宁市分站",经常组织文艺青年写稿给《救亡日报》,指导南宁市抗战救亡活动情况。还曾经由我和亢流同志(当时南高学生,原名严佑邦)在南宁出版的《更声日报》上,定期刊出"南宁文艺通讯员运动专页"。这件工作,我们在支部讨论过,由吴光华同志报告市委同意才去做的。当时的《更声日报》的政治立场并不进步,它是以桂系特务系统作靠山创办的。但我们所编的专页文章内容并不受任何干涉,我们也就乐得利用这个阵地宣传党的抗战救亡方针政策了。从此,南宁市的抗战救亡工作在党的领导下,加进了一把火,搞得更加火热了。为了适应这个新形势的工作需要,经市委决定:成立中共南宁市文化支部,由吴光华、华嘉、张修、李沛澄、钟卓英等人组成,由吴光华同志担任支部书记。我则调离文化支部,到市委去担任秘密工作,不再参加公开的活动。

下编　光华大学附中史料选

一　光华大学附中简史

　　光华大学于 1925 年成立时,以参加"六三"事件的原圣约翰大学附属中学学生为基础成立光华大学中学部,即光华附中。光华大学聘陆士寅为附中主任,租丰林桥一带三栋民居为临时校舍办学,最初仅招收男生,第一学期开学时学生人数约五百人。

　　1927 年 4 月,附中主任陆士寅辞任,由钱基博代理。7 月,廖世承出任光华附中主任。1927 年,光华大学大西路校园建成后,中学部迁入大西路校区。1929 年 7 月,光华附中由上海市教育局正式立案。1932 年 7 月,光华附中开始招收女生。光华附中高中实行分科制,最初分普通科、商科,又将普通科分为甲、乙两组,后改为文科、理科。其中商科注重培养实用财会技能,毕业生既可以进入大学商学院继续学习,也可直接就业。

　　抗战前夕,光华附中在大西路占地百余亩,与大学部毗邻,房屋约二百余间,图书约 17000 册,与大学部合用膳堂、运动场、大礼堂,在读学生人数近 900 名。

　　在廖世承先生主持下,光华附中贯彻育人、育材的教育方针,高质量的教学深受社会赞誉,与省立上海中学、南洋模范中学并称为当时上海三大中学名校之一。30 年代初两次在上海全市中学毕业会考中,名列第一。抗战前夕,光华附中还获评全国最优秀的九所中学之一,推行五年一贯制中学试点。

　　1930 年代,光华大学校友还曾先后创办光华实验中学、杭州光华中学等学校,与光华大学及附中有合作关系,无直接组织联系。

　　抗战爆发,光华附中大西路校舍被炸毁。秋季开学时,租借愚园路岐山村为临时校舍,之后又迁至成都路等处临时办学。1938 年夏,光华附中主任廖世承出任国立师范学院院长,由光华大学校长张寿镛兼任光华附中主任。1938 年秋,光华附中与大学部一起迁至汉口路证券大楼办学,至 1941 年附中扩充至 25 个班级,学生人数达 1028 人。

1941 年冬,因拒绝向汪伪登记,光华附中与光华大学一起停办,为学生延续学业考虑,由附中部分学校教师组成壬午补习社,由吴遐龄主持,以"不向敌伪登记,不招收新生"宗旨,在原址维持,至 1945 年尚有 159 名学生在读。

抗战期间,光华大学在四川成都成立分部,并设附中,定名为"私立光华大学附属光华中学",薛迪靖任校长,初设于成都王家坝,后迁草堂寺光华村。抗战胜利后,光华大学成都分部移交四川士绅,改建为成华大学,附中停止招生,在读学生仍以"光华大学附属中学"名义完成学业。自 1938 年至 1949 年,光华大学成都分部附中先后毕业学生 670 名。

1945 年日本投降后,光华附中复校,秋季开学时,全校学生共 278 人。校董会仍聘廖世承为光华附中校长,到任前先后由张芝联、倪若水代理。因大西路校舍在抗战中被毁,无力重建,1946 年秋,南京国民政府教育部将欧阳路 221 号原日本高等女学校、222 号原日本女子商业学校校舍划归光华大学,光华附中遂迁入欧阳路 222 号办学,校园占地约六十余亩,有房屋三十余间。1947 年光华附中共有教职工 45 名,在读学生 704 人。

1949 年 8 月,因廖世承出任光华大学校长,董事会改聘张芝联为光华附中校长。

1951 年秋,光华附中与大夏大学附属中学合并成立华东师范大学附属中学,在原光华大学、光华附中欧阳路校园办学。1952 年,欧阳路校园移交上海财经学院,华东师范大学附属中学迁至中州路 102 号原上海财经学院校园办学,1958 年华东师范大学附属中学更名为华东师范大学第一附属中学。

二 学校管理

约翰大学暨附属中学离校学生第一次宣言

敬启者：

此次上海工部局西捕枪伤学生事，敝校同学激于公义与外界一致行动，实行罢课，日前发表宣言，谅邀洞鉴。讵学校当局重重压迫特放假一星期，致函全校学生家属设词恫吓破坏学生会之全体同人，权先忍受，但议决全体概不出校，每日上午八时在聚集所开会向国旗行礼。讵意集六月三日晨，同人初次集会，卜舫济校长特来将国旗夺去，驱散同学并突然下令，永久停学，禁止集会，勒令同人离校。伏念国旗为吾中华民国徽岂容人任意强夺，藐视中国莫此为甚，且学校既放假一星期何以忽令全体同人即日离校，同人受此奇辱，忍无可忍不禁同声痛哭，后议决全体永远脱离该校誓不再来，由同人一一签字，再来者神人殛之，以示我国民之真精神，

涕泣陈词，诸希各界鉴察。

圣约翰大学暨附属中学全体离校学生全体学生谨启

约翰大学暨附属中学离校学生第二次宣言

　　日前同人等以校长卜舫济先生侮辱我国国旗,激于义愤,宣告永远与约翰大中两学脱离关系。当时曾将大概情形,登申报新闻报商报,普告国人,计邀亮鉴。唯兹事原委复杂,日前同人等仓卒离校,诸所陈述,语焉不详。遂致外间传闻,每多失实。同人等以是非不可不讲,真相不可不明,爰将当日详细情形,再为全国人士缕晰陈之。以知同人此次脱离学校,于情于理,两不容已,匪第为一时意气之争已也。

　　五卅惨剧之始作也。同人等痛吾同胞之死于非命。悲愤之气,弥漫全校。是晚旧同学聂君光墀,来报告其目击情形。乃卜校长遽挚其手,驱其出校,并厉声呵斥之曰。(You have no right to speak here)。意谓其无在此说话之权利也。聂君旋将惨案真况,驰赴圣玛利亚女学校报告以后结果,未知如何,此事变初起时之情形。而学政侵犯学生自由及权利之铁证一也。嗣后二日间,沪上惨变,愈演愈剧。群情益校行为激昂,遂于六月一日宣告罢课。由全校学生会名义,上书教授会,书上陈述罢课不得已之苦衷。并一再声明此次罢课,纯为反抗捕房枪杀国人之表示,对于在校美籍教职员,同人并无恶感。罢课之举,绝与彼等不相涉云云。同人以友邦之谊待卜先生及西籍教授,乃即晚校内教授会议席间,美籍教员,言论纷纷,都不中听有谓学校为工部局管辖下之党校学生无反抗工部局之权。夫约翰校址,在梵皇渡,距公共租界界石约一里许,明明在中国领土之内。依法律言,自在中国政府管辖之下。事实昭彰,不烦深辩。诸教授强说他人领土为己有,其亦厚颜之至矣。亦有谓中国人嗜好暴动是其天性。若任其罢课以后,仍住校内,必将危及西籍教员之生命财产。凡此种种,或则侮辱同人等之人格,或则毁损我国之主权,同人等所为痛恨学校当局者,此又其一也。唯教授会议,学生初未参与。凡斯阔言,皆非直接对同人而发。学校方面破坏同人爱国运动,与其不尊重我国之心理,尚有更显明更确实之表现者在。教授会议中。卜校长率美籍教员,力主不准罢课与罢课后应驱逐学生出校之两种主张。然经本国教员之力争,卒以三十一票对十九票之表决,通过允许学生罢课,照常住校之议案。此项议案,除由举手方法表决外,并用无记名投票表决,皆为多数通过。按照向来教授会议之规程,校长应即执行该项方案。乃议案通过之后,校长忽宣称此次之事,校长有擅自处分之权,不为教授会之议决案所束缚。次晨校长闻同人等愤激愈深,为缓和空气计,召集教员学生代表开联席会议。继乃宣告放假七日,所谓宣告放假七日者,表面上谓相当的容纳学生之请求。殊不知学校存心破坏同人,狡猾伎俩,无所不用其极。盖校长一方既宣称放假七天,一方则拟暗中投函学生之家属,危词耸听,谓学生随时有暴动之虞。生命安全,危在旦夕,请各及早领回。凡此诸点,尤足证诸美籍教授口中声称赞助学生爱国,而其蓄意破坏,至不屑用种种诡计,希望学生之自毙。同人所为痛心疾首者,此又其一也。然此犹区区小节而已。至六月三日之晨,而空前之奇辱以至。吾庄严灿烂之五色国旗,乃当人百炎黄苗裔之前,于中华领土之上,被异种任意抢夺以去。卜舫济先生身为大学校长,行年六十,来华四十年,乃竟出此绝无理性之举动。此其蹂躏中华民国国体,侮辱中华民国民族,岂但全国同胞所认为忍无可忍,抑亦国际礼法及世界主张公道者所许也。当日详情,同人等今请为同胞流涕道之,愿吾可敬爱之同胞垂涕而听之。先是同人等开会,议决于校内旗杆升半旗,为被害同胞志哀。并于每晨齐集旗杆下,向国旗行礼。六月二日晚,本校童子军长往校长处陈说此事,校长允许,随将国旗交出。三日早晨。童子军如仪升旗,同人等旋在聚集所开会,会毕,群赴旗杆之前,当时国旗已被校长撤去。升旗之事,明明得彼之许诺而后行。胡为一夜之顷,遂尔食言。同人等始终抱定审慎态度,乃推代表二人往索国旗。校长始终不肯交出,每谓放假期内,向不悬旗。夫假期内岂不悬旗耶,则国庆日明悬旗也。且依校长所谓放假者,始终一日之下午,而二日已在放假期内。彼固明明于二日晚上允童子军之请准予悬旗也,先后矛盾。莫此为甚,同人等既不能索还国旗,乃取自备之国旗以来。方欲升悬,校长突来夺去该旗,并挥手驱散学生。呜呼,国旗何物,抢人国旗为何如事。同人等处此境地,悲愤欲绝。然犹互相解劝,绝无谩骂及其他之暴动。仍饮泪吞声,整队至聚集所,方欲讨论对付办法。而卜校长已率美籍教授等俱至,宣称即刻解散学校,不准同人等逗留并禁止各种集会。呜呼,同人等步步退让,原冀消除内部之意见,一心对外,至此而不能不出于最后之一步矣。

凡此三五日内经过之事实如此,同人等今日琐琐叙此。数日前惨无天日之状况,一一涌现于目前。吾泪已堕,吾心已碎,吾发直指。同人等今乃知大言欺人以

"中国人之友"自命者,其居心之叵测,其凌辱我国之念之深,与彼南京路上枪杀吾国人者等也。彼杀吾国人之身躯,此乃确抑吾国之爱国忠忱,而杀吾人之心焉。呜呼痛哉,承平之际,务为文师。若辈之野心,以隐而微。一旦事变猝起,则魑魅魍魉之怪现状,乃一一裸露无遗矣。吾知国人无一人焉,甘坐视五色国旗之横遭凌辱而无动于中也。吾知国人无一人焉,谓爱国心之可以任外人摧抑也。然则同人等轻弃旦夕弦诵之所,而永诀之者,吾知国人当无不予以曲谅。

关于光华大学开学典礼的公告①

谨启者：

    同人等组织光华大学，才疏力薄，陨越堪虞，筹备两月，幸告成立。兹订于九月十二号下午四时在霞飞路八三四号大学部举行开学典礼，招待男女来宾，倘荷惠临，不胜荣幸。

光华大学代理校长　张寿镛暨全体教职员　谨启

    三时至四时略备茶点用答雅意。

附：光华大学开学典礼记②

    自六月三日约翰学生离校，各学生家长即捐金输财，延聘教育名人，积极筹办光华大学，两月以来，已庆大成。昨日该校举行开学典礼，虽因征雨，而来宾到者尚有千余人，兹将会场详情录下。

    ▲会场布置　开学典礼在霞飞路八百三十四号该校大学部举行。校舍之前有草地一大方，四周树木苍茂。场之南端架高台一座，中悬该校校训"知行合一"四字，右悬国旗，左悬校旗。场之四周饰万国旗及该校之美术研究会作品，均艳丽夺目，处身其间，几忘斯校之为五卅惨案而成立也。

    ▲开学礼秩序　下午二时起，该校大中学部全体学生点名，计大学部到者四百五十余人，中学部五百余人。本拟在草地点名，后因天雨改在图书馆及膳厅。点名后来宾陆续到校，即先举行来宾茶话。四时由该校代理校长张咏霓氏行升旗礼，礼

---

    ①　《光华大学开学通告》，《申报》1925年9月12日，第4版。
    ②　《光华大学开学典礼记》，《申报》1925年9月13日，第9版。

毕,行开学式,奏乐毕,全体向国旗行礼唱国歌。继由代理校长张君致开会词,大意勉学生以静、勤、实三字,并谓本校教育根本于国家观念,而以严、公二字为旨。继由发起人王省三演说,表明其捐地办学之旨,而勉学生以合作建设。继由许秋骢演说,大意谓光华之设,颇有关于中国外交,凡为光华教职员及学生者,须知光华之成败实关中国之荣辱。继赵晋卿报告筹备光华之经过及办事人员之惨淡努力,并希望光华新校舍于年内落成。次为省长代表朱有济、教育厅厅长代表李祖夔与邢司令代表萧文藻诸君读颂词(词另录)。后由张君励演说,略谓对外惟一利器并非徒手空言,须由知识体力入手,再进而至全民族之团结与毅力,光华学生已受极张大之刺激,于此点当能实行。继为学生代表许体钢演说,先谓光华之成立,一部分学生曾竭全力以谋建设,今后发荣滋长,全体同学当有扶助之责任;继又说明约翰离校学生自今日始,与各地之同学皆为光华学生,以后一切责任当由全体同负,一切事业亦当通力合作,以谋光华之发达。词毕,唱光华歌,奏乐,摄影而散。

▲长官颂词(略)

光华大学章程书耑[①]

　　海通以还,言教育者竞起,学者振衔于气象术数之学之足以阜物致用,乃务以功利是尚。

　　欧美人因缘时会,来吾土延师设学,以教邦人,自胜清季以降,蔓延浸广,天下靡靡,相高以智,数阒葺躁进之徒,日以益盛,而学人之气节垂垂尽矣。

　　上海约翰大学,故为美国教士所设,缔造经营历四十余年,颇著声誉于东南。今年五月三十日,沪上变起,约翰学生七百人,以外人摧害同类,义不能不有所表示,主校事者,则务遏抑之。迁延至六月三日,而学生相率宣誓离校。时论褒美,以为民族气节寄此数百青年。固与夫曩昔,因薄物细故,而相率披解者异矣。夫设学储材,吾邦人之责也。

　　吾不克自负荷,至劳外人越俎,而授之柄,已足为文物旧邦羞! 若乃莘莘学子,怀愤决绝,矢不反顾。吾邦人并此而不加以援手,而忍令其流离失所,兹尤可痛心事也。

　　于是王君省三,慕昔贤毁家兴学之举,慨然割己田九十余亩,率先资助。诸同志闻风兴起,捐金输材,接踵而至。遂于今年夏末,先赁民房创设斯校,命曰光华大学,更广募基金,就王君所捐地自建校舍。寿镛以同志委托属主其事,义不获辞,勉为其难,爰延名师订课程,创立规制,大略粗就。用刊斯册,以质当世。夫王君暨诸同志经营斯校,黾勉以赴之,岂徒为约翰失学之学生计哉? 夫亦曰士气不可不立,教育青年之责之不能终委之于外人也。

　　是以设学主旨,首勉诸生以用世报国之道,艰苦卓绝以为学,特立独行以植品,悬鹄以赴,期于必达,海内闻人幸辱教之焉。

中华民国十四年八月一日

光华大学筹备委员会临时主任　张寿镛

---

　　① 原载 1926 年 9 月《光华大学章程》。

附1:光华大学重印第二号章程缘起

本校创建之议始于今夏六月,经营筹备历四阅月,藏事以九月九日行第一次开学式,凡收生徒大学部四百六十四人,中学部五百二十人,其以额满见遗者不计焉。校基已有,王君省三所捐上海大西路地九十余亩,以建筑校舍之需。时乃暂赁霞飞路八百三十四号、八百三十六号为大学部校舍,凡教室、办公室、图书室、实验室等属之另赁,学生寄宿舍四所,而附属中学则设于新西区。教科分文理商工四科,一切规制悉以部颁条例为准,而外采欧美大学制度,参互捐益之。荏苒数月,薄著成效。今建筑计划业经就绪,已定十五年一月五日起工期,于九月开学时新校落成即移入焉。会外间要求来学者众,皆欲探寻本校状况,乃将改订章程重付剞劂编校,既竟,再记其缘起如此。

民国十四年十二月

代理校长　张寿镛

附2:光华大学重印第三号章程缘起

本校新校舍自一月五日起工,历八月落成,大学生暨高中三年级生均已移入新校上课。凡图书室、实验室、食堂、浴室、与夫庖湢及教授住宅略备焉,草创规模苟美苟完。至章程亦复略加修正,以期蒸蒸日上。念缔造之艰难,诸生必有副社会所望者,而邦人君子辅之翼之匡所不逮,尤企盼焉,爰再记之。

民国十五年九月

校长　张寿镛

关于光华大学立案的请示

窃惟国民之思潮，因环境之变迁而俱进。我国教育权旁落于外人之手，积久不觉其绵延，自五月卅日沪案发生如梦初醒，青年学子视线转移，于是自上海约翰学校学生全体宣誓脱离后，内地教会学校继之，即如杭州广济医校全部退学，经浙江教育厅呈请大部核示、旋奉电复，以"该生激于爱国热忱，准将毕业各生由该厅派员按照所学科目严行毕业考试，将及格各生造具履历及毕业成绩分数呈部备案，其余各班学生则由该厅按照年级程度严予甄别后发给转学证书"等因，具见大部奖励爱国，导引青年无微不至。

本校系自六月十二日筹备开始，事在"认可条例"未颁之先。其时各学生既有流离失所之虞，复无相当学校可以容纳如许之生徒，于是邀集同志，立即筹备。前浙江特派交涉员王丰镐将自置上海大西路地九十余亩捐助为校舍建筑之用，先赁民房开学，名曰"光华大学"，并附设中学。除约翰学校学生外，凡有他校生徒愿转学者一并严行考试录取，计得大学生四百六十四人，中学生计得五百二十人，共为九百八十四人。一切规制悉以部颁条例为准，而外采欧美大学制度参互损益之。

兹查私立大学规程第一、第二条之规定，分别缮具各种事项、履历表册、管教各员暨学生各一览表，并绘具学校平面图，附录设校缘起及董事会简章，报明大部，追予立案。附缴注册费国币二百元，恳请总长俯赐查核办理批示祗遵，实为德便。

谨呈教育总长

计呈送：

缘起

事项清册

学则

代表人履历

校董会简章

学校平面图

大学管理员一览表

大学教员一览表

大学二年级以上学生一览表

大学一年级及预科学生一览表

中学管理员一览表

中学教员一览表

中学学生一览表

注册费国币二百元

光华大学筹备主任兼代理校长　张寿镛

民国十五年三月十日

附1：民国北京政府教育部准予试办光华大学的批件

原具呈人光华大学筹备主任兼代校长张寿镛呈一件"为创办光华大学请认可由"，呈暨附件均悉。

查该校校董王丰镐热忱与学，自捐产地建筑校舍，殊堪嘉尚。该代理校长等筹备各事亦有条理，业经本部派员视察，关于教授管理各项俱有可观，应准试办。惟校舍系租赁民房，新校址尚未落成，基金亦未确定，自应切实改进，以重教育。

兹核阅，该校章程内第三条"预科修业年限"应改为"二年"；第四条"英文系、法文系、德文系"字样须改为"英文学系、法文学系、德文学系"；第十六条全文应改为"本校大学部学生修业完毕试验及格者授以毕业证书，称某科学士"；第二十二条内之"寒"字应删去，同条甲项第二、第四各款内"其他"之下暨第三款"高等"之上均应加入"经教育部认可"五字；第二十三条内之"免入学试验"应改为"仍须受入学试验"。

再大学内不得附设中学业经本部于上月间第一二六号通令各大学遵照在案，该校附属初高两级中学自应另案呈请地方教育官厅照章办理。至该校所收本、预各科学生名册应查照本部二年第五十六号部令及十三年第五号布告,将各该生入学资格证明文件送部验看,再行核备。

除将注册费二百元照收,附件均暂存卷外,仰即遵照办理为要。

此批

中华民国十五年九月一日

教育总长任①

附2:民国北京政府教育部关于光华大学立案报告的批复

原具呈人光华大学校长张寿镛呈一件"为新校落成基金有着请立案由",呈暨附件均悉。

据称该校校舍均已落成,基金亦有着落,具征热心兴学,洵堪嘉尚,所请立案一节业经派员前往视察,应俟视察员呈报后再行核办。

此批。

中华民国十六年一月廿六日

教育总长任

---

① 即任可澄(1878—1945),贵州普定人,时任教育总长。

光华大学举行首届毕业典礼^①

　　昨日(三日)下午四时半,光华大学暨附属中学举行第一届毕业典礼,会场设于霞飞路第一院前广场上,布置甚为华丽。时值天气清朗,来宾到者不下千余人。四时半开会,奏乐行礼,毕业生及教职员皆整队入席,对国旗三鞠躬后,即唱国歌。

　　首由张咏霓校长报告校务,分教务、经济、建筑三项。大意谓教务以大中学主任分任之,一年以来朱经农及容启兆二君对于大学教务实多擘划,中学则以陆士寅君出力为多。本校因师生同心合作,故能事半功倍,至张氏本人则不过总其成而已。经济方面首推王省三君及其德配王费佩翠夫人,王氏捐地百亩,其夫人实赞助之。此外校董、学生亦募集不少,截至今日已有建筑经费十一万余元。至于建筑,已完工者有宿舍、课室等,将近动工者有体育馆及化学室等,暑期中大学即将迁入新校舍云云。并谓本校业经教育部派人调查认为满意,不日即有部令准予立案。校长报告毕,众皆拍掌。

　　次由发起人王君省三演说。回叙去岁六三光华初办情形,王氏因约翰离校生寄宿复旦,无所依归,始慨然有捐地之念。以此意向费佩翠夫人言及,夫人力以为是。又得赵晋卿君赞助,同往访现任校长张咏霓氏。时张方任沪海道尹,闻王氏肯以值百万之地兴学,大悦,乃亦允力助义举,始有今日光华之盛。学生方面亦同心合作,如学生费毓洪、张祖培等皆与有大力焉。继愿光华学生努力前进,将此地传之千代万代,以为吾国光耀云云。

　　继王氏演说者为前内阁总理熊秉三,演辞甚长⋯⋯

　　次由沪海道尹傅彊演说。傅氏极善词令,庄谐杂出,约谓本人亦曾在约翰书院肄业,去今已三十年矣,彼时入校共六人,系浙江巡抚所保送,后即退学,今日光华诸君亦由约翰退学,故不禁有感于中。

---

　　① 《光华大学昨行第一届毕业典礼》,《申报》1926 年 7 月 4 日,第 11 版。

光华大学暨附属中学首届毕业典礼

复次给凭，计大学文科毕业生三十人，理科六人，商科十七人，土木工科四人，中学部毕生九十二人。

复次校长赠言，勉励毕业生（一）崇尚气节，（二）培养博大之局量，（三）维持坚苦之操守，（四）群而无党，（五）作事争人先、成功居人后。词甚恳挚。

复次为给奖。

复次校长致谢词，词毕，唱校歌，奏乐散会。

附录毕业生名单……

光华大学举行第二届毕业典礼[①]

二日下午四时,光华大学行第二届毕业礼。

行礼毕,校长张咏霓报告校务。略谓光华犹于革命,尚未成功,有赖于社会扶助者实多。鄙人虽为校长,一切设备未周,深为抱歉。今后方针,仍根据知行合一做去。现因朱经农先生外务颇繁,添聘张歆海博士为副校长。至下季教授,除在校名流外,又聘定海内文豪多人,业志前报。中学主任则请廖茂如先生担任。经济方面,尤须照原定计划募捐公债,尽下半年以内,必将中学宿舍造成,其他各生宿舍亦须赶速造成,以期达到男女同学之目的云。

(一)校董王省三、朱经农君等演说。

(二)来宾演说,有陈蔼士、郭泰祺、赵晋卿君等。

(三)副校长歆海博士演说。

(四)中学毕业生领受证书。

(五)大学毕业生领受学位,计文学士二十四人,理学士二人,工学士三人,商学士十九人。

(六)校长赠言。大意谓服务社会即服务国家,所谓服务国家,不仅要做官。我们要注重民众的利益,勿为个人利禄计。还有希望于诸同学者要坚苦,要洗心,无论何事,不要盲从,而要有理性的判断为行为的标准。最后还有一个希望,就是不要忘记母校光华所有的责任多皆挑在你们肩上。

(七)王正廷博士(徐翰臣代表)祝词。

(八)校长夫人给奖。

---

① 《光华大学第二届毕业礼纪》,《申报》1927年7月4日,第7版。

关于光华大学设立附属小学的通知①

迳启者：

寿镛忝长光华大学三载于兹，幸赖社会人士之赞助，得有今日之成绩。就已往之经验，深知高等教育之设施必赖有健全小学为基础。欲在光华大学校址附设小学，又嫌地处偏僻。且以沪上儿童教育，华人自办成绩优良者尚属多有，而外人所办理者其宗旨内容显然已与我国情殊异。爰择适中之地创办光华第一附属小学，一以完成我光华大学之组织系统，树立高等教育之基础；一以谋小学教育之根本革新，俾旅沪儿童得有求学之正途。至于开办及经常费用当求经济独立，另组小学校董会负其责云。

谨揭此旨，用为缘起。

光华大学校长　张寿镛　启

---

① 《光华大学附属小学缘起》，《申报》1928 年 8 月 5 日，第 5 版。

光华附中学生夏鼐的奖金证

高中二年级学生夏鼐于十七年下学期在本校肄业，学行俱优，应予奖励，特给奖金四十元，在下学期学费内扣除，此证。

光华大学校长　张寿镛

附中主任　廖世承

中华民国十九年一月

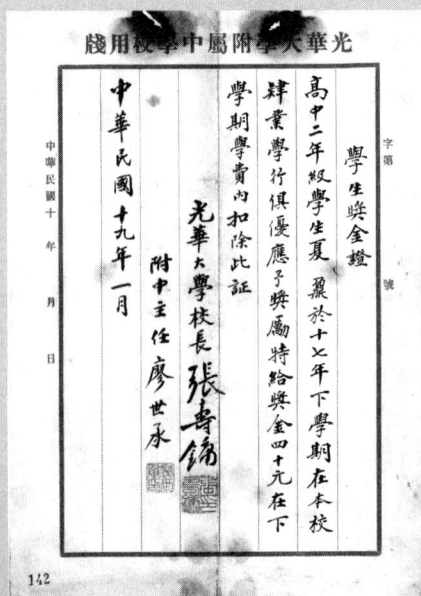

光华大学十五周纪念及此后之总使命①

今天是光华成立的十五年纪念，集合当年创造的、历年共忧患的、历届毕业母校的与现在风雨鸡鸣中的诸位同学，并第十五届将离校到社会服务的大学同学，及将层垒而上的高中初中中学同学，暨各来宾老少朋友都在一处，不禁鼓舞欢欣。

古人以三十年为一世，自诞生光华到今日恰恰半世，这半世中，我未尝一日离开光华。唐诗有云：少小离家老大回，乡音无改鬓毛衰。在座诸位朋友回想我当年虽非少小，恰是五十岁的人，两鬓尚素，今则白发皤皤。环顾今届毕业之初中同学，其中且有未呱呱坠地的人，历时不可谓不久。我的豪迈之气虽不如昔，但乡音无改，诸位老朋友必当相视而笑，莫逆于心，此先就我个人言之也。

凡一事之起，必溯其由来。十五年前的五月卅日何以来？诸君可以探索有五卅，而后有约翰的离校，有约翰的离校，而后有六三的精神。六三的精神其结晶是错综的，在前纪念无不历历摹写，今日不必细述。但是助我良地的王省三先生，我们万万不可忘却他，他虽已下世，精神永久的存在。至于约翰离校的师生，虽有散在四方的，但预今日之会，尚属不少，与夫凡十五年中，有助于我光华的教师、执事、海内外人士，一切均值得纪念；反过来说，凡造成我光华如约翰，如约翰以外亦均可纪念的。我读到易经有一句话说，因贰，以济天下之民。朱子注云未解，后来黄东发补解云：汤武革命是也，不有桀纣，不能成汤武，所以我以为亦可纪念的。

讲到纪念乃是过去，过去之劳心苦志与锱铢积累的种种，均可不必系恋，所最重者是过去及将来。先言现在，内而江山破碎，外而欧战弥漫，不但文化消沉，简直人类摧灭，覆巢之下，安有完卵，区区我光华物质残毁曾何足惜。即就此次欧战而言，二十四年前的德国所受痛苦恐怕甚于今日的中国，今英法等国的惊皇亦恐怕甚于中国，我们决不可抱安其危而利其灾的意思，因为英国的礼教、法国的勤苦、德国

---

① 作者为张寿镛，原载《光华大学十五周纪念特刊》。

的坚忍均是我们向来所佩服的,最后胜利属于何方今亦不谈,不过今日的德国实是困心衡虑中出来的。我们今日只在困心衡虑,不必怕人家压迫,只怕自己无志气,事过辄忘,尤其是青年不可仅逞一时勇气,切切实实的做一切功夫,先将现在立定,必须定力现在,乃可徐谋将来,这是我卑之无高论的。

所谓现在,是在有不馁工夫;所谓将来,是在有进取精神,那决非空言所能搪塞,先要认清所负的使命。就中国人口而言,四万万五千万的人,人人有其本位,各人宜各就本位,下工夫谋将来,即是全中国人的使命。我光华在校青年有二千人,就二千人各下工夫,各谋将来,并以二千人作每一人引导十人计算,即可担任二万人下工夫谋将来的策略,这就是我光华同学的使命。人人不必有领袖欲,而不可不存先觉心。既存先觉心,必研究何以自觉,何以觉人。论语这一部书开口便说"学而时习之",释之者曰:学之为言效也,人性皆善而觉有先后,后觉者必效先觉之所为。先觉两字包括极广,不但古昔圣贤、世界豪杰是先觉,凡有一技一艺的长处、一事一物的善处皆可以作先觉看。诸位求学即是求觉,这求觉的方法,我们光华专靠着各位教师、各位执事与各位同学互相观摩切磋,方有今日。我已请各位先生就各院各系分别详细言之,我不复多言。我所欲言者是光华的总使命,前面即是总使命的目的,后面再言达这总使命的方法。

当初命名光华,含有一种收回教育权的意思,到现在大都各大学均是中国人主持,这理想既已达到。不过大学有大学的教育,中学有中学的教育,历年改革损益固已差善,下年度又将大学课程重行编制以期精益求精,但是司教育者时时刻刻以为不能满足青年期望。我自身常说"学然后知不足,教然后困",一般青年笃志好学,固居多数,然因循苟且,或者亦不能免。我又常常以"嘉善矜不能"的意思与各位教师言之,惟是不能则可矜,不为则可叹。今日青年之病多在不为,欲不负使命,第一在于为。无论文学与自然科学、社会科学,若懂得一点皮毛以为足以应用,是直自害害人。须知今日是学术竞争时代,一日千里,即就所教所学切实研究尚恐不能赶上,何况浮光掠影?所以,第二在于精。一国有一国之历史与社会之情状不同,而民族之特性尤宜认识。礼失求野则可,舍己芸人则不可,所以,第三在于切。我去年曾与各同学说过,中学与大学相连,各院各系又相连,今日学术五花八门,固属应接不暇,倘一盘散沙,无凝聚方法,必致顾此失彼,所以,第四在于贯。孟子有云:"由今之道,无变今之俗,虽与之天下,不能一朝居",甚言风俗恶劣之宜改革。恶劣莫甚于今日的风俗,尤莫甚于今日上海的风俗。古人云,移风易俗莫善于学,而西儒康德学说以为道德的价值是人类的事业之先天要素，所以，第五在革故。中国不能离世界而独立，科学杀人是另一问题，中国科学尚在幼稚。试思幅员之大，物产之众，一切衣食住行，不能自己自足，依赖他人，岂不笑话？黄帝神明之胄，有这宝物传授，而子孙不能发挥，更是惭愧。我环顾中国，尧舜以前，实是科学最发明时代；自尧舜以至夏商周，惟大禹治水最讲科学。周礼一书包含科学，管子治齐，本于周礼，力取简单，也是主张科学。自汉唐宋元明迄清，而科学不讲，国弱民贫，实由于此。今日之前，既受种种教训，今日之后，必藉种种复兴。其精神固在文化，其设施无一不在科学，必须人人抱一决心，凡百发明，宜超欧美而上之，到此，然后可以自立。所以，第六在鼎新。

我看到世界益信循环往复、天道昭彰，愈压迫愈兴奋。古诗有云，山穷水尽疑无路，柳暗花明又一村，但是这种境象是在人造的，如我光华物质虽毁，精神愈奋。丰寿堂不在黄浦的中山路，忽然移到蓉城的光华村，这谁晓得？从前中山路只有同学千余人，今已二千余人，连川省足足三千人，又非意想所及的。进一步说，多难兴邦，经此痛苦，中国转为世界所畏，亦意中事。西杰所谓"字典无难字"，所以说第一在于为。我虽老矣，不敢不为，我又希望在座诸君之共为。

至于本届毕业之各同学，在大学生已有相当智识，希望离开学校将所负的总使命时时体会，更赠以言曰：办事不忘读书，读书乃可办事。在高中初中诸生多数仍是求学时代，须知所负使命之重且大，光阴难得而易失，迈进无已，乃可肩此使命，不负老夫殷殷属望之意。

今日是十五纪念，处此环境，仪式简单，将来时局稍转，自十六年后，年年纪念，必期年年进步，全在诸位先生及海内人士多多匡助，尤在诸位同学刻刻自勉，庶可达到第一周诸同学所说执牛耳于世界之目的。此又我所馨香祷祝的。

关于光华大学迁移四川办理办法的请示

诳老、公瑾先生赐鉴：

敬启者。

叠接迪符兄及陈德荣君来函，知前上敷书均已送呈，谅邀垂察。接公瑾先生十月十六日所发大函，敬悉。在此战事期内，尚有如许学生，闻之无任欣慰。惟近日报载我军放弃闸北，不知有无影响上课，不胜系念之至。本校迁蜀一事，霖固深知重在须筹迁移经费。日来叠与川中要人谈及，虽俱表示欢迎，然言及筹款，则皆觉甚困难。霖于日前晋谒刘主席时亦曾谈及此事，并深切进言，大意谓光华谓已成之学府，主席如能许其入川，在全国观感及声望上必可增进，地方自亦受益，颇蒙许可，其所以尚未切实进行者则在究竟如何办法未有切实筹商。兹分别奉陈，尚乞察夺，逐一示复，以便遵照。

甲、大学部分是否三院一律移川？此层最关重要，必须首先决定方能对外发表。霖意大学最好作为分校，但不知教部是否允许，如不得许，只有以一院或两院移来，但一则不移之院如何办法，二则亦与迁移安全地点意义有所不符，无论全部或是一、二院移来，均请假拟预算寄下，内容约为：(一)学生人数，(二)教室、住室间数，(三)经费概数。

乙、附属中学是否高中初中一律移来？高初中之下江学生未必能来四川。公瑾先生来函拟称"光华第二附属中学"甚为妥善，但不知是否拟设高初两等，又是否起初即各年级齐开，亦请假拟预算寄下。此中应注意者：

一、川省中学征费定有限制章程，兹抄录附上，不知比较本校中学收费数目计少若干？如果遵照办理是否可敷开支？倘或不敷如何补助？

二、张伯苓先生上年在渝设有南渝中学，委员长捐助五万，川省要人各有捐款，现在认为川中唯一之私立中学。本校来川设立，主持者必须聘请著有名誉之人，廖先生倘能亲来则更好。

三、下江中学生固未必来川,然为大学能有升学学生起见,附属中学实为必不可少,否则将来大学必生困难,若仅设中学意义薄弱 ,难于号召。

上述甲、乙两节决定之后如果即须进行,拟请咏老致函(一)刘主席甫澄(二)邓秘书长鸣阶(三)蒋教育厅长养春说明移川意义,请其维持并说明使霖代表一切,俾有进行依据,倘能另请翁咏霓、陈光甫诸先生加致一函更为妥善。各该函均请寄霖面投,一面并请将本校章程航寄十本或五本来,俾资分送。

再设校地点似应在渝,惟现成房屋殊难觅屋,建筑费用约计如下:

一、郊外购地十亩至二十亩约二万元(山地不能如平地之能完全作用,故必须较高)

二、寄宿舍(假定一千二百人,每间住四人,每间造价一百元)约二万五千元(普通平房)

三、教室及办公室约二万五千元

四、校具约二万元

五、其他约一万元

以上共计十万元。

此项估计如有研究价值,霖意必须以十五万元为筹款标准,方能于事有济,不知除在川筹措外,上海本校尚能接济若干? 霖昨谒教育厅蒋厅长,告以此事,请其届时为助。伊云教育厅预算中有补助战区学校费数十万元,虽财厅未发拨,但如能分得若干,可向财厅商拨,望只要主席应允,提出省府会议,伊必赞成,并非完无希望。本函拟请咏老及翁咏霓诸先生来函,系此种根据。倘能于校外之党国要人再请数人吹嘘者,其效必可更宏。

统祈察酌为祷。

赐书及件均盼交陈德荣君付邮,因霖之踪迹伊随时知悉也。

顺颂著祺。

谢霖谨肃

民国二十六年十月三十日

成都光华大学新校建筑举行破土典礼

光华大学今春移蓉开学已志前报,本日(八月十二日)为该校成都新校建筑动工之期,记者闻讯前往,地点在成都西门外草堂寺迤西成温公路旁。是日午前十一时,由该校谢副校长霖举行破土仪式。计到者有该校教职员、大中学生及乡邻,来宾约共二百余人。爆竹震天,颇极一时之盛。礼毕宴请乡邻来宾记者。当向谢氏叩询该校各项情形,兹录问答如下:

问:校基是否自置?面积若干?

答:现有面积约六十亩,系本校校董张仲铭先生所捐赠。

问:此次所建之房屋是何用途?何时完工?

答:此次所建校舍计有教室、男女生宿舍、膳堂、科学馆、诊疗病室、教职员宿舍及其他必须房屋,共十余座,专备大学部使用。至高初中两部仍在王家坝原址暂不迁移。

问:此次建筑设备需款若干?

答:此次建筑以简单适用为主,所用材料限于川产,预算总价约八万元。

问:设计者何人?包工者何人?

答:此次设计系由本校土木工程系主任兼教授盛允丞先生主持之,蜀华实业公司代为办理。盛君对于本校备具热心,帮助尤多。至包工者系成都永盛营造厂(厂东为廖建庭),以最低标价得标承做。

问:建设经费是何来源?

答:除今春移川之初蒙四川省政府补助五万元、缪运使剑霜代募一万元外,由中央、中国、交通、中国农民、金城、四川省、聚兴诚等银行及省内外各界人士又本校毕业校友陆续捐来之款不在少数,现拟以一部分建筑校舍,一部分购置图书仪器,此外教育部原有之补助费沪蓉两校分用。

问:应用图书仪器如何情形?

答:图书仪器一部分系以上海本校原有者运来,一部分系新添置。现在关于土

光华铁树

木工程系及化学系应用仪器均已陆续运到，又各系应用图书亦同。

问：大学部设有几系？

答：上海本校原有国文、英文、历史、教育、社会、政治、数理、化学、土木工程、经济、工商管理、银行、会计等十三系，今春移蓉之初，此间先设政治经济、土木工程、化学、工商管理、银行、会计等六系，此外拟视后方各省需要再行陆续添设。又上海本校现仍继续上课，大中两部尚有学生一千三百余人。

问：贵校中学内容如何？

答：本校附属中学内分高初两级，高中再分普通科及商科。自在沪开办至今，亦与大学部相同有十三年之历史。此次来川，拟就高中部添设农及土木工程两科，正在呈请立案之中。关于职业性质各科，其课程之编订向以视各生毕业之后就业升学两能兼顾为其主旨，此与一般职业中学办法较有不同。

问：贵校开办至今已有几年？前后毕业学生计有若干？

答：本校系因五卅惨案，由圣约翰大学退出之师生所组织开办，至今已有十三年。至毕业学生，截至二十六年八一三为止，计大学生一千一百十八人，高中生一千零二十六人，初中生五百零九人。

问：现在何时招生？

答：教育部新近规定私立大学不适用统一招生办法，仍得呈准自行招生。本校现正呈请，一俟奉准，即当登报招考。至中学高初两级定于八月二十六、七两日举行入学试验。

问:先生在川是否专办此事?

答:余(谢霖氏自称)于上年秋间因上海中日战起,成渝两地早设有正则会计事务所办理会计事务及会计补习学校,故入川料理。嗣于十一月间奉本校张校长**咏霓**先生及校董诸公之命办理此事。余因原为上海本校商学院长兼教授,与校有几年之历史,未敢拒却,勉承斯乏,开办至今。所有副校长地位全系义务性质,仍办会计师事。

关于请求法租界允准办学的报告

　　呈为呈请事，窃寿镛现任筹组光华大学暨附属中学校董事会主席，敬请钧座俯准本校在三个月内开办。

　　兹谨以本董事会名义担认愿使本校循规进行，备有正当之簿记及预算，以资应付任何之亏空，并愿在本校内遵守一切公董局之章程，更愿担负一切规定之捐税及与公董局各机关以监察之便利，凡公董局各机关有所调查检问，自当尽量供给一切资料，兹特附呈：

　　　　一、关于在筹组中之本校调查单答案一纸

　　　　二、本校董事会各董事姓名、住址、职业表一纸

　　　　三、本校校长之履历单一纸

　　　　四、本校教员之资格单一纸

　　　　五、本校位置图一纸

　　　　六、本校场所图多纸

　　以上各附件均经具呈人签字证明正确，兹合具文呈请鉴核，伏乞俯准，实为公便。

　　谨呈大法国驻沪总领事兼法租界公董局董事会主席

私立光华大学主席校董兼校长　　张寿镛

中华民国廿七年九月

呈附件 1：上海法租界新设学校问单

一、在筹组中学校之性质

　　名称：私立光华大学暨附属中学

住址:法租界祁齐路四五号,巨籁达路 620 号

创办人:虞洽卿、许秋骦、张寿镛、赵晋卿、王省三

特征(小学或中学)(并应注明该校系私立官立或公立):私立大学暨中学

二、学生

招生方法:具有毕业或肄业证书,经入学考试及格后录取

新生报名时之卫生取缔:须经校医检验体格合格后方得报名

拟招之通学生若干:150 人左右,二百至三百人

三、教职员

选用职员之方法及教员应有学位之规定:聘任刻苦耐劳富有学识经验者为职员,国内外大学毕业及有专门学识者为教员。

四、场所

校址属于何人所有:Belgium Mission,Passage ♯135,House 7,Avenue Haig

校舍若干座:先在该处设立筹备处,俟核准设立后当再依照制定之区域另觅适当房屋

每月租金若干:＄1000 元

课堂若干间:廿二间

课堂大小(注明面积与容积):七方四间约容六十余人,六方六间约容五十余人,五方十间约容四十余人,四方二间约容三十余人

寝室若干间:三楼全部作为职员宿舍

寝室大小(注明面积与容积):

全校广袤(注明面积与容积):约九亩左右

操场面积:约三亩余

有无何种特殊建筑物:在操场东首空地上建筑教室一座

物理室与化学室:物理室三间、化学室四间、生物室三间

图书馆:六间

其他:

五、预算

预定常年收入若干:129400 元

预定常年支出若干:157400 元

预定补助费若干及补助费之来源:经常不敷,由校董会负责津贴

学校会计:

（一）由董事会何人担任

（二）由某会计师担任:由薛迪符会计师担任,事务所在南京路大陆商场七楼正则会计事务所

呈附件2:私立光华大学暨附属中学校董一览

姓　名	性别	经　历	住　址	备注
王省三夫人	女	前浙江交涉使夫人	迈尔西爱路431号	
朱吟江	男	久记木材公司经理	江西路怡和洋行木材部	
林康侯	男	上海银行公会秘书长	香港路59号	
吴蕴斋	男	金城银行经理	江西路212号	
施省之	男	前任陇海铁路总办	爱文义路觉园1394号	
徐寄顾	男	浙江兴业银行常务董事	北京路230号	
陈光甫	男	上海商业储蓄银行总经理	宁波路50号	
张咏霓	男	曾任国民政府财政部次长	爱文义路觉园11号	
许秋骊	男	前任江苏交涉使	薛华立路171号	
虞洽卿	男	三北轮船公司经理	广东路93号	
赵晋卿	男	同益银公司	河南路495号	
谢霖甫	男	正则会计事务所会计师	南京路353弄1号	

呈附件3:私立光华大学暨附属中学校校长履历单(中华民国二十七年九月填具)

姓名	别号	籍贯	经　历	入校年月
张寿镛	咏霓	浙江鄞县	清癸卯科举人,历任沪海道道尹,浙江湖北江苏财政厅厅长,国民政府财政部次长	十四年七月一日

呈附件4:私立光华大学暨附属中学教职员资格单

姓　名	性别	年龄	籍　贯	履历及现任	住　址
张寿镛	男	64	浙江鄞县	前清癸卯科举人,本校校长	爱文义路觉园11号
朱公谨	男	38	浙江余姚	德国哥廷根大学博士,副校长兼数学教授,代理教务长	白赛伸路37弄8号

姓　名	性别	年龄	籍　贯	履历及现任	住　址
谢霖甫	男		江苏武进	日本明治大学商学士,副校长兼商学院院长及商科教授	南京路大陆商场
张歆海	男		浙江海盐	美国哈佛大学文学博士,秘书长兼文学院院长,外国语文系主任、教授	祁齐路 228 号
容启兆	男		广东中山	美国佛吉尼亚大学哲学博士,理学院院长兼教务长,化学系教授	赫德路庙弄 24 号
沈章甫	男		浙江绍兴	代理商学院院长兼秘书及商科教授	陶尔斐斯路 34 号
张华联	男	30	浙江鄞县	光华大学理学士,秘书兼附中副主任	爱文义路觉园 11 号
薛迪符	男		江苏武进	光华大学商学士,会计主任兼商学院讲师	蒲石路怡安坊 69 号
蒋君辉	男		江苏武进	日本东京高等师范毕业,秘书兼日文讲师	赵主教路华邨 23 号
蔡莲荪	男		浙江鄞县	安徽民生煤矿公司营业课课长,庶务股主任兼会计副主任	静安寺路同福里 7 号
潘子端	男		安徽绩溪	光华大学文学士、东吴大学法学士,注册股主任兼讲师	海防路海防邨 38 号
唐书第	男		江苏南汇	光华大学理学士,图书馆主任	麦琪路美华里 9 号
蒋竹庄	男		江苏武进	前教育部秘书长、江苏教育厅厅长,国文系主任、教授	新大沽路永广坊 58 号
廖茂如	男	46	江苏嘉定	美国勃朗大学哲学博士,附中主任兼教育系主任、教授	成都路 274 弄 7 号
吕诚之	男		江苏武进	历任沪江大学、安徽大学教授,历史系主任、教授	爱麦虞限路 162 号
应诚一	男		浙江永康	美国威斯康辛大学硕士,社会系教授	赫德路春平坊 2 弄 1 号
雷翰	男		福建上杭	法国巴黎高等电机学校电气工程师,数理系教授	霞飞路霞飞坊 29 号
赵志游	男		浙江鄞县	法国中央大学毕业,土木工程系主任、教授	霞飞路华龙路杨氏大楼四楼 27 号
唐庆增	男		江苏无锡	美国哈佛大学硕士,经济系主任、教授	愚园路桃源坊 45 号

姓　名	性别	年龄	籍　贯	履历及现任	住　址
杨汝梅	男		河北磁县	美国密西根大学经济科博士,本校会计系主任、教授	善钟路 87 号
蔡正雅	男		浙江吴兴	美国纽约大学肄业,工商管理系主任、教授	贝勒路 575 号
韩湘眉	女		山东临淄	美国芝加哥大学文哲学硕士,本校外国语文系教授	祁齐路 228 号
金其武	男		江苏宝山	比国国立岗城大学土木学院工程师,本校土木工程系教授	亚尔培路 148 号
彭文余	男		湖北沙市	东吴大学体育科毕业,本校体育股主任教员	愚园路愚谷邨 40 号
谈兴中	男		江苏宜兴	德国柏林大学医学博士,本校校医	白克路 404 号
倪若水	男	44	江苏金山	北京大学理学士,代理附中主任兼数理系主席教员	成都路 274 弄 7 号
邢鹏举	男	31	江苏江阴	光华大学文学士,附中教导主任兼社会科学系主席教员	成都路 274 弄 7 号
桂叔超	男	40	安徽石埭	北京大学理学士,附中总务主任兼数教员	成都路 274 弄 7 号
周仲池	男	40	江苏嘉定	前国立同济大学职员,附中代理秘书兼会计	成都路 274 弄 7 号
张枕蓉	男	44	江苏宜兴	前约翰大学光华大学国文教授,附中国文系主席教员	成都路 274 弄 7 号
董小培	男	35	浙江余姚	光华大学文学士,附中英文系主席教员	成都路 274 弄 7 号
卜坤一	男	33	江苏丹徒	光华大学商学士,附中商学系主席教员	成都路 274 弄 7 号
毛仲磐	男	26	江苏嘉定	复旦大学理学士,附中自然科学系主席教员	成都路 274 弄 7 号
陆尔强	男	34	江苏松江	上海艺术专门学校,附中艺术系主席教员	成都路 274 弄 7 号

（余略）

关于本校附中招收土木科及农科致谢霖校长的函

霖公赐鉴：

　　顷阅报载，教育部厅方面对于本校附中招收土木科及农科新生事有着令停止之讯，预测此项公文日内定当到校，敝意拟请我公先向教部方面设法疏通，俾使招生事宜不致横生阻碍，附上呈部厅文稿各一纸，即请查核寄还，以便缮发为祷。贱恙未痊，至用焦灼。

　　耑肃，顺颂旅祉，并敬校长道安。

薛迪靖敬肃

民国二十七年七月廿一日

关于希望廖世承继续担任附中主任的函[①]

迳启者:

接准大函,并见各报登载执事启示一则,曷胜惆怅!

执事主持光华附中至十二年之久,惨淡经营,得为全国模范中学,立勋劳卓著,与寿镛尤属沆瀣一气,道义契洽。本年八月二日提出校董会以执事有事离沪,仍请照旧担任原职,在离沪期间由执事荐人代理。现因倪代主任辞职,已提出常务校董讨论,由寿镛暂行兼领,自本学期九月二十一日开学之日起由寿镛负责,一面请给假一学期,仍留附中主任原职,经常董会通过,合亟函达,仍请执事俟湘事筹备完竣来沪担任原职,夙仰执事爱护光华始终如一,务请勉抑谦怀,无任钦迟,手此奉布,即颂日祉。

光华大学校长　张寿镛启

光华附中主任　廖世承

附:廖世承关于请假离校后附中事务安排的报告[②]

窃世承因奉教育部令主持国立师范学院筹备事宜,遵即取道前往湘西接洽一

---

① 1938年8月。

② 张寿镛批示:廖主任请假照准,并盼早日回校。在请假期内,并聘倪若水君为代理主任,出席各校仍以邢云飞君代表,均照办。即发倪君聘书,并报呈常告常董会。

切，已将详情面陈钧座，允准世承请假离校三月，在此时期，中学主任一职，已与倪若水先生面洽，请其代理，俾专责有人，进行无滞。又邢云飞先生于上学期内世承离校时，出席中等学校会议，情形熟悉，此次仍以本校教导主任名义，代表参加各校开会。以上两事，敬请钧长报告常务校董备案外，并祈加发倪先生代理主任聘书，以昭郑重。

谨呈校长张

中学主任　廖世承

二十七年八月十五日

关于聘请倪若水代理附中主任的函

敬启者：

    本校沪部附中主任廖茂如先生因事请假，兹特聘请台端代理本校沪部附属中学主任，务请俯允担任为荷。

    此致倪若水先生

私立光华大学校长

廿七年八月十七日

《光华大学附属中学戊寅级纪念刊》序[①]

——蜀游借斯序略述大概

光华大学校长领附中主任 张寿镛

吾光华大学附属中学戊寅级毕业将出刊,问序于余。余适兼领中学,诸生之请不敢违也。忆今年夏常有事于蜀矣,濒行,大学毕业生以毕业纪念刊属余序之,余方治列子,以列子之说为之序矣。今余自蜀归,以其游蜀之所得序斯刊,可乎。

余东西南北之人也,既登泰岱,沂黄河,揽汉水,登万里长城,于歙则黄山,于赣则庐山,于苏则金焦及太平,于浙则普陀洛伽山、金华之北山。顾所谓峨嵋山者,其高超五岳,青城山号曰五岳丈人,登峨眉则青城为培塿矣,独未得一至。今之有事于蜀,将以焕发吾光华也,非以登临山水为乐也,然瑰伟绝特之境,益欲往而观之。于是先就荐绅先生考问所以教学之方,与夫因时制宜之道,又亲睹其地学校之固有者,若四川大学,若重庆大学,若华西大学,若歌乐山下之教育学院,更睹其迁徙而来者,若中央大学,若复旦大学,若武汉大学,其规模不一,其莘莘学子有志焉,则一也。荀子曰:良农不为水旱不耕,良贾不为折阅不市,君子不为贫穷怠乎道,诚哉是言也。

己之所事既毕,不得不勤馆人而偿吾愿之欲得者。因泛舟循锦水而下,过彭

---

① 原载《私立光华大学成都十年记》。

山，即李白遇老妪磨针处也；过眉州，即孙书市画之所藏庋也；过青神，即所谓裴欧而后有谁亲者也。至乐山少休焉，则见青衣沫水，相流相鬭，即汉之平羌地也。遂上乌尤访凌云郭舍人尔雅台，苏东坡读书楼在焉。越宿而达峨眉，其下仅五百五十尺耳，高者则三千尺，凡四宿而至金顶，寒气傈傈逼人，夏日着棉衣犹薄，夜则围炉，复遇雨，天霁登最高处，东观云海，西望雪山，观止矣。余每揽一胜辄系一诗，今不赘。

夫登东山则小鲁，登泰山则小天下，观于海者难为水，山水之情，圣人所不能己。即以余登峨眉言之，始则平坦，继而险，及至顶，则艰难曲折，几坠者屡矣。人第知峨嵋之乐，而不知千辛万苦乃能至其地。则凡欲偿吾愿者，大率类此。诸生之求学也，固莫能外。推而至于家国事，夫岂有异哉？劳苦之事则争先，饶乐之事则能让，庶乎近之？且中学之卒业也，犹望峨嵋而仅至山脚，方五百五十尺耳，及于顶三千尺，所谓千辛万苦者，更不知几许。倘中道而废，欲求瑰伟绝特之观，更安可得？诸生勉乎哉。知良农良贾之耕与市，不以水旱折阅而辍，则知士君子之道矣。知劳苦之事之争先，则履险若夷，不达不止矣。智者乐水，仁者乐山，随在皆乐也。于富贵，于贫贱，于夷狄，患难曾何间乎？况山魅水怪，无处无之，吾不以魅怪而伤吾志，可矣。抑余登峨嵋方及半，闻有猎者，猎青猿去，群猿号呼遍山谷，必得其人攫之，猎者不敢至，群猿自是出必相联结，后无闻有猎者。呜呼！物犹如此，可以鉴矣！

因书以为序。

民国二十七年十一月

关于廖世承所创办师承中学及与光华附中关系的通告

光华大学设立附属中学,系统上本属一贯,廖主任任事十二年,惨淡经营,得为全国模范中学之一,洵属勋劳卓著,本校长推心置腹,尤属沆瀣一气。本年八月二日,以廖主任将事离沪提出校董会,以廖主任学问道德久所心敬,于本校关系极深,请仍旧任附中主任,离沪时间由廖主任选定相当人士代负责任。旋于八月十七日请以倪君若水代理附中主任职务,当由本校函聘,是本校长对于廖主任始终信任,事实具在。

本月二十四日,报登师承中学招生广告,本校长正深疑讶。适据光华附中倪代理主任面送创设师承中学、收罗登记不来校学生陈报文件,廖主任并定有办法五条,其大略:第一条,谓由承出面;第二条,谓不收附中旧生,如附中旧生因交通不便而转学者,须先得校长允许,始得收纳;第三条,一切教学规程悉照附中旧章,以便将来在适当情形下并入附中;第四条,不动用附中款项;第五条,指定倪、桂、邢三君筹备,在廖主任离沪期间,校长职务由邢云飞君暂代等情,经校长一再考虑,当以国难严重之际,国家政治既已完全统一,学校形势岂可稍为分裂,当经提出,与常务校董讨论,亦以统一行政为主要宗旨。兹复据倪代主任陈报拟定办法三条:(一)光华附中与师承中学暂时定为联校,禀承张校长处理一切校务;(二)师承中学关于经济方面本学期暂时独立;(三)以后师承中学与光华附中如何联系或合并,俟张校长与廖主任面商决定。在廖主任既为保全附中大局计,自应暂行查照五项及今三项办法,除由本校长与廖主任切实商酌早日归并外,在未商定以前,师承中学暂行作为联校并受本校长节制,以贯彻有利无弊之主旨,有厚望焉。

为此布告全校同人一体知之。此布。

光华大学

中华民国二十七年九月六日

关于 1938 年教职员聘任的通知

附中教导主任邢鹏举君辞职,聘潘子端君接充。

附中总务处裁撤,所有原充职员,除业给改聘者外,其余一律照旧供职,分隶于本校庶务股及会计处。

聘朱时隽君兼充本校庶务股副主任,专管附中庶务。

聘周承咸君充本校会计处副主任,专管附中会计,仍兼代主任室秘书。

寿　镛

九月廿四

关于1939年秋季学期成都分部人事安排计划的报告

诏老赐鉴：

谨密肃者。蓉校本学期不久即将结束，来学期事应先筹划。兹将重要情形及霖意见分陈如下：

甲、实在情形

一、大学部方面自迁入新校以来对外距城较远，对内范围较大，以致仅霖一人，不能如在城内时之各方兼顾。

二、容先生仍不愿意与社会往来，即各教授之间亦鲜接近，而又以缺少教授时必须霖或观澄兄设法补充，为最痛苦而着急。

三、观澄兄近来只肯管中学事，于大学部之行政颇消极，当系生有摩擦之故，是何原因可不追问。

四、陆上之、李约仲两兄十分负责，且暑假亦不回去，可佩可感。

五、江鹏任训育主任，资格虽浅，但系本校教育系出身，且肯努力，似应予以提携，此次又往受训，已可无虑。

六、中学部教导主任郑勉（保兹）先生，历在江苏任省立高中校长有年，并曾服务教部，资格及办事能力两俱充实，部厅对伊亦甚好。

乙、必要筹划

一、大学部主力必须增厚。

二、中学部宜有专人负责。

三、大学训育长之人选宜即决定。

四、质的提高

丙、拟陈办法

一、薛观澄兄改聘为商学院长兼专任教授，并仍兼副教务长。

二、容启兆兄仍任教务长兼理学院长暨化学教授。容先生现任英文教授系陈久敬先生中途辞职一时权宜办法，究不妥。

三、文学院现在只有政经一系，由霖兼任院长，且有许多共同必修课程，亦属此系，又政府对于本系最注意，由霖兼任当无疑虑。

四、大学部训育长决以江鹏担任。

五、中学部主任请郑勉先生担任，小学则直辖于中学。

六、质的改进由各人负责办理。

七、以上各节见诸实行则成为左列情形，即为蓉校之重心。

谢　霖　　　副校长兼文学院长暨教授

容启兆　　　教务长兼理学院长暨教授

薛迪靖　　　副教务长兼商学院长暨教授

江鹏训　　　育长兼教授（党义）

陆寿长　　　事务长兼教授（英文）

李恩廉　　　注册主任兼教授（化学）

郑　勉　　　中学部主任兼教授（国文、生物）

似此则三院及中学均有一人专负其责，于事必甚有益，用特专函奉陈此事，拟在七月初间即行分别致聘，是否可行，尚乞电示。

敬颂著祺。

谢霖谨肃

民国二十八年六月十六日

附1：谢霖再次汇报成都分部1939年秋季学期人事安排的函

咏老赐鉴：

敬启者。

上学年完结，本学年已开始。大学已自七月一日起实行放假，中学则须七月中旬方能考完，惟战时儿童保育会已有难童一百五十名送到，故暑假期内初中必须照常上课，为此等儿童补一学期课程，大学则须筹备来学期事。启兆兄日内返申，霖则须赴重庆接洽一切，薛观澄兄对于中学部事坚决不肯继任，而大学部又属缺少人力，爰已于霖动身赴渝以前按照上次函陈办法致送聘书，俾各开始工作，兹开如下：

教务长兼理学院长　　容启兆

副教务长兼商学院长暨教授　　薛迪靖（副教务长不支薪）

文学院长　　谢　霖（如有别人可辞去）

秘书主任　　赵　中

注册主任　　李恩廉

训育主任　　江　鹏

事务主任　　陆寿长

会计主任　　郭基荣

专任教授　　洪北平、史丽源、沙凤岐、谢乐康、王孟钟、薛迪靖、万鸿开、洪殷朴、谢元范、彭天根、林树湘

中学主任　　郑　勉

教导主任　　何其宽

小学主任　　万载芳

再霖拟明日赴渝，本校事务托由薛观澄兄代理，并以附陈。

即颂著祺

谢霖谨肃

民国二十八年七月五日

附 2：谢霖就张寿镛对成都分部人事意见的复函

咏老赐鉴：

谨肃者。

接七月十日手书，敬悉。此信仅七日即达，可为速矣。奉示各节，分陈如下：

一、大学改组，教部虽有通章行到本校，然于私立大学似除训导长一席重视而外，其余皆无强迫性质。

二、训导处应设之训导长遵示由霖以副校长兼任，并于训导长下设生活指导主任一人，聘江鹏君任之，又设女生生活指导一人，聘吴维仪君任之。至体育、卫生两部分拟仍旧贯由体育主任钱耀彬君及校医沈其稀君分负其责，不归入训导处，否则势必遇事来向所谓训导长者请示，既无暇主持则必误事。又军事训练此间系由

军管区特设军训处管理其事，教官系由该处秉承政治部令派，常有调动亦直接办理，本校无权过问，其名称大学曰"军事训练队"，以校长为队长，教官及生活指导主任为队附；中学曰"军事训练团"，以中学主任为团长，教官及教导主任为队附，若遽改组，事关当地法令，恐生窒碍。拟看其他大学如何办法再作道理，暂不变动。

三、蓉校教务长一席奉示容启兆兄因留沪任理学院长兼总务长，不能回川，嘱聘薛观澄兄兼任，当以此意告知观澄兄。伊谓本有副教务长名义，启兄行后诸事均系由其处理，无遽变更名义之必要，如何仍候酌示。

四、商学院设有三系，且为蓉校主要之院，霖兼任三学期，以他事繁多，遗误非浅，观兄原为沪校商学院长，此次改聘观兄担任，意在托付专责，务乞允诺。至该三系主任，拟聘杨孝慈兄任银行系，唐庆永兄任工商管理系，至会计系，因霖兼任文学院长，若再兼会计系主任，不免可笑，拟另设法。雷鸿堃君现任省政府职务，因省府干涉兼职，未便勉强。

五、文学院长霖本无其资格，因只有政经一系，故暂兼之。郭子雄兄对于本校感情欠佳，一则伊对学生曾经说明誓不再来，二因伊为成都市府参事，亦有不能兼职限制，以致势难续聘。至所遗政经系主任一职，拟聘川大教授张宗沅先生担任，张君为留美硕士，安徽籍，伊因川大迁峨不愿前往，其人于政治学颇负盛誉也。

六、理学院长奉示聘顾葆常先生以系主任代理，顾君在本校原系兼任性质，此次川大迁峨，顾君因眷在蓉不愿去，而川大方面因今春教潮关系开罪于程天放校长，遂未续聘。日前闻伊将应穆藕初先生之邀前赴重庆，今以尊意告知，伊极愿意。惟须为专任教授兼系主任，并另在校外再兼课数小时，方敷生活。霖与观兄商酌认为已在本校任课及系主任年半似尚适宜，故即定局，惟兼代理学院长一节拟从缓议，我公当以为然。又土木工程系主任仍请盛允丞先生担任，经与接洽已得允诺，并由盛君介绍彭天根先生为土木工程系专任教授兼土木工程专修科主任。

七、中学主任一职，尊意必须观兄担任，并云万无商量余地，当即切实转达，惟观兄云"于中学事不感兴味已久"，上年我公来川之时，伊亦屡次面陈，故物色郑保兹君为之继任。郑君在校任教导主任，半年以来，同人咸觉确属中学教育专家，不易延得之人。至大中行政，自开办至今，从未分开。又云郑君学问道德两俱高尚，办事稳健且识大体，可为校庆得人，必无可虑之处，日后自能证实。所有中学事务仍当随时照料必不忽视，托代转陈等语，仍希明察。总之中学事务是观兄不愿做，非霖有意换人。观兄愿意专负大学责任，于校有莫大益处。倘或对于中学事务十分强其担任，大中两部俱恐难得善果。至公虑及大中行政因此分开，确无其事。公如在川，目睹情形，亦必赞同，因此请勿坚持，是所盼祷。

八、其他组织。霖意本学期皆不更动，以免多事。尊意以陆上之兄兼代总务长一节，一则上兄现于事务处主任外尚兼英文教授，已属极忙，势难再增他职；二则地位如较李约仲兄超越，亦有不妥，故拟仍旧不动。

专此奉复。

顺颂著祺。

谢霖谨肃

民国二十八年七月十八日

师承中学关于附中图书仪器早经交接的函

迳复者：

　　本月十一日，朱时隽、江清两先生莅临敝校，得诵贵校诚字捌第一四六六号大札内开，"附中图书暨家具借与贵校为数甚多，兹以急于需用，特派朱时隽、江清两先生前来接洽收回。"并由朱时隽先生当面交阅细账一纸，声明系附中借与敝校之物，聆悉之下，不胜骇异。查上期学期双方办理交接手续时，除教导处参考书未经点收，已由朱有德先生连同书橱搬去外，所有图书家具业经开列清单，由各处负责人员分别办理。目下该项负责人员大率均在贵校，事实具在，一问即知，且查细账，所列图书或系各级课本，或系参考图籍，大率为教师所借。去夏曾由廖前主任分函各教师催索，迄未结束。关于此节，主任室当有案可稽。至去秋开学后如何情形，此间无从知悉。兹奉前因，相应函复，即希查照为荷。

　　此上光华大学校长张

师承中学校校长　邢鹏举启

中华民国廿八年三月廿二日

关于同意光实中学保送第一名毕业生免费入读的复函

迳复者：

　　来函祗悉，所请保送第一名毕业生免缴学费入学一节特予照准，惟以第一学期为限，第二学期起依照本校奖学金办法办理，相应函复，即希查照为荷。

　　此致光实中学

光华大学启

中华民国廿八年六月卅日

附：光实中学关于请求保送生第一名免缴学费的函

校长先生钧鉴：

　　敬启者。溯敝校于创办之初即以光华实验中学命名，嗣以立案之时主管机关拒用实验二字，乃改称光实。昔刘彦和云：圣父雅丽，衔华佩实，名义虽更，旨则同归。敝校同仁曩受先生之训诲，至于今仰慕不衰。举凡教育之方，训导之旨，一秉受业母校时之所获，故与母校附中规模虽有广狭之别，精神实无殊异；而各同学之爱护光实者，莫不倾心光华而争欲自列于夫子之门墙。

　　先生志在河汾，乐育英才。既于去年许敝校毕业生免试入母校大学部，感激之余复欲有所陈请，拟仿母校附中例选敝校毕业生成绩最优者一人保送母校大学部，而恳请准其免缴学费以资激励。此虽若无餍之求，而实出于宗仰之忱。倘荷鉴许，当即将第一名毕业生成绩送呈以便备案。专此。

　　敬请教安。

光实中学校长　张华联敬启

六月二十七日

关于附中实验室煤气费使用平均负担的批示①

奉交庶务组关于煤气费用签呈一件,奉批"此项开支应否分担,即签注,以便再行核定"等因,遵查此项开支曾于去岁暑期前,奉张副主任核定"附中实验所用煤气无多,而预算收入又复为数有限,未便按月各半分担,每学期仅能于二百元范围内酌付若干",本学期经济设计委员会第二次常会决议"共同开支不再支付"各在案,此项开支既属共同性质,应否增加预算以便酌付,抑于原列水电开支项下支付之处,仍祈核示。

潘子端　毛仲磐

四月十七日②

附:庶务组关于实验室用煤气费由大中学平均负担的请示③

查煤气全系实验室所用,当属实验开支,似应由大中学平均负担之,可否? 尚恳裁夺。

此呈校长张

庶务组谨呈

三十年四月十六日

---

① 张寿镛批示:除已批庶务组仍归入共同开支,大中学本属一家,不必过于分析也,并知照中学格外节省矣等,应即查照。

② 1941 年。

③ 张寿镛批示:仍归入共同开支,大中学本属一家,可不必过于分析也。并知照中学格外节省矣。

《光华附中简报半月刊》发刊词①

　　报纸之发行也,以时期言,有日刊、月刊、季刊、年刊之别;以性质言,有新闻、宗教、美术、文艺、学术之殊。本报月出两期,介于周刊月刊之间;而其内容复分言论、专著、校闻、成绩、通讯等栏,又与一般刊物有别。执笔者为全校师生,读者大部分亦为在校师生,编者读者更预期他刊物迥异,其旨趣自亦不同。爰于发刊之初,揭其要旨,以为读书告焉。

　　我附中诸教师,道德文章,久为诸生所景仰。而诸教师乐育英才,加惠后学,亦无微不至。惟授课之时间有限,学问之广博无涯,以有限之时间,授无涯之学问,势必日感不足。于是课余之暇,仍孜孜不倦;假期之间,复诱导有加。诸生拜厚贶,固已学业猛进,无如学子众多,势难一一详加指示,惟有布诸报端,将口述之辞,著之言论,俾千余学子,人手一篇,悉受其惠。此本报发刊之要旨一也。

　　诸生资质不一,而勤学则同。中资以下者,或勉强而成。中资以上者,当可游刃有余。维是课本之智识,教室之讲授,或不足厌其求知之愿望。况学无止境,纵读书已历数十寒暑,其所得之智识,亦不过太仓一粟。是以随时随处,仍应致力于学问。教师之谠论,固为修学之南针,学友之成绩,亦足供诸生之观摩。时时以彼能是而我乃不能是一语,勤加自励,则学业进步,自可计日而待矣。此本报发刊之要旨二也。

　　父兄之于子弟,莫不期望甚殷,其未入学也,必多方访问各校之情形,斟酌至再,然后使之应试,使之入学。迨子弟入学之后,对于学校之实况,子弟之学业,固仍无时不在殷殷垂念之中。但所得者,仅大小考之成绩报告;所知者,仅子弟之学业操行。教师训导之勤,既无由洞悉;子弟进步之速,复不易深知。不有刊物,无以满父兄之望。此本报发刊之要旨三也。

---

　　① 原载《光华附中简报半月刊》第 1 期,1941 年 11 月 1 日。

中学诸生均来自各小学、各初中。昔日之师长，以及昔日同窗共砚之朋友，对于诸生期望之厚，固亦不在父兄之下。虽曰天涯海角，尺素可通。告慰故人者，其道多端。举新校之概况，及近日诸师友教我诲我之真情，藉一纸刊物，随时转达于昔日师友之前，则不仅使闻者快慰，阅者欢欣，更足以鼓励诸生之学业迈进不已，勉入优秀之林焉。此本报发刊之要旨四也。

他若校友通讯，既可使在校者知毕业同学近况何似，复可使离校同学得知先后学友致力学问成效若何。通内外之声气，晤千里于一堂，以本报为通讯之资，以本报作他山之石。切磋学问，砥砺廉隅，进德修业，皆可在于斯矣。此本报发刊之要旨五也。

本报系有本校商请在校同仁，出其余绪，致力编纂。设计容或未周，复因篇幅有限，名言宏论，刊登或有先后，取材或有详略，尚希我全校师友，督之，教之，匡之，助之，俾本报发扬光大，而完成其使命焉。庄子有云，始作也简，将毕也巨，本报以简名篇，意在斯矣。我全校师生，幸勉图之。

关于准予壬午补习社借用教室校具的复函

迳复者。接准台函,祗悉所请借用本校教室校具等应予照准,仍希将借用各物开送清单,一边存查。惟本校开学时应随时收回自用。相应函复,即请查照办理为荷。

此致壬午补习社

光华大学校长室启

中华民国卅一年一月年二日

附：壬午补习社请求借用教室及校具函

敬启者。敝社为使贵附中同学得继续修学起见,拟就贵附中原址开班补习,事关学生学业,谅荷赞同。兹拟商借贵校中学部教室及应用校具,如桌凳、教室用具、办公室用具、实验室用具及打字机等等,以利教学,相应函达,即希查照转饬准予借用。不胜感纫。

此致光华大学

壬午补习社启

三十年十二月卅日

关于请上海邮政管理局为光华大中学教职员学生设立邮箱的函

查本校于本学期迁入欧阳路二二一号及二二二号上课，大中学两部教职员学生共有二千余人，对外信递频繁，而贵局四川北路局相距甚远，殊感不便，用特函请贵局在本校内设立邮箱，由邮差按时开启收递，即祈赐准，至纫公谊。

此致上海邮政管理局

校长　朱○○
中华民国三十五年十月廿一日

关于大中学校舍募捐给吉生先生的函

吉生先生大鉴：

　　敬启者。

　　本校创立至今已逾廿载。八一三之役，本校大西路校舍全部被敌焚毁。抗战时间在成都设立分校，以造就后方学子。胜利后在沪复校，并蒙政府赐拨敌产一所，以作临时校舍。惟学生众多，宿舍不敷，缘经校董会议决，发起募捐建筑大中学校校舍。

　　素仰台端热心教育，用特函恳解囊慨捐，使该项建筑得以完成。俾求学子弟得一楼居之所，实为本校之幸也。兹由本校同学张汉光君前来面恳，至希赐洽为幸。

　　专此，即颂大祺。

光华大学董事长　翁文灏　董事　宣铁吾　同启

中华民国三十六年九月廿九日

关于将成都分部赠予川省并更名成华大学的公告

敬启者：

本校原系设在上海，民国二十七年春，因中日战事发生来川设立分部，仰蒙四川省政府刘故主席甫澄公及川省地方人士赞助甚多。当初本校董会暨故前校长张寿镛先生、又分部创办人谢霖甫副校长原定斯校将来永留川，遂于分部开办之后增聘川籍校董，募捐建筑校舍，兼收后方学子一同施教。

现在抗战已经终了，上海本校亦已恢复，依大学规程不准永久设立分校之规定，爰经本校董会议决，将此分部商请川省地方人士接办，并将分部全部财产一律奉赠作为纪念。又因教育部指令，两校不能同用一名，嗣由川省人士另组校董会议定，更名"私立成华大学"，已于三十五年二月一日实行接办成立。所有本校成都分部校产经双方会同估值一亿五千万元，赠送成华大学接收完毕。本校成都分部亦即于卅五年一月卅一日结束。至现在该分部肄业之大中两部学生已由本校董会与成华大学商定办法如下：

（一）大学生及会计专修科学生或自愿改为成华大学正式生者，或自愿回至上海本校肄业者，或自愿在成华大学为借读生，将来仍由本校给与毕业证书者，均由各生自填志愿书，分别办理。此项借读办法已由两校董事长联名呈请教育部核准在案。

（二）借读办法仅以三十五年二月到蓉注册者为限，其余未来注册而停学未超过四学期者，均作为休学生移送成华大学，将来复学之时应作为成华正式生，但如届时有仍愿回至上海本校肄业者可听其便，亦自停学起扣算至复学止未超过四学期者为限。

（三）本校成都分部原有之附属中学，一面遵照教育部令从此停招新生，一面由成华大学仍用"光华大学附属中学"原名继续办至现有各班学生毕业为止，如有自愿回至上海本校附中肄业者，亦可听便。除呈报教育部外，特此公告。

董事长　翁文灏

中华民国三十五年二月十五日

附1：教育部关于同意光华大学上海本部恢复办理、成都分部由川省地方人士

接办的指令

令私立光华大学校董会：

三十四年九月十七日不列号呈一件"呈报上海本部恢复办理情形，并拟将成都分部移由川省人士另组校董会接办祈核示由"，呈悉。兹分别核示如下：

（一）该校上海本部恢复办理，准予备案。惟原有学生学籍及招生简章应专案报核，并应迅速慎选校长报部备案。

（二）该校成都分部，如川省人士能筹足基金，充实设备，并延聘优良师资，准予另组校董会，遵照规定办理立案手续后接办。惟校名应另拟定，不必用"光华"字样，以免与该校校名相混，仰即遵照。

此令。

教育部部长朱家骅

民国三十四年十一月一日

附2：成华大学关于学校成立的函

敬启者：

三十四年九月接贵会函示："本校于抗战期内由谢霖副校长入川设立分部，当初本会暨故前校长张寿镛先生又谢副校长均原定斯校永久留川，故增聘川籍校董募捐建筑校舍，兼收后方学子一同施教，现在抗战已经终了，上海本校亦已恢复，又依大学规程不准永久设立分校之规定，爰经本校董会议决，将此分部商请川省地方人士接办，并将分部全部财产一律奉赠"等由，同人等筹商之余，金谓贵校在川所设分部，有贵会暨张故校长寿镛主持于前，谢霖副校长实行入川创办于后，在此抗战八年之中，不特有益于战区避难学子，且于后方青年，造就亦至宏大，证以八年内毕业之大中两部学生一千四百余人之中，川籍约占十分之六，而目下在校之大中学生一千九百余人之中，川籍约占十分之九，足见斯校关系川省高等教育，颇为重大。

现在贵会既已议决由川省地方人士接办，同人等为国家造才，为桑梓兴学，理应接受，并应逐渐扩充，成为川中一个完全大学，作为永久纪念等语。旋即另设校董会，遵照教育部示，更名改组，议定改称"私立成华大学"。所有贵校成都分部全部校产，双方会同估值国币一亿五千万元，作为赠送本校，以三十五年三月一日为接办之期。荷承贵会同意，现在交接期届，所有惠赠校产已由贵会代表与敝会常务校董全部交接完毕，敝校即于二月一日成立。嗣后仍当萧规曹随，与贵校分立于扬子江上下游，成为兄弟学校，效力邦国，还祈赐教，以匡不逮。

用特专函申谢，敬祈察及为幸。

此致私立光华大学校董会

私立成华大学校董会敬启

董事长　邓锡侯

副董校长　刘文辉

中华民国三十五年二月六日

附3：成华大学关于在校肄业学生学籍处理办法的函

敬启者：

敝校已于三十五年二月一日成立，贵会所赠成都分部校产，敝校亦已接收完毕，业经函达申谢，想邀察及。

至于目下在校肄业之大中两部学生，已与贵会商定五项办法：

（一）大学生及会计专修科学生，依照学生要求，除自愿回至贵沪校肄业者，及自愿改为敝校正式生者外，皆许其在敝校为借读生，将来仍由贵校给与毕业证书，在借读期内，可允许随时回至贵沪校肄业，或改为敝校正式生，均已由贵敝两校董事长联名呈请教育部核示在案。

（二）各生愿从何项办法，应于本学期开学之前，先使各生自填志愿书，分别声明，作为依据。

（三）此项借读办法，仅以三十五年二月前来注册者为限，其余未来注册，或休学期限未届满者，将来复学之时，均应一律改作成华正式生，或仍准其回至贵沪校肄业，以明界限。

（四）贵成都分部原有之附属中学，一面从此停招新生，一面由敝校仍用"光华大学附属中学"之原名义，继续代办至现有各班学生毕业为止，亦可许其随时回至贵沪校附中肄业。

（五）各该大学借读生及附中生，在未毕业以前，所有管理呈报手续，应如何办理，当由敝校长王宏实先生迳与贵校董事会及贵沪校商议，以资简捷。

用特专函奉达，即祈察照为祷。

此致私立光华大学校董会。

私立成华大学校董会敬启

董事长　邓锡侯

副董校长　刘文辉

中华民国三十五年二月七日

关于请光华附中派员洽领奖学金的函

迳启者：

案查贵校学生申请奖学金，业经本会核定，相应检附名单全份，领款手续一份，函请查照将空白收据转发各得奖学生自行填明签盖后（收据上印鉴应与原申请表上印鉴相符）送由贵校备函派员汇送本会领取奖学金，又贵校致函本会时务希注明"请贵会将银行支票交由本校职员○○○带回"等字样，否则本会当将银行支票暂予保留不发，以昭慎重为荷。

此致光华附中

附本会核定奖学金学生名单全份领款手续乙份

上海市奖学金统一审核委员会主任委员　潘公展

副主任委员　李熙谋

民国三十七年四月十三日

各捐款团体及机关奖学金领款手续

1. 申报奖学金　请备函派员前往汉口路三○九号该馆向黄寄萍先生洽领

2. 上海证券交易所奖学金　请备函派员前往汉口路四二九号该所向薛福田先生洽领

关于乐瑞龙等 10 名奖学金申请书请予审核的函

迳启者：

本校本学期申请上海证券交易所奖学金学生乐瑞龙等十名，以该生等上学期曾蒙贵会核准有案，故此次仅将学行成绩名单函送上海证券交易所，以为无需其他手续。现悉此项申请奖金应仍填具申请书送缴贵会审核。兹特将乐端龙等十人申请书随函奉上即希赐予审核为荷。

附乐端龙等申请书十份

全衔廖

三十七年四月十五日

光华附中申请奖学金学生名单

年 级	姓 名	成绩总评	操 行
高三乙	乐端龙	87	良
高三乙	曹祐家	78	良
高二乙 A	张人洪	75	中
高二乙 A	刘应中	79	良
	苏宜诜	69	优
高一丙	廖有光	65	良
初三甲	汪义正	80	中
初二乙	袁义吾	70	良
初二甲	邰振庭	83	良
初二甲	黄晋贤	71	中

关于光华附中女生宿舍设备费讨论案

日　　期：一九五〇年四月七日

地　　点：觉园十一号

出席者：廖世承　徐燕谋　赵家璧　王守恒　赵晋卿　许秋骉　吕思勉

主　　席：赵晋卿

纪　　录：张芝联

报告事项

廖校长报告大学部上学期校务及本学期学生人数及概算情况

讨论

（一）王太夫人仙逝后如何补聘校董及推定主席校董案

决：请王华照先生递补并推请王华照先生为主席校董

（二）本会应推请会计一位保管本会资产案

1936年，光华附中女子篮球

决：推请张星联校董为会计，在张校董未返沪前请张芝联先生

（三）廖校长代表大学校委会提出本学期概算收支无法平衡，拟请校董会在代校保管之资产中拨助壹万单位案

决：在本会代校保管之资产中计划调拨

（四）廖校长、张校长提出上学期大学部修路大西路地价税及中学部女生宿舍设备费用垫付柒千伍百单位拟请校董会拨助案

决：本会授权本会会计在代校保管之资产中尽量设法调拨

主席：赵晋卿

纪录：张芝联

三 规章制度与总结概况

关于光华大学及附属中学稽核办事规程

第一章 总 则

第一条 光华大学暨附属中学依校董会决议设立稽核，综覆全校收支财产及会计事宜

第二条 本校大中两部关于会计上之一切稽核事宜均依本规程办理

第三条 稽核之职掌如下：

关于全校财产之稽核事项

关于预算决算之审核事项

关于账务之审核事项

关于库存之检查事项

关于统计之审查事项

关于对外订立契约之审查事项

关于检举会计人员之错误事项

关于校长交办事项

第二章　分　　则

第四条　本校大中两部之经临费应由会计处编制预算,送稽核审核后,呈请校长核定

第五条　预算确定后,如有特别事故致生不足时得编制追加预算,送稽核审核后,呈请校长核定

第六条　经常预算及追加预算核定以后,仍须按月依照编制本月份之预算书,送稽核审核

第七条　凡全校之支付凭单须先经稽核核准,其支付款项与预算不符者,稽核得拒绝之,惟经校长特许者不在此例

第八条　凡未经稽核核准之支付凭单,出纳股不得付款

第九条　大中两部之现金出纳及库存金额应按日抄送稽核备查,如有必要时,稽核得随时检查之

第十条　大中两部会计处应于每月经过后,编造上月收入支出计算书、贷借对照表、财产目录、物品出纳计算书,连同凭证单据送稽核审查

第十一条　稽核对各部分现有之账册单表,如有认为不合用者,得通知变更之或修改之

第十二条　下列决算及收支计算应由稽核审查

全校一年度收支之总决算

大中两部每月之收支计算

特别会计之收支计算

物品之收付计算

第十三条　稽核为前条审核时,应就下列各项编制报告书,送呈校长核阅

总决算之金额与库存金额是否相符

现金及物品之收付是否与预算相符

有无超越预算及预算外之支付

第十四条　稽核应将每年度审核之结果呈报校长,由校长转送董事会,并得对应行改正之事项附陈其意见

第三章 附 则

第十五条 本规程如有未尽事宜,得随时呈请校长修正之

第十六条 本规程经校长核定后公布施行,并由校长送校董会备案

私立光华大学附属光华中学章程

(民国二十七年二月修订)

副校长　谢　霖

校　长　张寿镛

副校长　朱言钧

中学部主任　薛迪靖

校　址　成都东门内王家坝街

目　录

六、请假规则

七、奖励规则

八、学生结社集会规则

九、学生发行刊物及壁报规则

十、组长服务规则。

私立光华中学章程

第一章　总　则

第一条　本中学为光华大学所附设以培养高尚人格,发展个性技能,服务社会为宗旨。

第二条　本中学采用三三制,分初高两级,高级中学,设普通科,商科,土木科,均分上下学期,每半年升学一次。

第二章　组　织

第三条　本中学设主任一人,总辖一切校务,由校董会聘任制。

第四条　本中学设秘书,教务主任,训育主任,庶务员,会计员,各一人。分掌各项事务,并设事务员若干人以为助理,由主任提请校长任用之。

第五条　本中学设校务会议,有本中学主任,教务主任,训育主任,会计员,庶务员,及教员中票选之代表六人组织之,议决一切校务。

第六条　本中学设教导会议,由本中学主任,教务主任,训育主任,各系主席及教员代表六人组织之。

第七条　本中学依校务上之需要,得设各种委员会,以利校务之进行。

私立光华中学校务会议规则

第一条　本中学根据本校章程第五条设校务会议,以本中学主任,教务主任,训育主任,事务员,会计员,及全体教员代表六人组织之。

第二条　本会以本中学主任为主席,主任缺席时,由教务主任代理之。

第三条　校务会议以中学秘书为书记,掌管本会会议记录。

第四条　本会职权如下。

一、关于本校预算之审核。

二、关于各种章则之订定。

三、关于招生事项。

四、关于课程之编订事项。

五、关于学生成绩及毕业事项。

六、关于学生奖励及惩戒事项。

七、关于课外作业事项。

八、关于校具设备事项。

九、关于卫生事项。

十、关于本中学主任交议及教员建议事项。

第五条　本会于学年内,每月第四星期三下午四时开会一次。遇重要事项,得由主任如今临时会议。

第六条　本会议决案,以会员过半数是出席及到会会员三分之二之同意,为有效

第七条　本会应于开会后将决案印送全体教职员。

第八条　本规则经本会会员二人以上书面提议,出席会员四分之三之同意得修改之。

私立光华中学教导会议规程

第一条　教导会议,以本中学主任、教务主任、训育主任、各系主席及教职员代表六人组织之。

第二条　本会议以中学主任为主席,秘书为记录。

第三条　本会职权如下

一、审议教导之具体计划。

二、审议各科教学法之是改进。

三、审定学生入学资格。

四、审定学生修业毕业通则。

五、审定各科教材及课程之编排。

六、审议关于学生之奖惩事项。

第四条　本会与学年内每月第四星期四下午四时开会一次,由本中学主任召集之。遇有重要事项得有本中学主任召集临时会。

第五条　本会与会员十分之一之出席为足法定人数,议决案以出席会员十分

之一以上之同意为有效。

第六条　本规则经本会会员二人以上之书面提议,出席会员四分之三之同意得修改之。

私立光华中学校务管理大纲　民国二十七年二月修订

一、本校事务。由下列各部分掌之。

　　一、本校设秘书一人,书记若干人,其职权如下。

　　　　一、关于各项案卷文件之保管事项。

　　　　二、关于文稿布告之撰拟及收发事项。

　　　　三、关于校务会议之记录事项。

　　　　四、关于讲义之膳写印刷事项。

　　二、教务处设主任一人,事务员若干人,其职权如下

　　　　一、关于课程编订事项。

　　　　二、关于各科教学程序之商订事项。

　　　　三、关于教员请假及补课事项。

　　　　四、关于学生缺课事项。

　　　　五、关于招生事项。

　　　　六、关于学生注册事项

　　　　七、关于学生成绩之考核及报告事项。

　　三、训育处设主任一人,训育员若干人,其职权如下

　　　　一、关于学生品行之考查事项。

　　　　二、关于学生给假及缺课事项。

　　　　三、关于学生奖惩事项。

　　　　四、关于编定学生宿舍房间号数及检查清洁事项。

　　　　五、关于学生课外作业之指导事项。

　　　　六、关于学生集社结会事项

　　　　七、关于学生发行刊物及壁报之审核事项。

　　　　八、关于学生上课点名之查到事项。

　　四、本校设事务员一人,助理员若干人,其职权如下。

　　　　一、关于校舍之修建事项。

二、关于采购事项。

三、关于校具之登记保管事项。

四、关于消防清洁事项。

五、关于宿舍及膳食事项。

六、关于讲义印刷事项。

七、关于校工管理事项。

五、本校设会计员一人,助理员若干人,其职权如下。

一、关于本校预算之编制事项。

二、关于会计事项。

三、关于现金之保管事项。

四、关于财产契据之保管事项。

六、本校舍图书管理员一人,助理员若干人,其职权如下。

一、关于图书之采购事项。

二、关于图书之分类编号事项。

三、关于图书之保存事项

四、关于学生课本之代办事项。

五、关于图书阅览规则之编定事项。

七、本校舍校医一人,诊治学生疾病。

私立光华中学教职员服务规程

一、专任教员授课时间,由注册处排定,不可随意指定或变更。

二、教员对于所授课程应按照本校规定时间填制教材进度预定表,及教材进度表送交本中学主任备查。

三、教研所授课程因照本校规定时间举行考试,并将成绩送注册处。

四、教员因病或特别事故不能到校授课,需先期请假并须指定补课时间。

五、教员缺课,须负责觅人代讲,惟须经本中学主任认可,代讲人之酬金,由教员自行支付。

六、教员经学校通知,需负责襄理本校生新招考及旧生补考等事宜。

七、教员经本校通知,应出席各种会议。

八、教员处授课外,对于课外作业及委员会等,亦须参与。

九、本校办公时间除星期日及其他例假外,每日规定上午八时至十二时,下午一时至五时。

十、职员须按时到校办公,有不得已时,欲请假者,须先由主管主任转呈本中学主任核准,惟每学期每人请假时间,以一星期为限,但因婚丧要事,已得本中学主任特许者,不在此限。

十一、职员在办公时间内,如因公外出,需在留言簿上书明,(一)何时他出(二)因何事故(三)何时回办事处,但同一办事处内各职员不得同时外出。

十二、暑寒假期内,应由本中学主任指定职员轮流住校办公。

私立光华中学教务通则

第一章 入 学

第一条 凡新生具有下列资格之一者,得应入学试验。

一、新制六年小学毕业生。

二、初级中学毕业生。

三、有同等学力,具有确实证明书,经本校审查合格者。

四、只有他校转学证书及成绩,经本校审查合格者。

第二条 凡参加入学试验者,应先办理下列手续。

一、填具报名单。

二、缴验毕业文凭或修业证书。

三、缴验本人最近四寸半照片两张。

四、缴纳报名费国币两元。

第三条 本校招收新生,于每年寒暑假中举行,其招考章程另订之。

第四条 录取之新生,应于入学时填写志愿书,学生存查片,并请保证人填具保证书,送交本校核存。

第五条 录取之新生,因故不能来校,得向本校注册处请假,至多一学年为限,不请假者,即取消其学籍。

第六条 录取之学生,于于入学后。本校得向其肄业之学校查询一切,设或发现伪造情事,得随时令其退学,所缴各费,概不退还。

第二章 纳 费

第七条 学生需依限定日期,持本校所发给之缴费联单,前往指定银行缴纳各费。

一、学费二十二元。

六、建筑费五元。

二、膳宿费四十元

七、学生会费一元。

三、杂费八元。（通学生仅收半数）

八、周刊费一元。

四、图书费三元，

九、校徽费五角

五、体育费二元

共计捌拾贰元伍角

第八条　学期终了时，每生须缴保证金五元预留下学期学额，至下学期开学后，由学校定期凭收据发还。

第九条　中途退学者，所缴各费，概不发还。

第三章　注册与选课

第十条　学生须依限定日期，来校注册，其手续如下。

甲　持缴费收据向会计处换取二联注册上课证。

乙　学生在注册证上填明必修及选修课程，并将注册证同志愿书及保证书学生存查片送交注册处核存。

丙　新生在入学时，由注册处给予学号永远使用。

第十一条　学生因故不能准时到校注册上课，因先期由家长来函请假。

第十二条　凡逾期注册者，每一日应纳迟到罚金一元，按日递加，以五元为止。

第十三条　学生于开学后二星期尚未注册又未请假者概作休学论。

第十四条　选修课程，得于上课后十天内更改，过期不得改选，如托故不读者，做无故缺课论。

第十五条　选修课程，不满十人时，得不开班。

第十六条　选修课程不及格时，不愿补考者听。

第四章　休学复学及转学

第十七条　学生请假休学及转学均须呈交家长请求书及保证人证明书，如因体弱关系，并须呈缴医师检验证明书。

第十八条　学生申请求休学，至多以一学年为限，期满不能复学，得备具自请退学理由书，请由学校发给证书，否则开除学籍，不发给任何证件。

第十九条　学生于休学期满后，得请求复学，编入啣接之年级肄业。

第二十条　本校学生，欲转入他校肄业者，得来函请求转学，惟具有下列情事之一者，不发给转学证书。

一、因事开除学籍者。

二、因故休学一年以上者。

三、第一学年第一学期修业未终或修业届满参与学期考试不及格应行留级者。

四、转学证书，只发一次，如因遗失请求补发时，须纳费一元，但以一次为限。

第廿一条　已经转入他校学生如愿再行来校肄业者，须按照下列规定办理。

一、不得于转学之次一学期来校。

二、须呈验上一学期所在学校之成绩单，并经入学试验及格后，始得编入啣接之年级肄业。

三、凡越级投考者，一经查出，即予除名。

第五章　课　程

第廿二条　初级中学各学期，每周各科教学时数表。

初级中学教学科目各学期每周各科教学时数表

科目 \ 学期 / 时数	第一学年 第一学期	第二学期	第二学年 第一学期	第二学期	第三学年 第一学期	第二学期
公　民	1	1	1	1	1	1
体育及童子军	4	4	4	4	4	4
国　文	5	5	6	6	6	6
英　文	4	4	4	4	4	4
算　学	4	4	5	5	5	5
自然（分科制）　生理卫生	1	1				
植　物	2	2				
动　物	2	2				
化　学					3	3
物　理			3	3		
历　史	2	2	2	2	2	2
地　理	2	2	2	1	2	2
劳　作	2	2	2	2	2	2
图　书	1	1	1	1	1	1
音　乐	1	1	1	1	1	1
每周教学总时数	31	31	31	31	31	31
说　明	（一）体育及童子军四小时内各为二小时童子军另于课外训练一小时					

第廿三条,高级中学普通科商科各学期,每周教学时数表。土木科课程另订之（附表）

高中普通科教学科目各学期每周各科时数表

科目＼时数＼学期	第一学年		第二学年		第三学年	
	上	下	上	下	上	下
公 民	2	2	2	1	1	
体 育	2	2	2	2	2	2
军事或看护	3	3				
国 文	6	6	6	6	6	2
论 理				3		
英 语	6	6	6	6	6	6
数学 代 数	3　6	(3)				
数学 平面几何		6	(4)	(4)		
数学 立体几何			4			
数学 三 角				4	(4)	
数学 大代数大意						(4)
数学 大代数					6	
数学 解析几何						5　5
生 物	4	4				
化 学			5	5		
物 理					5	5
本国历史		4				
本国地理			2	2		
外国历史			2	2	2	2
外国地理					2	2
图 书	1/2	1/2	1/2	1/2	1/2	1/2
音 乐	1/2	1/2	1/2	1/2	1/2	1/2
升学指导						2
每周教学总时数	31　31	34　34	29　29	32　29	29　31	35　31
备 考	一组二组	一组二组	一组二组	一组二组	一组二组	一组二组
说 明	(一)体育及童子军四小时内各为二小时童子军另于课外训练一小时					

高中商科教学科目各学期每周各科时间表

科目 \ 时数 \ 学期	第一学年 上	第一学年 下	第二学年 上	第二学年 下	第三学年 上	第三学年 下
公　民	2	2	1	1	1	
体　育	2	2	2	2	2	2
军事或看护	3	3				
国　文	6	6	6	6	6	2
英　语	6	6	6	6	6	6
本国历史	4	4				
生　物	4	4				
化　学			5	5		
物　理					5	5
代　数	3	3				
商业概论	2	2				
珠　算	2	2				
平面几何			4	4		
经　济			3	3		
簿　记			3	3		
合作论			2			
会　计					3	3
统　计					3	3
货　币					3	
银　行						3
银行簿					2	2
三　角					4	
合　计	34	31	32	30	35	30

第廿四条　高级中学普通科商科各学期每周选修课目教学时数表。

高级中学普通科商科各学期每周选修课目教学时数表

科目 \ 时数 \ 学期	第一学年		第二学年		第三学年	
	上	下	上	下	上	下
西藏文	2	2	2	2		
社会问题	2	2				
论　理			2	2	2	
日本问题			2			
苏俄问题					2	2
人生哲学						第二组 2
测　量						第二组 2
本国地理					商科 2	商科 2
外国地理					商科 2	商科 2
备　注	每学期限选一种					

第廿五条　高中商科学生,对于公共必修科目之物理可以免修。

第廿六条　凡一学年之学程不得中途停选。

第廿七条　高一学生改科须在开始上课十日之内举行,惟高二高三不得改科。

第廿八条　选科学程分年列举,惟高年级可选读低年级之学程,低年级不能选读高年级之学程。

第六章　学业成绩

第廿九条　考查方法

一、学业成绩以学程为单位,每学期考查一次,计算及格等第。

二、成绩考查方法分下列三种。

甲　平时查考　考查之方法时间及次数,由担任教员视学程性质酌定之。

乙　月考　每学期二次或三次由注册处定期举行之。

丙　学期考　于每学期将终了时,由注册处定期举行之。

三、平时考查与月考成绩,和占学期成绩百分之六十,学期考,占学期成绩百分之四十。

四、成绩计算分下列六等。

甲等　九十分至一百分。

乙等　八十分至八十九分。

丙等　七十分至七十九分。

丁等　六十分至六十九分。

戊等　五十分至五十九分。

己等　零分至四十九分。

成绩列甲等乙等丙等及丁等者为及格。列戊等者为不及格,但得补考一次,列己等者必须重读。

五、凡有下列情形之一者,不得升级。

1. 戊等成绩或戊己两等合计占各学期每周教学时数二分之一以上者。

2. 己等成绩占各学期每周教学时数三分之一以上者。

3. 各年级第二学期学生有上一年级不及格学程尚未补读及格者。

4. 高三上学期学生有高二不及格学程尚未补读及格者。

5. 在学年终了时国英算三学程中有一学程列戊等而补考不及格者或列己等在暑校补习后补考仍不及格者。

戊等成绩或戊己两等成绩占各学期每周教学时数三分之一以上者为暂留级,俟补考后再决定升级与否。

六、凡一学其所读每周教学时数有二分之一以上列己等者或连续留级,二次以上者得令退学。

七、因病或不得已事故请假缺学期考或月考者,经学校核准所缺学期考,得于下学期开学时补考,所缺月考,毋庸补考,将来结算学期成绩时,减少一次平均。倘未经准假而不考者,除去考试科目作零分外,再记大过一次,平时积分应否给予由教师酌定。

八、一学期内缺席时数过本学期上课时数三分之一者不得考试。

九、一学年之学程有一学期不及格,即须补考,及格者给予该学期之学分。

十、学生在考试时有作弊行为者查出后即行除名。

第七章　补考及补读规则

第三十条　学期补考细则

一、各学程成绩列入戊等者或学期考请假者,得于下学期规定日期内补考一次

二、每学期缺课时数超过上课时间者三分之一者不得补考

三、补考只举行一次,无论请假与否,届时补考者概作补考不及格论

四、补考分数仅分及格与不及格两种,及格者给予学业成绩

五、补考期前须先缴补考费,每一学程国币五角,递加至两元为止

六、缴补考费后,向注册处领补考证,考毕时须将考卷补考证一并呈缴监试员

七、暂留级之学生补考后不及格学程不满该学期每周教学时数三分之一者,准其升级,惟国英算三学程在学年终了时必须及格

第卅一条　必修课补读细则

一、必修学程成绩列入己等补考后不及格者均须补读

二、补读方法暂分两种

(甲)暑假设补习班

(乙)不设补习班之学程由学生在下列二种方法中择定一种补读

(1)在学期中自行补读,并经各系推定之教师举行二次以上之考试及格者,给予成绩

(2)在假期中有教师指定工作补习,其作业成绩经教师审查满意者,准其补考,及格者给予成绩

三、高三毕业时如有一学程未及补读者,得于后一年中请求学校酌定的时间,给予该学程考试

四、一学程补读两学期仍不及格者得令其退学

光华中学各系主席及各种委员会规程

第一条　各系主席规程

一、为增进教授效率起见,设国文学系、英文学系、数学系、自然科学系、社会科学系、商学系、体育系主席各一人

二、系主任由本中学主任各学系教员中推请一人任期一年

三、系主席负有(1)拟定该学系计划(2)会同该学系教员磋商学程纲要及各级用书(3)促进该学系教学之责

四、系主席得定期或随时召集分系会议,惟议事前须通知本中学主任与注册处

五、分系会议主席由系主席任之

六、每届分系会时须推定一人记录会议事项,报告本中学主任及注册处

七、各学系一学期内教授近况,系主席须于学期结束时用书面报告主任

八、分系会议有需用公款时,得提出校务会议请求补助

九、本规程如有未尽事宜可于校务会议中提议修改

第二条　各种委员会规程

甲　通则

一、委员会分常设委员会与临时委员会两种

二、委员会各委员及首席委员由本中学主任就本校教职员中推请,惟一人同时不能兼任三个以上委员会之委员

三、常设委员会委员任期以一学年为限,但得连任临时委员会委员,任期以该会事务结束为满

四、委员会各委员对于会中应行商榷及执行事项应于任期内负责进行

五、委员会开会由首席委员酌定,会期报告本中学主任,召集之由首席委员主席

六、委员会应将开会记录报告本中学主任,其议决案须经本中学主任或校务会议核准然后执行

七、本通则如有应行修改之处由校务会修改

乙　各委员会规程

子　训导委员会规程

一　本委员会有训育主任级各组导师组成之

二　委员会之职权如下

1. 指导各组组会

2. 讨论训育处交议事项

3. 征求教职员学生意见提议改进事项

三　本委员会每月开常会一次,以本中学主任为主席,如有临时事项得召集临时会议

四　每次开会,以会员二分之一之出席为足法定人数,议决事项以出席会员过半数之同意为有效

五　本委员会适用委员会通则所列各条

六　本规程经校务会通过施行

丑　图书委员会规程

一　本校设图书委员会由图书管理员,各系主席组织之主席委员由各委

互选

二　委员会之职权如下

1. 计划整理与保管本校图书办法

2. 拟定及修订关于图书方面之各项规程条例细则及表格

3. 支配图书用费

4. 规划馆中设备

5. 计划鼓励及指导学生阅读办法

三　本委员会开会由主席委员召集并通知本中学主任列席

四　每次开会议会员二分之一出席为足法定数,议决事项,已出席会员过半数致同意为有效

五　本委员会适用委员会通则所列各条

六　本规程经校务会议通过施行

寅　编辑委员会规程

一　本校设编辑主席委员一人,委员若干人,由主任就全体教职员中推请之

二　委员会制职权如下

1. 编辑学校定期刊物

2. 校订学生在学校刊物上登载之文字

三　本委员会开会由主席委员召集并通知本中学主任列席

四　每次开会以会员二分之一之出席为足法定人数,议决事项以出席委会员过半数之同意为有效

五　本委员会适用委员会通则所列各条

六　本规程经校务会通过施行

卯　招生委员会规程

一　本校设招生主席委员一人,委员若干人,由本中学主任就全体教职员推请之

二　委员会之职权如下

1. 拟定招考规程

2. 支配招生事务

3. 会同学校主任定夺录取名单

三　本委员会开会由主席委员召集,并通知学校主任列席

四　每次开会以会员二分之一出席为足定法人数,议决事项以出席会员过半数之同意为有效

五　本委员会适用委员会通则所列各条

六　本规程经全体教职员工会议通过施行

辰　体育委员会规程

一　本校设体育主席委员一人,由体育主任担任,委员若干人,由本中学主任就全体教职员工推请之

二　委员会是职权如下

1. 规划一学期内体育实施事项

2. 编制一学期内体育方面之预算决算

3. 规定测量学生体格办法

4. 规定考验学生体育成绩标准

5. 筹备级际比赛及全校运动会

6. 筹备对外比赛

7. 规划早操选手训练及普及运动办法

三　委员会每月开常会一次,由主席委员召集,并通知本中学主任列席,如有临时事项得召集临时会议

四　每次会议以会员二分之一之出席为足法定人数,议决事项以出席会员过半数之同意为有效

五　本委员会适用委员会通则所列各条

六　本规程经校务会议通过施行

巳　童子军委员会简则

一　本委员会由团长商承本中学主任延请本校热心童子军之教职员组织之

二　委员无定额

三　每学期开会两次,如有特别事故,由团长会同本中学主任召集临时会议

四　审查预算决,算议决教练事务两部提议重要事项

附童子军团部职权

(1) 规划全校童子军事宜

(2) 管理全校童子军事宜

(3) 编造本团预算决算

（4）考核本团成绩

（5）编制教练日程

（6）保管团内物件

（7）编造用品一览

（8）于学期结束时将童子军进行状况用书面报造本中学主任

（9）此项细则有未尽事宜,可随时提出修改

附军事教练部职权

（1）规划全校军事教育

（2）编造预算决算

（3）每年预行大会操一次

（4）于学期结束时用书面报造一学期内进行状况

（5）此项细则有未尽善处,得随时提出修改

午　课外作业指导委员会规程

一　本校设课外作业指导主席委员一人,委员若干人,由本中学主任就全体教职员工中推请之

二　委员会之职权如下

1. 拟定学生课外作业事项

2. 辅导学生实行自治计划

3. 注意联络师生情谊,促进师生合作

三　本委员会开会由主席委员召集,并通知本中学主任列席

四　每次开会以会员二分之一之出席为足法定人数,议决事项以出席会员过半数之同意为有效

五　本委员会适用委员会通则各条

六　本规程经校务会议通过施行

光华中学校训与规则

第一条　训育标准

以积极的训练为主,消极的管理为辅,并定八大目标如下

一　爱国爱群雪耻图强

二　爱护学校恪守纪律

三　锻炼体魄注意卫生

四　爱惜光阴努力学业

五　崇高节俭勤苦耐劳

六　热心服务勇敢奋发

七　精诚团结互助合作

八　自立负责创造建设

第二条　训育实施方面

一　积极方面。

a　分个人、学级、全体三种谈话，以期融贯师生的感情，并灌输以处世立身之道

b　选举教室内组长、寝室内室长及学生自治会委员，治理其生活上一切事宜以及发挥其自治能力

二　消极方面

a　定制各项规则以期学生养成共同生活必备的习惯

b　规定奖惩办法以期学生有迁善避恶的准则

第三条　训育通则

一　学生在校宜尽力参加课外作业

二　衣服宜整齐清洁，举止宜端庄凝重

三　饮食宜有节制，除校中规定进餐外，不得滥食妨身体

四　对于师长宜尊敬，对于同学宜亲爱，对校工宜宽厚

五　公共物件须加以保护，如有损失，照价赔偿

六　不得吸烟饮酒

七　不得随地涕吐

八　不得污损墙壁

九　不得有反动及其他不正当行为

光华中学各项规则

第一条　教室规则

一　上课须穿制服

二　上课退课悉准号钟，迟到或早退须向教师行礼陈述理由

三　教师上下课时须起立行礼

四　就座须依编定座次，听讲时姿势须端正

五　对于功课如有疑问，须先起立然后向教师发问

六　教师讲授时应尽心听讲，不得中途搀问且不准谈笑及阅其他书籍

七　课业用品须在上课前备齐，非课业用品不得携入室内

八　教室内不得喧闹嬉笑及作任何游戏

九　下课后由当值之值日生揩擦黑板

十　涕吐须入痰盂，纸物不得随地抛弃

十一　下课后黑板上不得涂写

十二　出入教室不得拥挤喧哗

十三　课毕后如需借用教室开会等事，须先向注册处请求

十四　学生如有违背教室规则者，经教师察出后，得按情节轻重予以告诫或报告训育处惩戒

第二条　宿舍规则

一　宿舍床位号数由训育处编定，学生一经入宿舍后，不得擅自迁移。如有特别情形，须经训育处核准

二　各室门上光玻璃不准图纸或用他物遮蔽，以便训育员随时稽查

三　案上书籍、床上被褥须于每晨八时前整理清洁

四　箱子网篮衣服鞋帽及一切用品须安置适宜

五　室内之安静与清洁须共同维持，居住楼上者须举步轻缓，以免侵扰楼下人之安宁

六　室内不得存放不正当的书籍物件。违者除没收外，并以相当之处分

七　室内电灯不得自由添装或调换灯泡

八　不得在宿舍内洗涤沐浴，及向窗外倾水或抛掷纸屑果谷等物

九　张挂之物如训育处认为不合者应随时撤销

十　亲友来访，需在应接室相见，不准引入寝室谈话及住宿

十一　宿舍内不准吸烟饮酒及赌博

十二　不得在宿舍内踢球及做其他球类

十三　宿舍内宜轻步低声游戏，不得呼啸及高唱俚曲致碍公安，木屐一概禁穿

十四　上课及自修时间不得在任意往来及吹弹乐器

十五　零星废物投入废纸篓不得随地乱掷

十六　起身前熄灯后不得谈笑,致扰他人安睡

十七　起卧须依照规定时刻,不得无故早眠晏起

十八　室内不得私藏危险物及违禁书籍或物品

十九　房门应随时关锁,室内衣物书籍等件务需自行留意,银钱需存储本校会计处代为保管,凭折支取,否则如有遗失,不能负责

二十　窗口不得悬晒衣履及其他物件致碍观瞻

廿一　如有患病不能起床者,须随时报告训育处请校医诊治

廿二　每晚自修以摇铃为号,自修时不得藉故缺席

廿三　宿舍内不准燃煮食物

廿四　不准燃点灯烛,犯此者平日记大过一次(考试期内扣除其翌日第一次考试,不得补考)

廿五　每室公举室长一人,其职务规定如下

1. 督促同室生宿舍规则之遵行

2. 维持室内之秩序,监督校工励行室内之清洁

3. 如同室生有私自出校外宿者,应随时报告训育处

4. 传达同室生之意见

5. 同室生有患病者代向训育处或医务报告

6. 处理学校临时委托事项

第三条　盥洗室即浴室规则

一　盥洗用具须各自带入寝室保管

二　盥洗用具须随时洗涤清洁

三　盥洗时,不得随地吐痰

四　盥洗水不得任意倾泼地上

五　用水宜勿过量以节物力

六　浴室备物宜公同保护

七　入浴时间不宜过久,以免妨碍他人

第四条　膳室规则

一　膳堂席次须各依编定号数,不得搀乱越坐

二　就餐以钟声为准,不得先入膳堂

三　每桌坐齐后方得举箸

四　就餐时不得拍桌喧哗谈笑

五　就餐时不得拍桌击箸等致扰秩序

六　不得故意损坏膳食用具，违者除赔偿外仍须议处

七　三餐均依规定时间，非有特别原因经事务处许可者，不得直接要求厨役提早或补开

八　如遇菜饭不洁或太劣时，可报告事务处，嘱厨房改良或处罚，不得自行向厨房调换争论

九　膳堂概不留客

第五条　早操规则

一　学生早操需预打钟时一律到场听候点名，如教师发令时尚未入队者，即作无故缺席论

二　操时应着制服

三　学生早操无故不到第一次予以警告，每两次记小过一次

四　操时玩忽或有喧扰行为者，分别轻重记过示儆

五　未经教员发令散队，不得随意行动

六　早操点名由体育部指定学生行之，点名时不得舞弊，倘经查，给予以相当惩罚

七　点名员遇有请假时，得临时指定他人代理

八　休假日及星期一均无早操

第六条　请假规则

甲　缺课请假

一　学生因事缺课者，须由家长或保证人先期据函请假，如系因病不能上课并需取具医师证明书，经训育处核准方为有效

二　学生请假缺课期满而尚未到校，也不来信续假者，所缺之课作无故缺课论

三　学生上课迟到在十分钟以内者须向教员述理由，如过十分钟者做无故缺课论

四　逾上课时间十五分钟而教员未到者，学生应在教室静候，同时由组长或服务生报告注册处，如未经报告而自行退课者，全体做无故缺课论

五　学生不准因与家属或亲友谈话而藉词请假缺课

六　无故缺课一小时记小过一次,满三次及六次时,除给予警告外,并由学校通知家长

乙　外宿请假

一　非有万不得已,是故不得轻易离校,出校必请假,返校必销假

二　请假出校时须向训育处领取准假证,返校时须交还训育处,以做销假手续

三　凡家住本埠之学生,经家长或保证人通函证明得于每星期六课毕后返家住宿,星期日下午六时必须返校;但家住外埠而寄宿本校者,概不得在外住宿

四　凡请宿假函中须有家长或保证人盖章,该章须与存底相符,未盖章或盖章而与原存印鉴不符者无效

五　凡未请假而擅自在外住宿者,一经察出严重处分

第七条　奖励及惩戒规则

甲　凡学生得下列各项之一者给予奖励

一　各级学行最优者

二　各种竞赛优胜者

三　服务最勤恳者

乙　上学期各级学生学行优良,第一名得奖金四十元,第二名得奖金十元。此外,如各项功课及格品行优良,无长时期告假者发给褒奖状,其标准如下

学行优良第一名奖金给予标准

一　各科平均成绩在乙等以上者

二　无一科在丁等者

三　操行列在优良该学期内未因事记过者

四　该学期内请假不满一星期者

学行优良第二名奖金给予标准

一　各科平均成绩在乙等以上者

二　无一科不及格者

三　操行列在优良该学期内无因事记过者

四　该学期内请假不满一星期者

学行优良给褒奖状

一　同第二名

二　同第二名

三　同第二名

四　该学期内请假不满二星期者

丙　凡学生有下列情形之一者,得随时令其退学

一　品行恶劣者

二　身心不健全或患传染病者

三　历经警告仍不悛改者

四　成绩过劣或缺课过多者

五　规避学期试验者

六　毁辱师长名誉者

七　行为不检,有损校誉者

八　违犯校规情节重大者

九　一学期内记大过三次或小过九次者

十　考试舞弊者

第九条　学生发行刊物及壁报规则

一　学生发行刊物或壁报内容以研究学术为限

二　学生发行刊物或壁报须将负责编辑者之姓名呈报本中学主任请求许可

三　学生发行刊物须交稿件送请本中学主任审查方准出版

四　学生欲发行壁报必先将每期全文送请本中学主任审查后始得张贴

五　壁报须在学校指定场所张贴

第十条　组长及服务生细则

一　每组设正副组长各一人,由注册处指派之

二　组长及服务生之任期为一学期

三　组长及服务生之任务如下

1. 司上下课时向教师行礼之口令

2. 逾上课后十五分钟而教师未到时应报告注册处

3. 督促同班生教室规则之实行

4. 传达学校之命令,代表同班之意见

5. 排定教室值日生之次序而督察之

6. 留心门窗之启闭

7. 学校临时委托事项

四　组长或服务生缺席时由注册处临时派人代理之

五　组长及服务生服务勤恳者,由学校分别给予奖,励服务不力者,除随时撤换外并予以相当之惩戒

关于维持秩序及爱护公物临时指导规则的通告

本校为维持秩序及爱护公物，特订定临时指导规则十条公布之。

（一）学生须随时留意爱惜公共物件，严整个人行动，表示高尚人格，以资模范

（二）学生入校后均宜静肃，勿大声谈笑或作其他嘈杂声

（三）学生入校后即赴目的地，勿聚集办公室旁

（四）学生课后，除俟图书馆实验室成立在该两处习修及师生有特别接谈外，应即按时散班出校

（五）电梯非本校独享之权利，学生年壮力强，宜以步行上下为原则

（六）如电梯有空闲时，学生宜先让教职员上下

（七）电梯以八人为限，凡上下均不得超过此数，以免危险

（八）本校地位有限，各生幸勿走入他楼有妨其他机关工作

（九）本校特设训育股，由该股人员随时引导各生，除详细规则另订外，尤宜注意各生行动，随时指导及纠正之

（十）学生如有违反上列规则，除由训育股人员纠正外，并随时报告校长室或附中主任室，分别轻重处分之

民国二十七年九月二十九日

校长兼领附中主任　张寿镛

关于大中两部廿七年度上学期预算审查的报告

　　为呈复事,前奉交核本校大中两部廿七年度上学期预算,兹经逐项审查完毕,拟具审查报告书,随同原预算表叁纸,送请钧核。

　　谨呈校长张

光华大学稽核室

稽核　张悦联

二十七年十月十五日

附呈原预算叁纸及审查报告书壹份

二十七年度上学期本校大中两部预算审查报告书

甲、大学部

　　一、收入之部

　　1. 学费每人五十五元,预算六百人,共三三〇〇〇元,与实在注册人数尚无巨大出入。

　　2. 图书费每人叁元,预算一八〇〇元,同时支出图书项下亦列一八〇〇元,两相抵销。

　　3. 实验费估计为二〇〇〇元,同时支出实验用品项下亦列二〇〇〇元,两相抵销。

　　4. 杂项收入,如报名费、逾期注册罚金等,共列七〇〇元,似尚无不合。

　　5. 建筑费,每人十元,预算六百人,共六〇〇〇元,同时支出公债利息六〇〇〇元,两相抵销。

　　6. 以上共计收入四三五〇〇元。

　　二、支出之部

1. 教员薪俸,依照聘书按四个半月计算,共一四八八六元,约占学费收入百分之四十五,应予通过。

2. 图书一八○○元,与收入之图书费相抵,应予通过。惟图书室用途应另行报销。

3. 实验用品二○○○元,与收入之实验费相抵,应予通过。惟实验室用途应另行报销。

4. 奖励金三○○元,依照旧案核减为二五○元(减去五○元)。

5. 工食一五○○元,系校役而言。依照上学期尚无巨大出入,惟大中两部合并以后,校舍同在一处,校役名额似可减少,本学期暂予通过。

6. 水电五百元,系以一千元与附中平均负担,亦较上学期为多,拟核减为四百元(减去一百元)。

7. 职员薪俸,依照聘书按新待遇折扣办法五个月计算,共九四五○元,约占学费收入百分之廿八,拟予通过。

8. 邮电五○○元,文具二○○元,纸张五○○元,印刷八○○元,据说明系根照上学期支出编制,将来实支或有出入,暂予通过。

9. 膳食二○○元,系开学时供给职员午膳,惟事已过去,款已付出,应请补送支出确数及细账。

10. 广告费二五○元,拟予通过。

11. 器具三○○元,据云系购课桌,应请补叙数量及需要,且在此紧缩期内以少添制为原则,拟核减为二○○元(减去一○○元)。

12. 杂项设备三○○元,杂支一○○○元,似嫌稍巨,拟减去三百元(共减三百元)。

13. 建筑开支一五五○元,系按三一○○元与附中平均负担,惟此项建筑预算书应请补送审核。

14. 租金四六六五元,此项租赁契约应请补送审核。

15. 公债利息六○○○元,系收入建筑费拨付,应予通过。

16. 特别开支一六○○元,系津贴川校三职员,应予通过。

17. 搬场费六○○元,应予通过。

18. 迁屋损失费四九○元,据说明系以顶费五千元冲销后尚少九八○元,与附中平均负担,此项办法应请送呈校长批准遵办。

19. 巡捕捐八〇〇元,按照租金百分之十六计算,应核减为七五〇元(减去五〇元)。

以上共计支出四九五九一元,与收入四三五〇〇元相抵,本学期计亏六〇九一元。

乙、中学部

一、收入之部

1. 学费每人四十五元,预算八百三十五人,共三七五七五元。

2. 实验费一〇〇〇元,同时实验用品项下亦列一〇〇〇元,两相抵销。

3. 杂费收入,如报名费、逾期注册罚金等,列一〇〇〇元,似尚无不合。

4. 建筑费,每人拾元,预算八百三十五人,共八千三百五十元,同时支出公债利息八三五〇元,两相抵销。

以上共收四七九三五元

二、支出之部

1. 教员薪俸,依照聘书专任六个月兼任五个月计算,共一五〇一六元(照原预算减去八四元),约占学费收入百分之四十,暂予通过。

2. 实验用品一〇〇〇元,与收入之实验费相抵,应予通过。惟实验费细账仍请另行报销。

3. 奖励金六〇〇元,依照旧案应予通过。

4. 工食一一二〇元,系指校役而言,应照上学期核减为一〇〇〇元(减去一二〇元)。

5. 水电五〇〇元,系以一千元与大学部平均负担,应照大学部情形核减为四〇〇元(减去一〇〇元)。

6. 职员薪俸,依照聘书按六个月计算共八四五〇元,约占学费百分之廿二。惟查中学部自经合并以后重要职员均由大学部职员兼任,故此项薪金开支似嫌稍巨,暂予通过。

7. 邮电三〇〇元,文具三〇〇元,纸张四〇〇元,印刷一〇〇〇元,系根照上学期支出编制,将来实支或有出入,暂予通过。

8. 膳食二〇〇元,系开学时供给职员午膳,惟事已过去,款已付出,应请补送支出确数及细账。

9. 广告费二五〇元,查本学期大中两部合并招生,此项广告费已在大学部开支，嗣后中学部对外广告较少，故拟减去一百元（减去一百元）。

10. 器具九〇〇元，据说明为课桌，已成过去事实，应请补叙数量，另行报销。

11. 杂项设备二〇〇元，杂支八〇〇元，似嫌稍巨，拟核减去三百元（共减三百元）。

12. 建筑开支一五五〇元，系按三一〇〇元与大学部平均负担，惟此项建筑预算书应请补送审核。

13. 租金四四五〇元，此项租赁契约应请补送审核。

14. 公债利息八三五〇元，系收入建筑费拨付，应予通过。

15. 特别开支五〇〇元，查大学部特别开支系给川校职员津贴，附中似无此项需要，但如因特殊情形，应请先呈校长批准，暂予列入。

16. 迁屋损失费四九〇元，据大学部说明系以大学部房屋顶费五千元冲销后不足之数平均负担，应予通过。

17. 巡捕捐八〇〇元，按照租金百分之十六计算，应核减为七二〇元（减去八〇元）。

以上计支出共四六四七六元，与收入四七九二五元相抵，计余一四四九元。

综观上项全部预算，虽本学期大中两部经济统一，然以大学部亏短六〇九一元，而中学部有余一四四九元，互相抵补，仍亏四六四二元，况本校历年亏负甚巨，积债待理，若再须应付前债，所亏更大，究应如何筹补之处，敬乞钧裁。

谨呈校长张

光华大学稽核室

稽核　张悦联

附：会计处呈报光华大学暨附属中学廿七上学期预算说明书

光华大学暨附属中学廿七上学期预算说明书

目录

一、绪言

二、第一章　大学部收入预算数

第一节　经常收入

绪　言

案查本校收支预算表计分经常收入与临时收入、经常支出与临时支出四类，各类收支科目均在预算表内逐项分列，兹为便于明了计，特将本届预算表分别加以说明。

第一章　大学部收入预算数目

依据表列本届经、临两门收入总额四万叁千五百元。

第一节　经常收入

本节计分科目七种，曰学费、膳宿费、杂费、图书费、体育费、实验费及杂项收入。战后经校务会议议决，为减低学生负担计，仅统收学杂各费六十五元，惟为保全建筑债信起见。奉校长钧谕，于统收学费内照旧提出建筑基金，每名拾元，不得充作他用，故学杂费收入概以五十五元计算。迨后图书馆在白克路成立，经呈准校长发交校务会议通过，于各生缴纳学费时带收图书费三元，藉以充实图书设备。本届学生缴费数即仍以前定之六十八元为标准。

一、学费收入除上述建筑图书两项另列预算外，每名以五十五元计算。本届虽学额超过六百名，但除选读旁听生、免费生、欠费生及职员工读生外，实除收入只能暂定以六百人计，故总共收入列为叁万叁千元。

二、图书费收入以学额六百人，每人缴费三元计算，总共收入列为壹千捌百元。

三、实验费收入按例在各实验室开始之日征收之，每名应缴实验费计分生物、化学、物理三种，生物及物理费定为每名五元，化学实验费每名十元，本届所列预算数系依照上届收入总数为标准，故暂定为贰千元。

四、杂项收入计分新生报名费及补考费两种，本届所列预算系依照上届收入为标准，故暂定为柒百元。

第二节　临时收入

本届临时收入仅列建筑费一项，至教育部补助费，因尚未奉部令明白规定补助数目,故暂不列入本预算内。

一、建筑费依照第一节第一项学费收入暂定总数为六百人,以十元计算,合计六千元。

第二章 大学部支出预算数目

依据表列本届经、临两门支出总额五万〇壹百九拾壹元。

第一节 经常支出

本校教职员薪俸依照上届办法,教员以四个半月、职员以五个月计算,至其他事务行政费所列总数与上届略有出入者,亦以实际情形为标准,例如水电一项,上届总数为三百三十元,本届增加一百七十元(附中应担部分未列入),实因上届授课时间以下午五时为止,本届则延长至八时,而所用电费事实上必须增加,兼之冬夏两季用电亦大不相同也。

一、教员薪俸实支总额壹万四千八百八十八元(附教员薪水表)。

二、图书总额壹千八百元,以图书费收入全部拨付之。

三、实验费总额贰千元,以实验费收入拨付之。

四、奖励金总额叁百元,上届实支总数为贰百四十四元八角六分。

五、工食总额壹千五百元,上届实支总数为一千四百八十九元一角四分。

六、水电总额五百元,上届实支总数为三百三十〇二角九分,余详第一节说明。

七、职员薪俸总额九千四百五十元,附职员薪水表。

八、邮电总额五百元,本栏包括电话、电报、邮信、包裹在内,上届实支总数为四百六十三元三角二分。

九、文具总额贰百元,上届实支总数为一百八十二元三角九分。

十、纸张总额五百元,因学额较增,讲义较多,故增加如上数,上届实支数为三百四十四元一角七分。

十一、印刷总额八百元,上届实支总数七百四十三元三角二分。

十二、膳食总额二百元,仅就开学时供膳数目开列如上数。

十三、广告费总额二百五十元,上届实支总数一百八十四元三角七分。

十四、器具总额叁百元,以暂维原状为原则。

十五、杂项设备总额叁百元,上届实支总数一千六百四十四元六角一分。

十六、杂支总额壹千元,上届实支总数九百四十五元六角九分。

第二节 临时收入

查本校旧发与续发公债应付债息及借款利息照例大中学建筑费收入项下偿付之；又本届所列建筑开支一项因汉口路新址教室不敷应用，特将租定之及数处未经隔就之房间，招工分别建隔教室九间；又为兼顾职员宿舍便利办公起见，加搭二层楼统间一大间以资应用，故实支数目达三千一百元，并遵校长钧谕，以大中学理应平均分摊列入预算，因列为壹千五百五十元；他如租金搬场费、巡捕捐及顶费收入冲销后不敷之迁屋损失等，均为临时支出也。

一、建筑开支总额壹千五百五十元，详上述。

二、租金总额四千六百六十五元。包括八月份白克路房租六百元，职员宿舍六十五元，由大学部独自负担；祁齐路一千元，新校址四个月另十天计七千元，由大中学平均分担。

三、公债利息总额六千元，详上述。

四、特别开支总额壹千六百元，上数津贴赴川职员薪金，见附表。

五、搬场费总额六百元。

六、迁屋损失总额四百九十元，上数为白克路房屋顶费五千元冲销后之不敷数。

七、巡捕捐总额八百元，依新校址租金一千六百元之半数百分之一六计算，并包括白克路、祁齐路捐税在内。

结　论

查核第一、二两章各节，收支预算总额相比较本届不敷数目为六千六百九十一元，考其亏负原因，固不在经常之收支而为临时之支出也。

会计处主任　薛迪符

一年来之光华附中[①]

本校成立已十二年矣。此十二年中固无日不思内容,发展校务,惟为经济所限,不能依照计划,加速进行,为可憾耳。兹将本年概况,掇拾如下:

一、学生人数 本年第一学期学生总数为八百九十二人,内男生七百九十四人,女生九十八人(通学者共一百三十五人)。第二学期学生总数为八百八十七人,内男生七百八十五人,女生一百零二人(通学者共一百五十五人)。本年学生人数之多,实开本校新纪录。

二、扩充校址 学生增多后,校舍不敷应用,故有另建教室及实践宿舍之议。兹觅得毗连校舍之田数处,约五亩左右,已先后购进。

三、建筑校舍 本学期开始时,即由全体职员会议推定建筑委员八人,组织一委员会,计划全校应有之建筑物及分配地点。本学期拟先建口字房一所,备充教室及临时宿舍之用。现图样已绘就,不日可兴工建筑,预计下学期开学前即可完工。

四、修订课程 中学教育之目的,一方在培养社会上中坚人才,一方在准备学生投考大学。惟事实上往往不能兼顾。以投考大学为鹄的,不得不增加钟点,提高数理程度。钟点增加后,课外活动,又多忽略,揆诸平均发展之义,似有未当。本校有鉴于此,自下学年起,高中课程拟重行编订,俾有相当弹性,以适应高一上各班能力不同,志愿不同之学生。

五、奖励学生 本校第学期对于学行优良之学生,定有奖励办法。本学年第一学期得资金或奖状者,共有三十一人,姓名附志于下:

得资金四十元及奖状者

林滋霖(高三下)、陈天保(高三上乙)、吴于达(高三上甲丙)、蔡宗谟(高一下)、

---

① 作者为廖世承。《光华年刊》1937年。

毛霞仙（高一上甲）、徐僖（初三下）、陈拱辰（初三上甲）、徐叔达（初三上乙）、朱同汾（初二下）、王世纯（初二上甲）、梁荣发（初二上乙）、吴海麟（初一上乙）

得奖金十元及奖状者

李如佩（高三上乙）、张玉谋（高一下）、吕建明（初三下）、冯召华（初三上甲）、史丽德（初三上乙）、俞鼎銍（初二下）、王华祥（初二上甲）、林志珹（初二上乙）、朱民德（初一上乙）

得奖状者

蒋祖绮（高一下）、卜振声（高一上乙B）、高钺（初二下）、徐亦庄（初二上甲）、姚昆玑（初二上乙）、陈国璋（初二上乙）、姚炳湖（初二上乙）、曹文梅（初一上乙）、沈乃萃（初一上乙）、李明豫（初一上乙）

六、视察报告　本学年奉上海市社会局训令："案查接管卷内，据前教育局廿四年度私立中等学校视察报告：'该校环境设备，已臻优良，行政整饬，办事人员奋发，学生成绩良好，允美善。'成绩列入甲等，应予传令嘉奖，以资鼓励。合行令仰知照。此令"，按本校奉嘉奖令，已第三次矣。

七、实验教育　最近教部指定全国优良中学校九所，实验中学上各项问题，如（1）高初中课程连续教学，不分为二重圆周制之实验（不特别增加学生担负，不降低程度，如何使高初中六年课程于五年内完毕？）（2）教学方法之实验。（3）优才生教育之实验。（4）其他特殊问题之实验。本校亦为被指定学校之一。下学期拟先实验第一项，招收优秀生一班，并拟定实验教育方案，呈部备核，内分（1）实验事项，（2）实验目标，（3）实验手续，（4）实验经费，（5）实验结果。

八、改进自修　学生自修时间，本定每晚七时半至九时半，惟每有学生不在室内自修，发致怠荒课业。兹经规定七时半起，将男女生各宿舍总门一律关闭，不准出入；并由训育处轮流巡视。查有不在自修者，严重惩戒。凡至教师处请求指导者，亦须先至训育处登记，领有凭证，方可离开。回宿舍时，教师在证上注明时刻，签名后，由学生缴还训育处，互相稽核。

九、讲通情感　本学年为讲通师生情感，免除隔阂起见，组织教职员学生代表谈话会，已经开会二次。学生代表由各组长中互选之，教职员代表，除学校主任及训育主任外，另在各组导师中互选六人。

十、课外活动　本校课外活动，向极发达，学生参加者大都兴高采烈。兹将本学年所有各种组织，列举如下：

组　织	导　师
1. 励志会	陶子潜先生　诸君达先生
2. 摄影会	蒋子霄先生　胡梅轩先生　潘子端先生
3. 英文研究会	董小培先生　蒋志霄先生
4. 演说辩论会	潘子端先生　姚舜钦先生
5. 音乐会	仲子通先生　石人望先生　蔡绍序先生
6. 书法会	陈式圭先生
7. 科学会	胡梅轩先生　胡赣生先生　金马丁先生

励志会除日常工作外,曾于上学期联合音乐会、女同学会举行一游艺会,本学期春假时,团员复作黄山之游,归后将各种标本及摄影成绩公开展览。摄影会自上年成立以来,会员技术日臻佳妙,曾先后举行展览会三次,颇得观众赞许。英文研究会本年度曾举行初中拼法比赛,高中英作文比赛,初高中英文背诵比赛。国语演说辩论会曾举行初中演说比赛二次,高中演说比赛一次,高中辩论比赛一次。音乐会在屡次游艺会中,曾贡献不少节目。书法会科学会除请人演讲外,会员亦均有实际之工作。

十一、举行测验　本校每常年举行测验数种,比较各组成绩,藉以唤起学生对于各学科之兴趣,并使教师深切地了解各组进步状况及各个人之缺憾。本学年举行者有国文测验,英文测验,实践算学速度测验,高中算学测验数种。各组成绩,业已分别统计发表矣。

十二、师生联欢　本校师生对于联欢会之节目,每次均踊跃参加,在筹备及表演时热心苦干,更为难能可贵。本届联欢会仅筹备二星期,而话剧有七种之多,演来均有精彩,能抓住观众情绪,尤以高一级之"春风秋雨"及高三级之"狐星泪",博得美评最多。

十三、编辑特刊　本校半月刊由邢云飞先生主持,内容丰富,发行以来,有口皆碑。本学年除按期出版外,又刊行新诗专号及文艺翻译专号两种,期间不乏名贵之作品。

十四、春假旅行　春假时期,校中例有旅行团之组织。本届指定之旅行地点为(1)杭州,(2)南京,(3)无锡及宜兴,(4)苏州或常熟四处,每处均有导师率领。

十五、运动锦标　本校学生,各项各项运动,兴趣甚浓,因是逐年对外比赛,均有相当成绩。计本年中等学校体育联合会各项比赛,本校得有田赛,足球,越野三项锦标,其他如排球,篮球,网球,则均列为亚军。

十六、检查体格　本校规定每学年检查体格一次,藉以比较各生之体力增进状况。本年于学期开始时,即举行体格检查,并将各项疾病分类统计。

十七、童军活动　在每学期,童军有朝外露宿之举。自本学期起,初中女生亦施以童子军训练,每周二小时。最近各地选择参加万国童子军会操代表,上海初试只录取四人,本校学生王哲贤亦在其列。

十八、军训检阅　本校于纪念国耻重重之五月,特举行军训检阅仪式,请社会局潘局长,军训会李主任,罗委员,赵副官,各组长,各校军事教官及张校长共同检阅,男女学生二百人,一律武装整齐,由乐队奏检阅号音,作行进式检阅,复表演连制式教练、女生救护担架教练、战斗群之接敌运动及救护实施等种种。表演时,军训会李主任以最率直之态度,称“学生之操法与精神,与正式军队,无甚差别,极为满意。”即由李主任奖赠银鼎一座,罗委员陶委员赵副官奖赠大银盾一座,以示鼓励。

由上述种种,可以窥见本校一年来之行政设施及学校生活状况。间尝检讨一年来之工作,觉教务及训育方面,缺憾甚多。今兹又蒙教部指定为实验学校之一,弥觉责任重大。此后同人当益自奋勉,戮力同心,勤于服务,勇于改善,以无负社会及家庭之期望焉。

一年来之光实中学[①]

　　光实中学,创立迄今,已经整整五个年头了。记得光实中学的诞生,正是光华大学第七届同学毕业的时期,也就是光实中学多数创办人从光华母校跨出校门的一天。现在母校又到了第十二届毕业的时期,而光实中学也办到第三届毕业了。过去四年,光实中学的经过,在上两期光华年刊上,曾登载过简略的报告。现在匆匆又是一年,爰将一年来光实中学的概况,分述于下,为关心光实者,作一简单的报告。

　　一、学生人数——上年度总计学生不足三百名,本年度已以扩充至四百名,计增加一百名。这虽然一方面是表示社会上对于光实的信仰日见增加,而一方面却更使我们感觉到自己的责任之加重。使我们最感觉到困难的还是校舍太不适用和不敷用。我们虽然置有校地,但是我们还没有力量可以自建校舍。我们始终盼望社会人士能给予我们更大的助力,使我们能早日达到自建校舍的企图。

　　二、教职员——教职员人数较上年度略有增加,因为学生人数增加,所以教职员也不得不因之而加多。新聘教师计有郑云飞先生担任国文,颜以和先生担任物理,王叔尹先生担任数学,汪如钟、陆昌龄二先生担任史地,均系富有教学经验之士,而且大半均系专任,所以本年度的课程方面,更见充实。

　　三、设备——关于实验在生物学方面添置了显微镜和标本等,在物理化学方面,增加了仪器和药品。五年来的努力,已经足够对付学生自己在实验室里实验了。关于图书方面,也有等量的发展。而体育用具除普通体育的设备增加之外,并且在军训方面以及童子军方面的枪枝、棍木、号鼓等都积极的加以添置。在去年我们本有健身房建筑的设计,但我们觉得礼堂的需要尤甚于健身房,于是决计先建造礼堂。经师生合作的努力,和社会人士以及校董会的帮助,居然在去年十月动工,

---

　　① 作者为朱有瓛。《光华年刊》,1937 年。

于十二月落成。从此使我们更相信一切事业,只要努力去做,没有不会成功的。

四、童子军——我们高中军训的实施和军事管理的推行,使我们感觉到在学生精神训练方面,收到很大的功效。所以本年度便决心添办初高中童子军团部,使初中学生受军事化的生活基础的训练,虽然我们的经费很困难,但赖李三英先生和钱兰先生的努力,终于在短期间使它实现了。

最后关于光实未来的计划,在上期光华年刊上,我们曾提出了许多计划,有许多现在已经逐一实现,有许多我们仍在努力使它实现。但是我们永远抱定一个对现状不满意的目的,永远在力求改进之中,我们仍抱着光华传下来的"六三"的精神,向前迈进。光华的成功是我们前进的火炬,我们相信光实的前途是无限的,同我们的母校一样。我们很虚心底接收社会人士的指教,尤其是盼望母校同人常予以指正。

光华小学概况①

沿革——光华大学成立后,校长张咏霓先生,鉴于小学之重要,并谋完成大学之系统,乃于十七年秋租赁西摩路一七五号房屋,创办小学,定名为光华大学附属小学;并组织校董会,由张咏霓,朱公择,张悦联,廖茂如,朱公谨,容启兆,屠用锡,李祖基诸先生任校董,以谋经济上之独立。张咏霓先生兼任校长,另聘蒋教礼君为主任。不幸一·二八事件发生,校务因之暂时停顿。是年秋,蒋君辞职,祝珍继为主任,将校舍迁至世籁达路六二○号。二十二年秋,奉上海市教育局令,改称光华小学。二十四年秋,上海市教育局颁给立案证书。自迁移以来,惨淡经营,规模粗具。现聘谢承恩,徐光甫,舒炽丁,樊恭恒,谢颂华,张雅仪,林榴英诸先生任教职。本年度起,拟扩充学额,并多收寄宿生,以期发展焉。

行政组织——本校规模较小,各事取简便易行;故组织系统,亦主简单。校长由光华大学校长兼任,下设主任一人,秉承校长之意,总辖一切校务;又设教务,训育,事务主任各一人,分掌各处事宜。每级级任一人,主持一级级务。有教职员会议,教务会议,训育会议,以研究讨论各种行政,及关于教导问题。有特种委员会,办理特种事宜。

教学概况——

学级编制　现设六级,各级均为秋季始业。

各科教学时间　遵照市教育局颁布教学时间表,规定各科教学时间:一年级每周授课九百八十分钟,二年级一○九○分钟,三年级一二一○分钟,四年级一二四○分钟,五年级一三八○分钟,六年级一三八○分钟。国语授课时间占百分之二十五;算术占百分之十八。因国算为修学之工具,故特别注重。

教材　各科教材,大都根据教育部审定之教科书;并酌用补充教材,以便与初

---

① 作者为祝珍。《光华年刊》,1937年。

中程度衔接。

教学方法 本校对于功课,注重实际。各科教学过程,系采各种方法之长,而不拘泥某一种方法。对于国语算术,注重熟练。常识方面科目,注重问题之解决。对于公民卫生,尤重习惯之养成。每星期须将本周的所习各课,温习一次;并举行临时测验,籍悉学生对于所学是否明了。每学期举行小考三次大考一次。每日规定自习时间,由教员辅导自修,以补正课之不足。为鼓励学习兴趣起见,每学期轮流举行默读,书法,作文,算术,时事等比赛。此外,督促儿童写字,记周记,指定高级生课外研究。假期内,规定假期作业,以免荒废学业,暑假期内开设补习班,籍使学业较差之儿童,得实习功课。

考绩方法 儿童成绩分甲、乙、丙、丁、戊、己六等,丁等以上及格,凡儿童主要科目成绩、每科平均成绩、操行等第均在丁等以上者,准予升级。倘平均成绩及格,而主要科目不及格,或其他科目在己等者,皆须补考。设主要科目及格,而平均成绩不及格者,亦得补考。补考及格,始可升级。此种方法,一方面在补救儿童留级之缺憾,一方面又谋程度之衔接。

训育概况——本校训育,素主严格! 但整肃之中,仍寓活泼气象。所用方法,略述于下:

规定训导周 本校校训,由校长定为"亲、爱、谨、信"四字。除使儿童了解其意义,及能实践外,又规定训导周,每周训练一种项目,另编成条目,以便督促实行。三年级以上儿童,先自行反省能否实践,再由级任核定后,始认为通过。一二年级儿童,则由级任考查之。

实行保甲制 本校运用保甲精神,训练儿童:以一人为一户,一行为一甲,一级为一保(一二年级除外),全校为一镇。各户须互相监视,劝勉遵守校内一切公约。

参加课外活动 谋适应儿童需要,及训练办事能力起见,故儿童须参加课外活动,中高年级生,每人至少参加一项。课外活动现分巡察团,图书馆,新闻社,校刊社,乒乓球队,小球队等项。

奖励学行 儿童品学优良者,给予奖状,或用品。举行比赛时,成绩较佳者,亦给奖品。张校长及廖附中主任为鼓励儿童升学起见,凡高级毕业生之成绩,平均满八十分者,得免试升入光华附中;而名列前一二者,升入附中后,得免学费半数一学期。至于整洁,秩序,勤学锦标,则发一级为单位,籍引起各级竞争改善,而能互相策励。

举行个别及团体谈话　个别谈话,收效颇大,由各级级任负责进行。团体谈话则由主任,训育主任,级任时常行之。全体训话,则于纪念周,晨会,周会时行之。

锻炼身体　每日上课前早操,为时约二十分钟,全体教员一律参加;下午规定自由运动。每学期举行远足一次,练习爬山。藉以荡涤心胸,并锻炼身体。

升学及就业指导　高级历届毕业生,除平常训导外,另有升学及就业指导,由各教师分任,并请专家演讲。本校高级毕业生,除升入光华附中外,其余投考其他中学,或出就职业。升学者之成绩,尚能差强人意;就业者对于职务亦多能胜任,此乃足以自慰者也。

参加对外比赛　最近一年来,本校曾参加市教育局举办之时事比赛。其结果虽未正式公布,但本校成绩,尚称不恶,据市特二区初等教育研究会批阅本校考卷后统计,本校邱应麟得一百分,六年级平均九十分以上,团体分数列市特二区各校中第二。

与家庭联络　关于儿童学业操行及在校状况,于小考及学期试验后,皆有详细报告,通告家长。临时发生之事,如放假,振灾募捐等事,则另行函知。此外规定日期,请各儿童家长到校谈话,至展览儿童成绩,或由校中派人走访,以免双方隔膜,又可谋协同督促之方法。

其他概况,因篇幅所限,不克尽述。如蒙教正,则幸甚矣!

一年来之光华第一义务小学[①]

义校受着财力和人力的限制，一切发展，仿佛蜗牛似的，缓缓的进行着。现在将近一年来的状况，简略的加以叙述，希望大家尽量的指教和帮助！

（一）教务

1. 各级学生统计表

学期	上学期			下学期		
级别／性别	男	女	合计	男	女	合计
一	26	14	40	7	7	14
二	49	19	68	20	6	26
三	43	10	53	34	7	41
四	15	4	19	23	3	26
五	26	1	27	19	2	21
六	9	0	9	10	0	10
全校数	168	48	216	113	25	138

2. 教师

民国廿五年度全体教师

谭惟翰、萧庆棻、陈炳奎、王纯初、郭俭师、全同庆、卜振声、潘锡仁、项振铎、钱汝泰、王文衡、杨毅华、桂承基、张玉谋、萧增亮、徐寿冒、莘同人（上）、娄仲杰（上）、苏务滋（上）、金善初（上）、邹菊珍（上）、杨仁勇（上）、董文煜（上）、陈寿平（上）、石鉴尧（上）、许师文（上）、陈世耕（上）、许乐（上）、屈毓钟（上）、司徒佑权（上）、吴松生

---

① 作者为叶庆棻。《光华年刊》，1937年。

（上）、赵敏文、汪泽长（上）、李滚汉（上）、王天铎（上）、陈惠琼（上）、陶祖瑜（上）、顾越先（上）、叶亚雄（上）、王坤（上）、郑森兰（上）、沈叔勤（下）、刘伶业（下）、臧佩娟（下）、丁方帆（下）、高守仁（下）、李乃昇（下）、杜德身（下）、丁明华（下）、周竟先（下）、徐庸言（下）、翁福绥（下）、石崇慧（下）、蒋祖绮（下）、陈鲤（下）、赵本棐（下）、张鹤龄（下）、李明初（下）、刘达人（下）

专任教师　袁守仁、费震声（上）、王泳康（下）

3. 各股主任

教教股　袁守仁、王纯初（上）、萧庆荣（下）

训育股　萧庆荣（上）、陈炳奎（上）、杨明渊（下）、郭俭师（下）

卫生股　郭俭师（上）、金同庆（上）、沈叔勤（下）、陈炳奎（下）

事务股　黄震声（上）、莘同人（上）、王泳康（下）、刘达人（下）

秘　书　潘锡仁

4. 各级级任

上学期

一年级　邹菊珍　二年级　金善初　三四年级　苏务滋　五六年级　娄仲杰

下学期

一二年级　萧增亮　三四年级　陈炳奎　五六年级　王纯初。

5. 暑期补习学校

暑期实习学校的开办，是使不及格，或留级学生有补习的机会。上季暑期补习学校在七月六日开学，八月三日结束。教师由杨明渊，陈炳奎，王文衡，袁守仁，费震声五位先生担任。

6. 举行常识测验

贫苦的儿童，往往因生活环境不良，见闻狭隘，常识缺乏。我们想知道本校儿童的常识是否丰富，并唤起儿童注意常识起见，在去年十一月里，举行了一次常识测验。题目是先由各级级任担任，社会，自然，公民等教师各出廿题，再经互相商量，最后选出由浅到深的五十个题目。题材，除包括浅近的自然科学、历史、地理外，还参杂最近的时事在内。分数标准，是依据各年级学生的程度，再在题目的数量上来划分一个界限。参加的学生，除一年级学生因程度不够外，其他各年级学生，完全参加。测验结果，二年级第一名赵洪兴，第二名陈发贵；三年级第一名杨明德，第二名金玉麟，四年级第一名张福良，第二名华尚达；五年级第一名许钧楚，第二名葛才龙;六年级第一名张文奎,第二名蔡国平。

7. 纪念周主席采轮流制

本校纪念周主席,向由校务主任担任,本学期经校务会议议决,由各股主任轮流担任,轮流制的好处:一方面可以使儿童对校中负责行政的教师,多接触,增加行政效率,及师生间的情感;另一方面,义校纪念周时间,与光华大学纪念周时间衡突,采各股主任轮流担任主席制,免得校务主任永远请假,不能出席大学纪念周。

8. 学龄儿童调查

上学期本校帮助社会局调查学龄儿童,由费震声、袁守仁两先生,率领高级学生十余人,至划定地区调查。

9. 聘请专任教师

本学期事务股主任费震声先生,因服务打地铺中,暂离本校,另聘王泳康先生继任。费先生在本校四年多,服务勤恳,成绩卓著,现在费先生走了,我们不能不说是一个很大的损失,还希望继任的王先生,也能够和费先生一样的勤恳。

(二) 训育

1. 注重学生自治

用学校的力量来管理学生,完全是一种消极的方法,最要的,还是在学生能够自治。所以除了学生中发生了较大的事件外,平时全体的学生,完全是由学生自治会负责管理一切。甚至惩罚的条例,都由学生会自行拟定。

2. 注意礼貌

学生看见教师,一定要行礼致敬。同学会见时,一定要互相招呼。平时,不得随意用恶语骂人。

3. 实行早操

校中儿童因系走读,有的住居较远,到校时间稍晚,我们为锻炼儿童体格起见,规定每星期一至六早上七点三刻至八点为早操时间。教师,由体育教师轮流担任。

(三) 卫生及体育

1. 教室清洁比赛

在本学期三月廿六日由卫生股主任陈奎炳、沈叔勤两位先生领导全体学生举行大扫除,并聘请杨明渊、蒋祖绮两位先生视察最清洁之教室,结果评定三四年级教室最清洁,得清洁奖状。

2. 种牛痘

本学期由学校函知卫生局,于四月廿日派员来校施种牛痘,预防天花,除强迫全体学生种痘,并命学生通知家属来校施种。

3. 参加全市小学生运动会

本校四年级学生朱福保君,在法漕区预选小学运动会获选后,五月六日由王泳康先生率领赴市中心区运动场参加全市小学运动会,结果获得四百米第三名。

4. 级际小球锦标赛

本校体育,因限于经费,各项运动设备欠缺,只得先从小球入手,又因小学生比较对小球兴味浓厚,才举办级际小球锦标赛。结果,三年级与六年级获得决赛权,在五月十二日假大学部小球场举行决赛。结果三年级以一对零获胜。

(四) 课外作业

1. 援绥运动

在去年十一月和十二月里,绥远前线抗战的国军连获胜利,收获了百灵庙和大庙子,捷报传来,使几年怯懦的国民心理,和快要丧失了自信力的中华民族,重新奋发振作,自动的捐款去援助那在前线冰天雪窖里为国家为民族争生存而牺牲了个人生命的战士。本校的小朋友们,虽然大多数是穷苦的子弟,但他们得着了这个捐款的消息,都自动的捐助,每人拿出几个铜板来,一共捐得七元二角〇三厘,交大公报转汇,这笔数虽不大,然而,他们的精神,却超出钱数万倍。

2. 演讲比赛

因为过去演讲的成绩很好,在上学期十二月四日又举行了一次国语演说比赛。评判是请杨明渊,陈大甡,李湘三位先生担任。评判结果:第一名蔡国平君,题目为"国难严重下小学生应有的认识";第二名滕杜新君,题目为"怎样做一个好儿童";第三名许钧楚君,题目为"提倡国货"。

3. 参观

为提高小学对劳作的兴趣,在本学期三月廿三日由潭惟翰先生率领学生卅二人,赴南市西成小学参观全市中小学劳作展览会,并游览市立动物园。

4. 级会

本学期各级级会精神,比较活跃,三四年级在五月九日曾开茶话会欢送级任和教师陈炳奎、郭俭师两先生,并表演各种节目。

5. 五周纪念游艺大会

本校成立已五年了,在本学期第一次全体教职员大会,经大家的同意,决定在本学期终了时,举行五周纪念游艺大会。选出筹委委员为谭惟翰,杨明渊,袁守仁,沈升勤,陈炳奎,郭俭师,杨毅华,王纯初,蒋祖绮,刘达人,石崇慧,李乃昇,臧佩娟,周竟先,萧庆棻十五位先生。并出纪念刊一册。编辑委员为谭惟翰,杨明渊,沈升勤,郭俭师,蒋祖绮,张玉谋,陈炳奎,袁守仁,萧庆棻九位先生。

廿六年五月

光华附中教导概况①

　　光华附中与光华大学同时成立,迄今已届十六周纪念。明清以来,十六岁为成丁,故今年为我校成丁之年。我校自呱呱坠地,张校长即以抚育之责自任,并居保姆之地位,督同全体护士悉心看护,务使其健全发育成长。此十六年含辛茹苦养育成丁之劬劳已有各教师分别为文述其事,兹将教导概况分述于下。附中初设注册处办理教务及训育事宜,嗣因学生人数日众,乃分设注册及训育两处。始至"八·一三"后,校舍迁移,教务行政亦略加调整,将注册训育两处合并为一改称教导处,所有教务训育事项仍分教务训育两股分别办理,以期分工合作,藉增行政效率。兹将近年教导概况分述如下。

(一) 教务概况

　　(甲)学级编制　本校自十六年起招初一春季始业班,改学年升级制为学期升级制。俾学生学业以一学期为一段落,至二十年度终了时,初高中各级均有春季班之设。同时高中各级更分普通科甲组、乙组,及商科,分别授课。嗣以学生人数年有增加,复按学生能力差异分级上课,现在高中计分十六组,初中九组,各组人数分配有如下表。

二十九年度第二学期各组学生统计表

组　别	各组总数	男　生	女　生	旧　生	新　生
高三下甲	31	23	8	31	0
高三下乙 A	39	32	7	39	0
高三下乙 B	45	45	0	45	0
高三下丙	18	14	4	18	0
高三上甲乙	25、29	37	7	33	11
高二下甲	60	48	12	39	21

---

　　①　作者为潘子端。《光华大学十六周纪念特刊》,1941 年。

组　别	各组总数	男　生	女　生	普　生	新　生
高二下乙 A	41	34	7	31	10
高二下乙 B	30	30	0	26	4
高二下丙	21	18	3	16	5
高二上甲乙丙	26.26.5	47	10	35	22
高一下甲	41	38	3	32	9
高一下乙 A	43	32	11	39	4
高一下乙 B	40	40	0	27	13
高一下丙	44	32	12	34	10
高一上甲丙	34.30	56	9	14	51
高一上乙	40	39	1	22	18
初三下甲	30	20	10	29	1
初三下乙	22	22	0	22	0
初三上	30	25	5	25	5
初二下甲	39	28	11	37	2
初二下乙	31	31	0	21	10
初二上	34	27	7	25	9
初一下甲	30	22	8	27	3
初一下乙	30	30	0	21	9
初一上	35	30	5	21	23
总　计	940	800	140	700	240

（乙）课程标准　本校课程自二十二年教部颁布课程新课标准，遂将原来课程分别修订，"八·一三"之后，校舍迁移，授课钟点虽参酌实际情况略有变更，但仍以遵照部颁标准为原则，兹将现在各课程钟点支配列表如下。

高中各级每周各科教学时数表

科目 \ 钟点 \ 科别 \ 年级		高一						高二						高三					
		上			下			上			下			上			下		
		文	理	商	文	理	商	文	理	商	文	理	商	文	理	商	文	理	商
社会科	公　民	1			1			1			1			1			1		
国文系	国　文	5	5	5	5	5	5	5	5	5	5	5	5	5	5	5	5	5	5
英文系	英　文	5	5	5	5	5	5	5	5	5	5	5	5	5	5	5	5	5	5
	实用英文							2			2			1		1	1		1

科目	科别	高一						高二						高三					
		上			下			上			下			上			下		
		文	理	商	文	理	商	文	理	商	文	理	商	文	理	商	文	理	商
算学系	代　数	4		3	4		3												
	几　何		3			3		4		4	4		4						
	三　角		2			2								4					
	立体几何								4										
	大代数								3			3			5		4	3	
	解析几何										4				2				
	复习数学																	2	
自然科学系	生　物	3	3	2	3	3	2												
	生物实验	2	2	2	2	2	2												
	化　学							5	5	5	5	5	5						
	化学实验							2	2	2	2	2	2						
	物　理													4	5		4	7	
	物理实验													2	2		2	2	
社会科学系	本国史	3	3	3	3	3	3												
	世界史							2	2		2	2		2	2	2	2	2	2
	本国地理	3	3	2	3	3	2												
	外国地理													2			2		
商学系	经　济			2			2												
	簿　记			2			2												
	货　币									2									
	会　计									3			3						
	银　行												2						
	银行会计															2			2
	商　算															2			2
	成本会计															2			3
	统　计															3			2
	珠　算															2			2

初中各级每周各科教学时数表

科目 \ 钟点 \ 年级	初一 上	初一 下	初二 上	初二 下	初三 上	初三 下
公　民	1	1	1	1	1	1
国　文	6	6	5	5	5	5
英　文	6	6	5	5	5	5
算　学	4	4				
代　数			5	5		
几　何					5	5
植　物	2					
动　物		2				
生理卫生					1	1
化　学			3	3		
物　理					3	3
本国史	2	2	2	2		
外国史					2	2
本国地理	2	2	2	2		
外国地理					2	2
图　书	1	1	1	1		

（丙）教学方法　本校各科教学最重熟练，每学期除规定小考二次大考一次外，每星期复有临时试验，时间十分钟或二十分钟不等。其效用有三(1)考查教师指定之书本学生曾否阅读(2)习题及报告究系自出心裁抑向人抄袭(3)全班对于所习教材究竟了解与否。为鼓励学生学业起见，每学期举行各科测验及竞赛各一二次，此外又组织研究会，指定课外研究工作，开设实习班以补课内之不足。

（丁）考绩办法　本校考查学生成绩除每学期举行定期考试三次外，对于平日成绩亦极重视。平日教师上课时随时检阅学生笔记、练习簿等，并常举行临时试验。学期中定期考试概于规定日期及时间内停课举行。俾学生之注意力集中，并得有复习之机会。本校对于考试素主严格，凡考试时学生倘有舞弊情事发现，即行照章除名。每次考试成绩除按期报告各家长外，并将各组学生成绩名次分别榜示以资激励。

（二）训育概况

（甲）训育纲领　本校于二十八年秋制定训育纲领十条(1)养成集团纪律化之行动(2)养成格致诚正之精神(3)养成大公无私之精神(4)养成虚心求知之精神(5)养成忠贞果敢之精神(6)养成亲爱精诚之精神(7)养成从容镇静之态度(8)养成光明磊落之态度(9)养成艰苦耐劳之态度(10)锻炼健全之体格。并于每周星期一由各导师讲演修养方法，每一组以一导师主讲。俾明了处世做人之方以贯彻精神教育。

（乙）操行考查　本校主任教导主任各导师以及训育人员均负考查操行之责，导师除于每星期规定时间训话外，并依据训育纲领，随时随地观察学生平日身心两方面之表现，分别记于操行考查簿中，至学期终了时分别汇集，评定优劣，报告各家长，平日如有犯规记过，除记录于操行簿外，并报告家长，双方训诫以期改善，又敦品励学、服务勤恳之学生，亦分别给以奖金奖状以资鼓励。

（丙）生活指导　二十八年秋，训育股举行高初中学生品性检查测验一次，藉以明了：(1)学生心理上之欠缺；(2)家庭环境及经济状况；(3)个人适应环境之能力；(4)外向或内向之性格；(5)消极或积极之态度；(6)所喜与所厌之功课；(7)课外是否作有益之活动；(8)个人志趣如何。按照测验结果，分别予以积极之指导，或作个别谈话以纠正其错误思想，令作周记、月记以察其进步之状况。

（丁）课外作业　以前本校之课外作业范围甚广，如刊物、银行、合作社、童子军、演讲会、辩论会、摄影美术会、话剧社、音乐会等皆有之。近以校舍不敷，多种活动无法进行。两三年来仍本同学之兴趣，审环境之当否，于可能范围内积极推进。如作文比赛、数学比赛、赛球、国语演讲、英文背诵、话剧排演、郊叙参观工厂等均分别按期举行。目前正在筹备刊物一种，专载学校之新设施以及学生课内课外研究之心得，拟于下学期开始发行。

光华附中英文系概况①

回忆十六年前我校之创立,既具有不平凡之历史,且负有极重大之使命,故一切措施,务求适合创校之初衷。外人设立之学校,常特重英文,而我校附中,则将国、英、算并列为主科。学生对于上述三主科,设有一科不及格,即不得升级。于国文、算学,固已提高程度;而于英文一科,亦认为阅读西书之根本,不可稍让于人。学校当局固常以此意提示本系同人;而本系同人亦常以此意互相勉励,以期上不负学校当局原望,下不负青年学子向学热忱。以本系同人大多为当年离校之六三同志,故对于创校之初衷,常耿耿于心,未尝一日或忘也。

教授英文,如忽于讲解,必致学生犯食而不化之弊病,本系同人则鉴往知来,故对于讲解一层,务必力求详尽,以期学生完全了解所学。又或有教授英文,只顾教授之迅捷推进,而不念及学习之进程是否齐一。本系同人则对于此点,力加矫正,于正课之余,特设英文补习班,使英文程度较差之学生得有补习之机会。并于暑期学校中,依学生英文程度,分班教授,使学生更进一步作进修与补习之计。学校当局曾为本系同人辟一英义研究室,以供同人互相在教学上作精密之检讨;且备同人对于学生做个别之指导,以期使英文程度优秀学生迈步前进,而英文程度较差学生亦得追踵并驾。更或有教授英文,仅拘拘乎书本之教授,本系同人,则为学生组织英文研究会,在谈话、阅读、写作方面,多多习练;并常时举行英文测验、演说竞赛、背诵竞赛,务在多方面奖励学生研究英文之兴趣。因此,学生每次参加校外英文比赛,无不获奖;而历届会考之英文成绩,亦鲜有不及格者,此乃本系同人差堪自慰之事。

八一三事起,我校迁入租界,为因时制宜,改为半日授课。由此英文授课时间,

---

① 作者为吴遐龄。《光华大学十六周纪念特刊》,1941 年。

除初中一年级每周仍授课六小时外，而则设法保持原状，初一英文读本与文法混合教授，而其余各级，则每周概授英文课本三小时，文法或修辞二小时。读本与文法或修辞学，虽分别教授；而处处务求联络贯通。高中二三两级英文，除教本外，并须阅读课外指定之参考书籍。初中各级平日注意读音。拼法，背诵，抄写，习字，听写，造句，中西互译，高中各级则于平日除注意上列各项外，并须仿造范句子，预习教材，草拟报告，练习作文等。三年前，对于高二三两班，特增设实用英文一科，每周授课一二小时，试译报章杂志，意在使学生能欣赏英文文学及具有文学修养外，并熟悉实用文字，至于英文测验及各种竞赛，则仍不时举行。虽时值非常，而本系同人则于可能范围内照常进行，且谋改进。嗣后当随世运之进展，而益谋改进，务以不忘初衷为责志，月异而岁不同，他日立校纪念必更有显著之光荣也。

光华附中算学系概况[①]

本校初中现有算术三组,代数三组,平面几何三组,高中现有代数三组平面几何六组,平三角四组,立体几何一组,大代数七组,解析几何五组,复习算学二组,各科纲要悉遵部颁新课程标准规定。间有出入之处,亦须经本系分系会议详细讨论,分别试行。随时修正,数载以来,虽不无贡献,然自问尚多缺憾。兹将本年度教学大概情形,分述如下:

(一)教学方法 初中于上课后十分钟内为学生质疑时间,解决问题方法,大都偏重班决,教师仅处于指导地位。次为教师讲演,注重口问及习题中困难之点。退课前五分钟内,由教师指定课外工作,以便学生自修。至高中教学方法,略同于初中,惟教师讲演时,以各组志趣不同,方法亦随之而异。大抵文商科注重演算之方式,以实用为归。理科则稍偏理论,以为将来深造之基础。

(二)编制教本 本系对于教本之选择异常审慎,惟鉴于坊间通行本,非失之太浅,即过于繁冗。爰有逐年自编教本之拟议,先由担任教师编印讲义,分发试用,遇有困难,即行修订。缺者补之,繁冗者删之。是以一书之成,须经相当岁月而始定。本系现已出版之自编教本,除桂金二先生合编之初中代数,尚须增订展期再版外,计有张幼虹先生之实验初中算术,本学期内出版者,计有归孟坚先生之汉译何鲁陶高中代数学,暨金马丁先生之高中平面几何学。正在计划中者,尚有高中复习数学及三角解析几何之补充题等。

(三)举行测验 本系为提倡学生习算兴趣起见,当于每学期中,举行全校高初中测验一。行之有年,颇见成效,本年度上学期经已举办者,有高中之几何测验,暨初中之算术四则测验,下学期举办者为高初中算学假设毕业考试。优胜者酌给奖品,成绩稍差者,亦知有所警惕。学生对此,莫不兴趣盎然!

---

① 作者为倪若水。《光华大学十六周纪念特刊》,1941年。

（四）成绩考查　本系考查成绩之方法有三：（一）不定期试验，视授课钟多寡，由教师酌定次数。大概每周四五时之功课，在某一月考之前，至少举行二次。每周二三时之功课，至少举行一次。注重演算之敏捷，及结果之真确。（二）缴演习题每周中至少缴进一次。注重演题之步骤，及书法之整洁。（三）定期试验　每学期举行月考二次，学期考一次。计分方法平时成绩占百分之六十，考分占百分之四十。

上述教学概况已竟，兹更分述今后之计划如下：

（一）实行能力分组　各级程度，至不齐一，殆为不可免之事实。现拟依学生平日成绩之优劣，及志趣之异同，分同级生为三组，每组人数，不必相等。分别输入相当教材，以得展其天能。例如优秀者除授以规定教材外，由各担任教师另行指定参考书，责其自习。低能生则可以酌减教材，甚或希望其达到最低限度。

（二）添置教具图书　事变以来，本校迁入租界上课。关于算学之教具图书，损失不少。现拟请求当局，于可能范围内，逐渐购置，以为教学之助。

（三）汇编算学测验　本校历届举行算学测验，前后不下十余次。种类之多，相当丰富，选材之广，颇费周章。现拟汇编成册，非特免遭散失，且可广为流传。

光华附中自然科学系概况[①]

凡附中高初中部自然科学均属本系,兹将教学概况略述如下:

(一) 调整课程

本校自然科学课程,因限于时间,不能完全符合理想中之支配。惟自二十九年度第一学期起,业已在可能范围内,设法调整,初中第一学年上学期,授植物,下学期,授动物,每周各二小时。第二常年上下学期,均授化学,每周各三小时。第三学年上下学期,均授物理,每周各三小时,及生理卫生各一小时。高中第一学年文理科上下学期,均授生物,每周三小时,实验二小时;商科,生物二小时,实验二小时。第二学年文理商各科;商科,生物二小时,实验二小时。第二学年文理商科,上下学期,均授化学,每周五小时,实验二小时。第三学年文科上下学期,均授物理,每周四小时,实验二小时;理科,上学期授物理,每周五小时,下学期七小时,实验各二小时。总计初中五学年,共授自然科学课程十八小时。高中三学年,文科共授二十四小时。实验十二小时。理科共授二十八小时,实验十二小时。商科共授十四小时,实验八小时。综上所述,除初一动植物钟点尚嫌不足,及高三理科物理钟点尚需重行调整外,其他各科钟点之支配,大致已能与部颁课程标准相吻合。

(二) 教学方法

自然科学教材,颇具时间性。科学进步,教材亦必随之而改进,故本校自然科学各科,除课本外,概由各担任教师,尽量补充新教材,以补课本之不足。至理论较深之学理,常由各教师,用极简易而普通之例证,详加解释。初中部分,更用挂图、课本、模型、仪器及其他各项示教试验辅导之。盖初中学生,最富好奇心,如能利用

[①] 作者为毛震伟。《光华大学十六周纪念特刊》,1941年。

此种心理,以启发其研究科学之兴趣,并加深其认识之印象,使之在初中时代,即树立学习科学之基础,自属必要。现今坊间所售之课本,汗牛充栋,但尽善尽美者,百不得一。吾人为顾全本校课程编制,及适合学生程度起见,不得已,一部分教材,由担任教师参酌实际情形,自行编著,此种困难,谅亦为各校所共有。其采用西文课本之各级,对于预习指定教材之工作,倍觉重要,务使学生尽量避免文字上之困难,而能充分获得实验上之知识。本校自然科学教学,向重启发与熟练。举凡原理,定律等,常以简易之说明启发之,问题,公式等,常以复习之姿态熟练之。俾学生能举一反三,收事半功倍之效。

(三)注重实验

本校高中生物理化各科,除每周规定之授课钟点之外,另加实验二小时。一则,可藉以引证课本上之学理;再则,可使学生发生学习上之兴趣。盖科学之重实验,尽人皆知。所谓欲得事实之结论而成为法则者,非赖试验不为功。本校每学期,各科实验之项目及数次,均于开学时,在自然科学会议中决定之。此后,不任意变更或减少。实验教材,概以与课本有联系性,及切于实用者为限。实验报告,一律由学生在规定时间内交卷,不得延误,以杜流弊,本校学生,对于各科实验,均感浓厚之兴味;甚有自动实习而就正于教师者。目前实验用具,虽尚未臻完备,但学生富有研究之精神;物质供应之缺陷,能于精神上得以弥补,固值得欣慰也。

(四)充实设备

本校在中山路时,建有科学馆一座,各项设备,俱极完善,在沪上各中等学校中,亦属创见。惟自迁入租界复课后,一切设施,未免固陋就简,对于实验所需之仪器、药品、标本模型等,每感不能应付裕如为苦。近一二年来,由于本校当局之努力提倡,及本系教师之埋头苦干,各项设备,业已次第恢复。各科实验室,且经先后扩充,并装有煤气等设备。一切应用物品,亦不复稍感缺乏矣。至实验费用,系由每学期所收实验费项下,拨出巨款,作为添置各项用品之需。下学期起,并拟增加预算若干,以便尽量充实实验项下之必要设备。又本校之实验用品贮藏室,现尚不敷应用,刻正规划于挤轧之环境中,添辟一独立之附中贮藏室,俾供贮藏实验用品之用。

（五）课外作业

本校除正课外，对于学生之课外作业，向极重视。自然科学方面，在各导师及担任教师，热心指导之下，颇有成就。上学期终了时，并曾举行全校自然常识测验一次，各级均有特出人才发现。对外参观事项，各级学生，亦极感兴趣，曾先后由各担任教师，率领参观各有关自然科学之机关、工厂、博物院、制造厂、动物院、研究所及其他公用事业机关；于实用知识及技能方面，多得一理解之机会，更可补助课本之不足。关于化学方面之化妆品及日用品之制造，物理方面之简易科学玩具之制造，生物方面之动物剥制及切片之制造，现亦正在分请各担任教师计划进行中。此外，自然科学研究会及无线电研究会等学术团体，亦拟设法提前恢复。以上各项课外作业及活动，在本校当局努力推行及师生密切合作之下，当能顺利完成也。

光华附中社会科学系概况①

凡附中高初中部公民地理等科,均属本系,所有科目及授课时数,多随时参照部颁课程标准办理,所任教师,不仅须对于本系各科研究有素;且专责教授,不兼及他系各科。最近部颁修正标准课程内称:"学校当局必须打破历史为文学一类学科之观念。"于此正可表示我校当局早鉴及此;且不仅对历史一科不作如是观,而对正个社会科学系中各科,均不作如是观。有关社会科学系之参考书籍,图表,模型等等,均特辟一室以陈列之,并题名曰"史地研究室"。学生可随时入内阅览研究,并可利用便于制作图表之特种设备。最近部颁修正课程标准内又称"将历史科设备与理化生物等科的标本仪器视为同样重要,须在可能范围内,特辟历史陈列室或教室,至少与地理科合设一史地教室"。于此又正可表示我校当局不仅早鉴及此,且切实施行。为充实社会科学设备起见,特向国外定购最新式之巨型幻灯,在科学馆阶梯教室,放映各种图表图片,使学生易于了解一切,并增进学习之兴趣。于此更可表示我校当局不仅视社会科学设备,与理化生物等科之标本仪器同样重要;且在教学上,亦力求与自然科学之教学相符合。对于公民一科,除书本知识之讲授外,并特别注重实践方面处世为人之道。即教导概况所述每周分组由导师主讲者是也。各级且有导师与学生举行组会谈话,或个别谈话,以切实指导或纠正学生之言行。至于社会科学其他各科,亦不专重教本之讲授。教师指定参考书,或印发讲义,以资补充。学生须作答劄记,以养成阅读与听讲能力。教师除讲解之外,并提出问题,令学生口头作答,或书面作答;有时更用专题讨论,令学生各方参考,发抒所见,撰成千万字之论文。以供相互观摩,藉此养成理解与思考能力。而于史地科均以中国方面为核心,渐次发展至国外方面。对于中外史地,随时作比较研究。以求其沟通之点;而于史与地之间,尤处处求其贯通,俾史地合成一片。高初中史地

---

① 作者为姚璋。《光华大学十六周纪念特刊》,1941年。

又力求联络，以避免重复。在课外，常时举行征文比赛，或时事测验；并组织各种研究会，请校内外人士演讲，或座谈；以期从多方面引起学生研习社会科学之兴趣。每逢假日，当率领学生出外参观或旅行，以期对于现实社会作实际考察；并于考察后作成报告或考证，在壁报或校刊内发表，以供切磋琢磨。因学生对于社会科学有相当之研习，故每次参与校外比赛无不获奖；而历届会考成绩，对于社会科学，亦鲜有不及格者。本系教师亦以职有专司，一志研究，常撰述论文发表于校刊及校外之报章杂志；或编著专书，刊行坊间，以备采作教本，或参考书籍。

"八·一三"后，全校上课时间，紧缩成半日；因此社会科学授课时间，不得不酌减。而于教材方面，则非特不随之以减少；且尽量利用课内课外之时间，竭力增加适合时代性之教材，务期使学生与大时代相配合。至每周导师之所主讲者，多由张校长亲自撰稿，以积极陶冶学生之品格。惟以"八·一三"事起仓猝，史地研究室，陈列诸物，多未能迁出，以致教学方面，常感缺憾。近年虽竭力设法添置，而一时尚未能恢复旧观。嗣后本系当继续在当局指导之下，勇往迈进，不仅使原有精神得以贯彻，且益为发扬广大。斯乃本系同人所始终信守不渝者也。

光华附中商学系概况[1]

中等学校之设有商科,原以备中学毕业生就业之用。惟本校以历史的关系,自立校迄今仅设商学系,而不另辟商科,良以求学本校之学生大体而言,家庭状况尚称不恶,毕业以后并不急于就业。是以历届各班文理两科之学生恒多于商科,此则有关于各生之家庭状况,初非本校对于文理商三者有所歧视也。即以应届入商学系之学生而论,毕业后就业者仅占十之二三,此外大率入大学商学院作更进一步之研究。事实如此,因之本校商学系之课程与设施,与其他各校之设有商科者,稍有出入。兹述商学系之回顾与前瞻,对于过去现在与将来作一综合性之检讨。

(一)目标之确定 本校商学系设置之缘起,既如上述,因而目标亦以切近事实为主,大抵本校商学系半为入大学商学院者,奠定基本常识,半为就业者,实行基本训练。务求商学系之毕业生,进可以继续升学作进一步之研究,退可以择定职业为谋生立业之计。

(二)课程之厘订 商学系课程之厘订,一方遵照教部标准,一方切合事实需要,十余年来历经改革,现行课程有如下表。

光华附中商学系现行专门课程表(三十年春季)

每周时数 课程 \ 年级	高一上	高一下	高二上	高二下	高三上	高三下
经 济	2	2				
簿 记	2	2				
会 计			3	2		
货 币			3			

---

① 作者卜坤一。《光华大学十六周纪念特刊》,1941年。

年级 每周时数 课程	高一上	高一下	高二上	高二下	高三上	高三下
银　行				2		
统　计					3	2
珠　算					2	2
银行会计					2	2
商　算					2	2
成本会计					2	3
共　计	4	4	5	5	11	11

上表所列系指商学系专门科目而言，至于文理两科之共同必修科目，不再列入此次课程。如与同等学校之商科课程对照，表面上似觉较少，实则本校商学系之共同必修科目，远较同等学校之商科为多。是以本校商学系毕业生，基本常识尚称丰富，即以过去之经验而论，上列课程表不论升学或就业，亦已应付有余。

（三）教学之实施情形　本校对于各科之教学实施情形，例有固定原则与方法，初不以商学系之科目而有所特具异。本校所用课本历经试验，然后确定程度，斟量提高各课每周教学时数，确合事实需要，既不使学生过觉繁重，亦不使学生流于荒怠。教学进度均经严密规定，不徐不捷，是以课程与时间适相配合。各课教师在本校服务率在五年以上，最多者甚至十年以上，对于本校之历史及习惯，莫不熟知有素。因此教学方面绝无扞格不入之弊。

（四）实习之实施方法　商学系科目除灌输相当知识及方法外，实习一项断不可少。过去本校在中山路时期，设备相当完善，关于商学系学生之实习，有光华银行及消费合作社，师生合作颇著成效。今则临时校舍之设备，事实上不得不因陋就简，然而对于商学系学生，必要之实习机会均经统筹兼顾，关于簿记、会计、统计、珠算等等随时均多适当之练习。

上述一切仅系本校商学系过去及现在之梗概，自知缺点尚多，当有待于将来之改进，爰将本校商学系今后之改进计划略举一二，不求夸大，但求贴切非感等仅图渐进。

（甲）关于实习方面　本校现因事实上之限制，实习方面尚不能符合标准，今后拟与有关系或熟识之行商尽量接洽，务使商学系之学生能有较多之实习机会。此外对于技能方面之训练亦将多加注意，如打字、速记等等或将陆续添授，使学生多获一种技能，他日在商场上即多一活动机会。

（乙）关于课外活动方面　学生在中学时代不特求知欲望特别高，同时课外活动之有关能力亦颇巨大。商学系各课之性质特别适宜于课外活动。今后拟由各级导师统筹计划，为学生分配课外活动，学生处于自动地位而导师作严密之指导。每逢学期终了，师生共就一学期来之课外活动成绩作一全面检讨，如有缺点，立即改正。如此则学生可得无限制经验作他日谋生立业之参考。

（丙）关于职业指导方面　每届商学系之毕业生例有一部分就业者所就之职业，既异所需之指导，亦因以不同。今后拟就高三下之商学系学生作一精密之调查。对于确定就业之学生分别施以职业指导，务使彼等于就业之前，得有充分之认识与准备。借过去商行录取中学毕业生，恒感受雇者之常识不足。势非于录取后，另加一番训练，方可任使。今本校既能于事前施以职业指导，则受惠者当不止于毕业生本身已也。

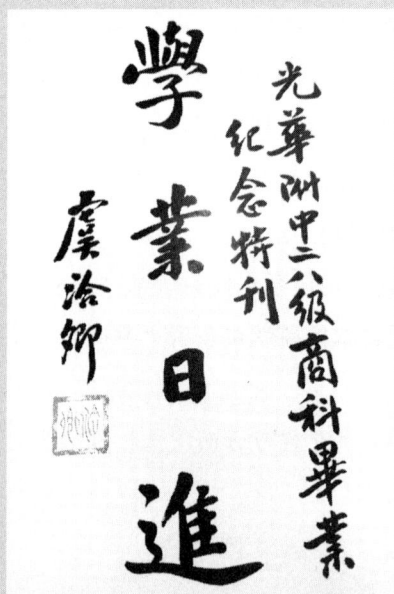

学业日进

光华附中廿八级商科毕业纪念特刊

虞洽卿

1939年，虞洽卿为光华附中商科毕业生题词

光华附中实验馆概况①

吾校向设物理实验室，化学实验室，生物实验室，机工实验室；各实验室应用之仪器，标本，药品及参考书，虽不敢云应有尽有，然在国内大学中，尚称充裕。"八·一三"时，吾校校舍毁于火，幸校中负责人顾虑周到，事前将全部仪器运出，重新布置于临时租赁之校舍，使成千学子整日置身于实验室内，各得实习之机会，亦聊足以自慰也。吾校目前虽无正式实验馆，实验馆应有之设备，已逐年补充之，应尽之工作，则未尝一日间断也。夫读书求实际，科学重实习，若有馆而欠设备，有设备而不能利用，亦徒负空名而已。本校素重实际，对于实验馆既能先事设备，而且尽量利用。惟是充分设备，尚待将来，兹略述概况。

本校各种实验分为四部（一）物理实验，（二）化学实验，（三）生物实验，（四）测量。各种仪器名目繁多，恕不细载。

本校各实验室皆供大中学两部同学共同享用。实习者既众，实验科目又多，为此自晨至晚，实验室内总是人头拥挤。本学期参加物理实习者，大学部一百五十九人；参加化学实验者，大学部二百六十八人，中学部二百七十二人，总计一千另十七人。实验各生，大都有志研究，即有少数怠忽者，一经告诫，尚能悔悟。顾局于环境，布置未能周到，所持者精神而已，今值十六周纪念，作简单报告，所冀时局早定，渐次恢复旧观，此不独各生之幸也。

---

① 作者为黄赓祥。《光华大学十六周纪念特刊》，1941年。

光实中学之概况[①]

民国二十一年夏,光华大学教育系毕业同学数人,相约设光华实验中学于上海斜桥制造局路口。

初诸校董议定以实验普通教育与职业教育之调剂,养成手脑并用人格健全之国民为立校宗旨。

二十二年夏,学生人数激增,学校收入渐舒,乃致力于添置设备,旋经沪市教育当局予以立案,更名光实。嗣后学生人数日增,斜桥原址,不敷应用。爰迁至康脑脱路三五九号。屋宇较为宽敞,诸先生悉心教导,学风醇朴,秩序井然。

创始之朱有瓛校长有志深造,于民国廿五年出国,校务改由张华联先生主持。尽心策划。民国二十九年夏,张华联先生因公离沪,由校董会委不佞暂代校务,不佞自审才力俱有未逮,惟重以张董事长之命,及瞻念光华校友缔造光实之维艰,不勉力应命,姑就一年来行政教学训导各方面,作一至简之检讨,约如下述:

(甲)行政——不佞有鉴学校之精神,当以组织严密为先务,故将学校组织,略加调整。教务训育事务三部分,分别请由戚子善、顾子宜、曹茂唐三位先生负责,以收分工合作之实效。详订行政历,召开各种会议,俾随时得能改进。

(乙)教学——教学上之改进,厥为师资、教材、教法三端,本校历年聘请教师,均以人才为准,本年复加调整,分科以选良材,而利教学。计国文系为顾芦丞、张家风、郑锡瑜、史焕奎诸先生,英文系为董小培、顾子宜、戚子善、朱仰槐诸先生,算学系为归孟坚、董兆熊、朱世璜、朱永璋诸先生,社会科学系为姚舜钦、倪文宙、曹茂唐诸先生,自然科学系为唐志瞻、张德梁、傅积仁诸先生。诸先生为知名硕学之士,萃于一校,此外若教材之编选,教法之研究改善,均为本年度教学上主要之工作。

(丙)训导——本校训育,素主严格,本年复厉行导师制,希由循循善诱中,而

---

① 作者为傅敦厚。《光华大学十六周纪念特刊》,1941年。

培养良好之学风。使求学青年，他日皆成为社会上守秩序有组织之公民。除由不佞自兼高三导师外，并请定顾子宜、戚子善、朱世璜、史焕奎、曹茂唐诸先生分任各级导师，切实训导，并随时举行级会，实施积极之步骤。

（丁）其他——此外如光实杯篮球赛之举办，以鼓励学生爱好体育；图书仪器之充实，以促使学生修养及获得实地知识；举行英语背诵比赛，国文测验竞赛等，以激发学生努力向学。

溯自我校创办之初，张云卿先生慨以北桥三十余亩基地捐筑校舍，而康脑脱路之校舍，又以租约期满，必须迁移。学校之基础，以校舍为首要，一年来张董事长，为本校校舍问题，费去几许心血，乃有建筑新校舍之拟议。择定成都路威海卫路口，为新校址。一面鸠工庀材，一面奔走募款，而本校同人一德一心，协力扶持，以促其成。校董会与学校当局，合力以赴，学校相关人士，复能踊跃赞助，尤所罕见。

学校基础既立，则今后自当切实实施。以董事长所题之校训（实事求是）为其实施目标，并应及于下列十端：

1. 提高学生程度；2. 督促学生自觉；3. 改进教材教法；4. 力求切实训导；5. 培养良好学风；6. 锻炼学生体格；7. 实验科学方法；8. 充实学校设备；9. 严密学校组织；10. 增加教师待遇。

检讨既往，策励来兹，应兴应革之端，要非尽如上述，是则明日之光实，仍当有待于海内人士及吾同人群策群力。交相敦勉，敦厚谨愿追随于后，为我国族以储才，为我光实求新生！

光实中学与六三纪念[①]

　　光华大学及光华大学附属中学,经过了最初十六年艰苦而光荣的阶段。同时,那由"六三"孕育而生的小兄弟——光华实验中学也经过了将近十年艰苦而光荣的生活。这一个同生养异环境的小兄弟,赶来作一点小小的自白。

　　光实中学——光华实验中学——同受张校董的扶持保护,由诞生而成长,它之题名为"实验中学",实在有点惭愧。

　　不过光大和它的附属中学,其在实验教育上,有其全民族国家广大深远的视验,而光实中学,在实验教育上的立场,则范围颇陋,这里一些经过容我分析。

　　(一)光实与光大附中,在实验教育上同似的立场是同以实验精神,同为国家民族服务,按实验一词如作 Experiment 解,则以十九世纪后试验科学之精神,作教育上的应用,其含义为以一定之目标与假设,以排除不甚有关系之因素为手段,因而控制环境,求得明确之证断,使假设定为真理。此种试验过程,久已应用于生物学社会学,而深著效果,其在教育上,则于教学方法,教学过程,心理训练,亦已收有深著之效果。此种切实坚定之工作,光实中学业已追随光大及其附中之后,行至十年而日进不懈。

　　又实验一词,如作实验主义解(Pragmatism),则吾光实中学张校董潜研王学,夙以知行合一之旨,昭示后生,光实同人聆受张校董之教诲,亦既近十年于兹,咸能深体实验主义及阳明学说之精髓,一以致用效实为本,而从事于教育,凡夫空虚疏略之弊,庶几可免,此皆由同涵浴于光大精神之中,故能深蒙其益。

　　(二)光实与光大附中,在实验教育上却也有一点差异的立场,这差异的立场,正从上述所同似的立场发展而出,囊者光大及其附中,设校于沪之西郊大西路,地僻境幽,适为学舍,以理想之环境,以超尘越俗之身心修养,为国家培储理想之人

[①]　作者为倪文宙。《光华大学十六周纪念特刊》,1941 年。

才,此时,光大及其附中特有之实验场所,其在光实则校址适在喧嚣之中无光大清幽纯洁之境,惟正因处身喧嚣之中,自有其商场之特殊问题与特殊要求,由此而正可补足光大实验教育之另一面,作特殊之发展与因应。

美国教育家杜威氏说:"在教育的进行上,有一个最要紧的条件,即是设备环境。"所谓设备环境者,一方指清除有害的环境,一方面指设备有益的环境,在上海喧嚣的市场环境之中,自不免有许多有害的因素,却也不免有许多有益的因素,控制环境,选择环境,而使学生作良善的适应,此物此旨,当在张校董之昭示兴感之下,而积极推进,期以强勉自精神,不负"实验"之题识。

四 校友回忆

抗战期间光华附中学生运动史[①]

光华大学及附属中学是 1925 年"五卅"运动的产物。"五卅"运动爆发后第四天,6 月 3 日晨,上海圣约翰大学的美籍校长不准在校园内升挂中国国旗,部分爱国师生愤而脱离圣约翰大学,另建光华大学,意为"光我中华"。所以,光华是有其反帝爱国的历史传统的。

光华附中的校址,抗战前与光华大学一起,在上海西郊法华镇(中山路大西路口,现为延安西路中国纺织大学校址)。"八·一三"后,校舍被日军炮击,殆为灰烬,先迁至愚园路岐山村,再迁至成都路,最后才迁至汉口路证券大楼。1941 年 12 月 8 日,太平洋战争爆发,日军占领租界,日伪逼迫各大、中学都要向其"登记",1942 年 2 月,学校为了维持教师生计,以及同学免于失学,改为"壬午补习班",直办到抗战胜利。

抗战前的光华附中校长廖世承(茂如)是一位著名的教育家,有丰富的办学经验,并且聘请了一批教学水平较高的教师,因此学校办得很好,在上海的中等学校

---

① 作者为张和谋、雷霆。本文作于 1989 年 7 月,选自《光华的足迹》,第 182—186 页。

中有一定的知名度。生源比较充裕,学生中大部分是经济上属于中上层家庭的子女;高中分文、理、商三科,但以理科学生居多。

根据现有材料,抗战前光华附中虽有个别学生党员,如侯聘(后改名王一凡,1936年11月入党,1986年病逝南京),但未建立党支部。党支部建立在1938年初,最初即由重建的中共江苏省委所属学生运动委员会的第一届书记刘峰领导。党支部共历九届,前后存在了整整五年。历任党支部书记依次为:张本(即张玉谋)、金瓯卜(即金嗣炘)、晓歌(即徐光燊,笔名坦克)、雷霆(即雷筱粹)、高平、徐智(即徐沛身,又名曹向)、冯秉序(即冯永年,又名王助)、詹荣曾、乔石(即蒋振平,又名蒋昭明)。

一、抗战爆发前夕的救亡运动

1935年北平"一二·九"运动后,光华附中的学生,主要是高中学生,开始活跃起来,虽然师生中也有少数国民党员,但最活跃的还是进步学生.他们不仅在本校活动,而且与外校进步学生也有较广泛的联系。在校内,相当部分的进步同学是四川和广东籍的,他们就以四川、广东同乡会的名义进行活动,并逐步团结其他省、市籍的进步同学。1936年,"上海市学生救国联合会"成立,校内的组织由侯聘负责,并兼沪西区"学联"的领导工作,参加的成员有四川籍的兰肇恒(后更名李止舟)、王天铎、何光铎等,广东籍的张源庆(后改名张逸鸣)、陈钟明、马鸿剑、何鹏等;其他省籍的有:王昌颖、赵涛君、沈世豪(即沈以文,后改名胡斌,当时曾与任救国会工作的张执一同志有过直接联系)等。他们的活动主要有:办读书会,由参加者各人拿出自己的进步书刊建立一个"流动图书馆",交换阅读、讨论问题。议论时事等。书籍大致有:艾思奇的《大众哲学》、薛暮桥的《中国农村社会性质论战》等等。报刊有《救国时报(巴黎版)》、《团结》、《解放》、《内地通讯》等等。组织观看苏联影剧,如《夏伯阳》、《女壮士》和话剧《大雷雨》等。还曾聘请知名音乐家盛家伦等来校向同学教唱救亡歌曲《松花江上》、《打回老家去》、《毕业歌》、《救国军歌》、《救亡进行曲》等,每周一次。当时正在拍摄的电影《夜半歌声》的主题歌和几支插曲,就是由光华附中歌咏队演唱时灌的音。剧团曾由金山、崔嵬等来导演并演出过《阿比西尼亚(即今埃塞俄比亚)的母亲》、《放下你的鞭子》等。通过上述种种活动,向广大学生群众揭穿了国民党的"攘外必先安内"等不抵抗主义谬论,激起他们抗日救亡的热情。与此同时,校际活动也相当活跃。

1935 年 12 月底,上海各大、中学校学生为了支援北平"一二·九"学生运动,决定集会游行,当各大学学生夜间步行来到光华附中时,侯聘即去大操场打钟集合同学参加游行,之后又去复旦大学,串联了他们一同到江湾向上海国民党市政府请愿,要求国民党停止内战、一致抗日,一直坚持到第二天上午,各界闻讯后纷纷派代表买了面包前去慰问,以示声援。直到国民党上海市长吴铁城出来接见,并答应将学生要求转报南京当局后,游行才告结束。部分进步同学还曾参加了以"七君子"为首的"上海各界救国联合会"在租界内召开的大会,聆听了沈钧儒等人主张抗日救亡的演说,会后游行,向沿途群众宣传抗日救亡;游行至华界时,队伍被反动军警围殴打伤了不少学生,更激起了群众的义愤。1936 年鲁迅先生去世,出殡时,光华附中也有部分进步同学参加群众送葬的行列,到虹桥万国公墓后,在举行下葬仪式时,还聆听了宋庆龄等人的讲话。

1936 年 12 月中旬,"西安事变"和平解决消息传到上海时,光华附中全校师生连夜集中大操场以示庆贺。以"学联"成员为骨干的光华附中进步同学还曾多次与外校同学一起,组成"上海学生剧团"去上海郊县进行抗日救亡宣传。1936 年 7 月去松江,正待演出时,被国民党松江县长率领反动军警团团围住,并切断电源,不准演出,僵持达数小时之久,最后终于被强行押送回沪,但在火车站候车时,赵涛君等同学向围观群众慷慨陈词,说明事情真相,博得了群众的广泛同情。事后,上海有的报刊专为此作了报道,并刊登了当时现场的照片。

一次去青浦,也遭到了同样的"待遇",被国民党县长率领伪军警围堵在公园内,最后也被强行押上两辆大卡车,"驱逐出境"。所有这些,都进一步暴露了国民党当局压制抗日运动的真面目,同时也更增强了同学们抗日救亡的决心,更紧密地团结在党领导下的"学联"周围。

二、抗战开始后的学生运动

从淞沪抗战爆发到 1941 年"一二·八"太平洋战争开始,日军占领租界为止。这一时期,是群众抗日救国情绪从高潮逐渐转向低潮,抗日救亡活动从公开、集中逐渐转向隐蔽、分散,并从校外逐渐转向校内和班级的时期。

"八·一三"战事初起,租界外的大、中学校,因地处战区,都先后迁入租界,家在外地的同学纷纷离沪返乡。这时,原光华附中"学联"成员,留在上海的只剩侯聘、王昌颖、张源庆等寥寥数人,也先后进入租界,侯曾去前线进行战地服务工作。

1937年底，王昌颖绕道武汉（在武汉时入党的）去了新四军。1938年初，侯聘也直接去了新四军。

侯离沪前，曾在张源庆的住处（当时法租界蒲石路原刘达人家，抗战爆发后，刘即举家迁住内地）创办过一个读书会，从研究抗日民族统一战线问题开始，大量阅读讨论进步书刊。最先来指导读书会的是广西人苏曼（学委委员，留日学生，烈士）1937年底，苏离沪去延安后，就由刘峰来继续指导。参加者有张玉谋、张源庆、严敦煊、沈毓刚、雷兰、雷筱粹（他们姐弟俩是1938年初才从沦陷了的家乡松江"逃离"来上海的）等。实际上这是一个小型的"建党训练班"。因为参加读书会的同学都先后入了党。根据1938年3月《中共中央关于大量发展党员的决议》和江苏省委的相应指示，从1938年上半年起，到1939年下半年，光华附中也发展了一批党员，如张玉谋、张源庆、金嗣炘、沈毓刚、严敦煊、徐光燊、雷筱粹、刘继成、金明澂（即金德琴）、黄日骙（即黄辛白）、陈綖、高平、陈澧源（即陈志存）、陈义鑫（即陈禹孙）、邹斯履、董乐山、谢潜斌等；并于1938年上半年成立了光华附中的第一个党支部。

1937年10月，在党的领导下，"上海学生界救亡协会"（简称"学协"）正式成立了。光华附中是首批参加"学协"的中学之一，迅即在校内建立了"学协"小组，发展了一批会员。"学协"在光华附中的活动就蓬勃地开展了起来。937年秋季高中一年级文科班，以徐光荣为首的一批爱好戏剧的同学，在张敏普（影剧界名人张石川之侄，明星大戏院小老板）家，创办了"初步剧社"，排演过《月亮上升》、《五奎桥》、《烙痕》等进步话剧，有的还在"卡尔登星期剧场"演出过。为了更好地团结女同学并进行活动，曾组织过光华附中女同学会，先后由张玉谋、张恺谋担任过会长。"学协"和女同学会在学校内开展了多种多样的爱国救亡活动，吸引了许多同学参加。除了演剧活动外，还组织学生到难民收容所慰问难民，到伤兵医院慰问负伤的士兵，并带领学生们去慰问被软禁的抗日英雄谢晋元和"八百壮士"。组织流通图书站广为传播进步小说和书报杂志，在进步同学中推销和传阅复社出版的斯诺著作《西行漫记》及"学协"出版的《学生生活》等。女同学会还组织歌咏队，教唱抗日歌曲，以及发动义卖和欢募寒衣等活动。

当时对青年学生进行思想政治教育的基本做法是：从日本帝国主义要亡我中华的残酷现实出发，激发青年学生的爱国热忱；进一步引导他们去思索在国民党蒋介石统治下国家何以糟到如此地步，日寇何以如此嚣张，长驱直入，从而使他们意识到蒋介石反共反人民、投靠帝国主义的大地主、大资产阶级的反动本质,还联系社会为什么还有那么多的不公正以至黑暗现象,从而得出结论:抗战的前途,中国的前途,只能依靠以中国共产党为代表的进步力量和亿万人民群众。事实证明,这样做,不仅使家境贫寒的,即使家境较富裕的青年学生,也能认清方向,明确个人前途是国家前途紧密相联的,从而逐步走上革命的道路,有的还直接奔赴前线投入战斗,甚至牺牲了自己年轻的生命。

自租界沦为"孤岛",在日军刺刀支撑下的伪"上海大道市政府"成立之日起,到1940年3月30日,日汪精卫的伪"国民政府"在南京粉墨登场止,虽然日伪对租界当局不断施加压力,租界当局也不得不对公开的抗日活动加以限止,但总"限"而不"止"。抗战爆发后,光华附中校内一些较有名气的国民党师生都已离开学校去了内地;汪伪派学生虽有,但不敢公开露面,如1939年时,高三班理科学生雷筱粹(党员)家里,曾不断收到寄给他的汪伪刊物《烟火》,后经多方打听,才知是同年级的一个学生偷偷寄的。

形势的日益恶化,促使党的工作作风、工作方式方法,来一个大转变,从前一时期以开辟阵地、扩大组织为主,转入到更深入隐蔽,以巩固阵地为主,在巩固中求得稳步的发展。原"上海学生界救亡协会",经1939年4月"学协"第三次代表大会,改名为"上海市学生协会",仍简称"学协"。到1940年下半年,为了应付突发事变,学委才决定"学协"上层停止活动,各个党员就所在学校,级、班,通过学生会、级会、班会开展工作。

1940年3月汪精卫在南京登台后,对上海租界施加的压力就更大了,在租界上的各大、中学校里,普遍掀起了一场以反对悬挂拖有"和平、建国、反共"小尾巴的汪伪国旗和反对学校向汪伪政权"登记"的轰轰烈烈的反汪斗争。在这场斗争中,光华附中也是走在前列的,当时由各班推出一名代表,全校共二十一人,其中有党员陈义鑫、董乐山等,向校方交涉,教导主任惊恐万状,不准开大会,以"辞职"相要胁,最后推说"需报告校长"。之后,代表们发动各班同学共约二百人,在证券大楼七楼开了大会,代表们在会上报告了与校方交涉的经过,表明了决不挂汪伪国旗和决不向汪伪政府"登记"的坚定立场,大会一致同意委托全体代表直接向校长交涉,送上以全校同学名义发出的《宣言》。后来张校长在家中接见了代表。经过这番交涉,校方终未前去"登记"。

三、1940年秋季后的曲折斗争

1940年秋,陈义鑫、董乐山等因反汪斗争于学期末被学校"除名"或"勒令转学",被留下张和谋等少数党员,组织上派曹向、冯秉序等党员来校加强领导,不久曹向等又去解放区,学期结束后有些党员转校,党和进步力量有所削弱。194年秋,党又陆续调进一批党员,计有詹荣曾、周充瑞、朱福昌、何以文、胡瑞华、韩韬等同志,加上原有党员陈庆绮、陈秉钤等,党的力量有所加强。1942年,又先后发展了倪耀文(陆明)、陈建元(余瑾)入党。他们在党支部领导下,团结了诸善元、秦寄生(秦建生)等一批知识分子。根据党的"勤学、勤业、交朋友"的方针和努力学习、尊敬老师,与同学交知心朋友,在师生中树立威信等要求。针对光华附中多数学生用功读书,准备报考大学,有的还信基督教等特点,通过组织"光华团契",开展听音乐、看戏、看电影、跳舞、秋游、到同学家串门、到老师家拜年等活动,团结同学、争取教师,一点一滴地积蓄力量,将群众队伍重新组织起来。

活动规模较大的是组织全校性乒乓比赛。决赛时在八仙桥青年会举行,学校领导人也来观赛。最后在场同学和学校领导人一起在青年会八楼合影留念,从而提高了"光华团契"的威望。又以高三年级为主,组织光华足球队,与交通银行、邮电局球队进行比赛,扩大了影响。

"光华团契"还与校内陈庆绮参加掌握的"新曙社"联合在辣斐剧场组织演出有进步意义的话剧,为创办义务小学筹款。租用北京路和平里三林小学校址,创建了壬午义务小学,后来又扩充为壬午义务中小学,并在北京路江宁路的一中学内建立了分校。这样使数百名贫苦家庭失学少年儿童得到了就学的机会,其中有的后来也走上了革命的道路。由于义务中小学颇具规模,因此动员了相当一批同学去任教。通过办学,在团结教育群众上起了很好的作用。1942年下半年,光华附中改为"壬午补习班",但也只到1943年秋就结束了。当时,校内还留有少数党员,工作更加艰苦、待学校全部结束后,这些党员或转学其他学校,或转移去新四军、解放区。在党支部存在的整整五年内,始终未遭到过敌人的破坏。据现有材料,从抗战爆发前夕到1943年秋学校全部停办为止,先后在光华附中工作过的党员共有五十多人,其中先后去过新四军、解放区的约十八人;已去世的六人,即:在战斗中牺牲的二人:何以文、周充瑞(即刘征麟),病故的三人:侯聘、王昌颖、王荣卿,"文革"中被迫害致死的一人:陈南涛。由于各种原因,有个别人退党或脱党,但并未给党组织造成什么损害,有的还在解放后重新入了党;除了有些下落不明外,其他还健在的大多因年事已高而离休了。乔石同志,现在是党中央政治局常委,还继续留在岗位上从事繁重的工作。

1989 年 7 月,于福州

密切联系群众的党小组

——忆 1946 年初—1947 年春光华附中党的活动①

　　我 1945 年 8 月在上海金科模范中学参加了中国共产党，随后不久相继发展了同学金福根、李家栋入党，成立了党小组，我被指定为小组长。上级联系人是王光华（当时用名为朱裕德）。

　　我们当时的基本任务是联系群众，并揭露国民党发动内战的企图。我们的活动有两个方面：一是配合党的中心工作，例如抗议蒋介石用汉奸周佛海阻止新四军进上海；抗议蒋政权在昆明杀害于再等进步师生；以"欢迎美国特使马歇尔"为名提出反内战的口号等；二是广泛联系群众，开展卖助学章等活动。当时许多学生对国民党政权还有一定幻想，对参加政治活动有一定顾虑，但是对那些公益性活动则很支持。我们几个党员的群众关系都相当好。我当时被选为级长，并负责编辑学校的墙报。

　　1946 年初，因金科中学校方贪图赢利，把一年两学期改为三学期，教学质量下降，有的教师甚至在课堂上做"家传秘方"的商业广告。为此，我们在墙报上进行了批评，受到校方压制，但同学们都支持我们，结果到学期末，校方以我们全班同学留级进行报复。同学们都非常愤慨，表示再不能在这个学校读下去了。经组织同意，我找了叔父张芝联（当时是光华附中的副校长），希望能让我们全班转到光华。经他征得廖世承校长和老师们的同意，把我们与附中的高二级合并，由于转学人数多，把高二分成文、理两个班，金、李在文科，我在理科。我们的这一行动在上海学生报上得到报道和支持。

　　当时光华附中在上海汉口路证券大楼上课，与大学部一起。我们进校时，附中原来已有一位党员李贻钧（解放后为上海郊区农委负责人，已病故），因为只有一名

---

　　①　作者为张钦楠。选自《光华精神　光华人》，第 51—53 页。

党员,所以他的关系放在大学支部。我们去后,大学支部因工作需要,经组织同意仍把他留在大学部,但有些活动一起搞。例如,共同编辑油印刊物《六三通讯》,一起组织文艺联欢会、售敬师章等。我把售章后的收入交张芝联后,他在课堂上代校方表示感谢。我们与校方及老师们的关系一直很好。

国民党搞"反苏大游行"时,市教育局下令当天所有学校停课。我找张芝联商量,他表示不赞成教育局的做法,但又不好明确反对,于是校方采取既不宣布停课,也不宣布上课的做法。那天教师们大都仍然去上课,理科学生绝大部分继续上课,文科学生有一部分去参加了游行。第二天,我们在学校走廊上讥笑游行后当局派车送面包的做法,说他们一边"反苏",一边吃罗宋面包,弄得一些三青团员狼狈不堪。这次以后,国民党、三青团再搞不成什么运动。

1946年秋,学校搬到欧阳路新址。我和许多同学住读在中学部三楼的大宿舍内,一百余人济济一堂,对增进友谊、联系群众有很大好处。

我们宿舍外面楼梯口的小间,住了倪若水老师,下面二楼住了徐燕谋老师。我们晚上往往到他们房间去闲聊,师生感情融洽。徐老师还给我出课外题,做英文作文,并细心地给我改卷,使我终生难忘。

当时我们的上级联系人主要是潘文铮,有时是王光华或王伟业。我们的组织生活一般在我家,有时在李家栋家。他们除了向我们传达全国形势和党的方针之外,还一再向我们讲解群众观念的重要,使我们理解共产党只有关心群众和与广大群众有了血肉联系才能生存和发展。很多年过去了,我至今仍然记得当时他们的教导。现在有许多党员做了官,就以为可以不要群众了,这是很危险的。

那时候我们都只有十几岁,缺乏政治斗争的经验和魄力,群众的政治觉悟也有一个提高的过程。因此我们主要是做联系群众、培养积极分子的工作。记得那时我们在宿舍中传播《文萃》等杂志时,同学间对其中的文章还很有争论。但总的说来,我们和群众的感情是融洽的,并且逐步建立了一个核心,如文科的陈明格、陈键等,都思想进步,活动能力强,是我们联系的积极分子。

我记得这么一件事。

当时大学部有一股"黑势力",号称"十兄弟",非常霸道。那时,学校每天有一辆交通车从校部开出空车到静安寺再逐站搭人回校,下车后付钱。按规矩,空车不能上人,但是有一位"兄弟"却硬要司机停车让他上空车。当司机没有听他时,他后来上车后就要打司机,并在到学校后命令所有乘车人不得付交通费。我实在看不过去,不顾他的"命令"给司机付了钱。"十兄弟"就准备整我,有一天我和几个同学晚上到校门对面的小饭店吃面,有一位"兄弟"就在旁桌用很下流的话骂我,我那时耳朵已经比较聋,也没有注意到他们是在骂我,没有理睬他们。饭后,宿舍里的同学都为我打抱不平。于是我们第二天晚上又故意去那家小饭店,果然,几位"兄弟"也在,一进屋他们就开始骂,当我回话时,一位"兄弟"就走过来推我一把,说"我不但要骂你,还要打你呢!"这时,饭店门外传来了"不准打人"的声音,大家往外一看,原来附中住读的百来名学生都集中在门外。消息已传到校内,"十兄弟"的"智多星"匆匆赶来做和事老,把他的几位"兄弟""劝"回去了。经过此事,我更体会到依靠群众的重要性,否则我恐怕早已头破血流,或丧身欧阳路畔了。

国内形势发展很快,到1946年末,我们已经可以察觉群众情绪的变化,原来对国民党政府的有些期望,在目睹它的腐败和独裁后,许多人从不满发展到愤慨,在宿舍里,赞成《文萃》观点的人越来越多,使我意识到一个转折点即将来到。1946年冬,北京发生了美军强奸中国女学生的事件,消息传来,上海群众集会抗议,遭到国民党分子的殴打。陈明格参加了那次集会,回来后在宿舍中向大家介绍了当时的情况,引起了宿舍中同学们的愤怒。当晚,潘文铮到学校找我,说上海工商学要组织大游行,要我们尽可能发动群众参加,我向他汇报了校内的情况,表示有信心可以动员较多的同学参加。回来后,我们与陈明格等作了动员,很多同学表示愿意参加。但第二天潘来紧急通知,说游行暂不举行。但我已经知道,光华附中的新局面已经来到。

1946年秋,我们理科又增加了一名新党员王立诚。但那时,我在活动中已暴露了党员的身份,同时,我父母又有机会送我出国留学。经党组织同意,我在1947年3月离开上海去美国。光华的工作就由李家栋负责。据我后来收到他的来信,知道他们参加了一系列的运动。

我们这一级在1947年夏毕业,李家栋进了光华大学,金福根被列入黑名单不能升学,王立诚进了上海交大,我们党小组也至此结束。

培育火种

——记光华附中 1947 年下半年至 1948 年上半年地下党的学生
工作[1]

光华附中是 1925 年五卅运动中上海教会学校爱国师生愤而发起反帝爱国的离校运动后，随着光华大学一起创办的，和大学部有共同的光荣革命传统。附中在 1942 年被迫停办，改为壬午补习学社，直到抗战胜利后才复校。1946 年 2 月党组织开始恢复在附中的秘密活动。

1947 年下半年，人民解放军经过一年的战略防御作战，转入战略反攻。作为第二条战线的学生运动，经过 1947 年上半年大规模的"五二〇"运动的洗礼，也进入了深入和发展的阶段。党要求白区学生更好地贯彻"隐蔽精干，长期埋伏，积蓄力量，以待时机"的方针，开展多种形式和内容的群众活动，不失时机地领导学生对国民党政府进行有理、有利、有节的斗争，在斗争的基础上，发展党的秘密组织和党外积极分子队伍，团结广大同学，积蓄力量保存力量，以迎接和配合全国解放。

1947 年夏，老的高三地下党员毕业离校，只留下两位高二年级的地下党员升入高三理科，一位高一的地下党员陆永醒（即张永醒）升入高二理科。全校初高中六个年级只有三名地下党员。后来高三理科康际霆入了党，而另一位又退了党。这时，郭丰敬和我在五二〇运动后受反动当局迫害，各自被开除出原来的学校，在 1947 年秋季考进了光华附中高三理科。这样，地下党员增加到五位，但四位集中在高三理科（郭和我还是新生），一位在高二理科。占高中部学半数的文科没有一位党员，在高一及初中各年级也没有一位党员。1948 年上半年，上级领导要求高三理科的四位党员有一位自动报名去文科开展工作。为工作需要，我报名去了高三文科，但离毕业也只有半年时间。总的说，当时地下党的力量是薄弱的。

光华附中教学质量很好，学校当局治学抓得很紧；但在国民党当局控制下，政

---

① 作者为戴行锐。《光华精神 光华人》，第 55—63 页。

治上管得很严。同时,学生中富家子弟较多,且三青团势力也较大,所以工作很难开展。但地下党男中区委对光华附中地下党的领导力量很强,一年中,先后有乔石、钱其琛、翟象乾三位同志直接领导我们工作。乔石和钱其琛当时担任过男中区委书记。在他们领导下,我们高三文、理科四位党员编成一个组,由郭丰敬担任组长,高二理科的陆永醒等党员由郭单线联系。高三四位党员从1947年秋到1948年夏毕业离校,开展工作的时间只有短短的一年。从实际出发,我们的迫切任务是必须抓紧时间,在离校前培育一批新的地下党员和党的积极分子,留下一批革命火种,把革命火把传下去。

我们从两方面着手开展工作。一是进行革命道理、革命形势和革命人生观的宣传教育,吸引一批同学,团结在我们周围;二是在此基础上发掘出一批积极分子,参加校内外学生运动,使他们在革命实践中受到锻炼,提高觉悟,从而逐步培育他们入党。

在宣传教育方面,我们创办了《火把》,一张八开小报,每月出一次,分政治、社会、生活、文艺四个版面,由我任总编辑,几位地下党员和积极分子撰写文章,宣传革命理论、革命形势、人民解放军在战场上的进展、上海学生运动动态、革命世界观和人生观等,向各班级散发,特别是赠送积极分子每人一份。这一份地下党秘密主办的小报打破了学校的沉闷的政治空气,引起了学生和积极分子的兴趣,对发掘和培育积极分子起了重要作用。《火把》使学校中三青团学生大为吃惊。他们也出版了一份反动刊物,针锋相对,狂妄地称为《灭火机》,在校中散发。他们十分惧怕革命之火燃起,每期《灭火机》都针对我们每期《火把》的重要文章,写出他们的反动文章,企图以蹩脚的灭火机扑灭我们燃烧起来的革命之火。例如我们写了一篇《谈谈帝国主义》,揭露美帝国主义助蒋发动内战、镇压中国人民革命的真面目;他们就写了一篇《也谈帝国主义》,造谣诬蔑所谓"苏联帝国主义帮助中共作乱"的文章。这样,我们冒着风险出版,他们仗着国民党政权支持,大模大样地公开发行。水火不相容的激烈斗争,坚持了将近一年。邪不压正,蹩脚的《灭火机》没有能够扑灭革命的《火把》。后来,我们高三地下党员毕业离校,由陆永醒、杨旭文等留下来的新老地下党员坚持将《火把》办下去,直至上海解放。熊熊燃烧的革命《火把》,终于打败了《灭火机》,把他们扫进了历史的垃圾堆。地下党员个个扬眉吐气,三青团员狼狈遁迹。

宣传教育的另一个措施是创办了面向全校的"星火图书馆",由地下党员和积极分子捐赠革命和进步的书籍,组织学生传阅。图书馆先后设立在积极分子张和、周学斌家里。青年时期是革命人生观形成时期,不少学生通过阅读交流书籍,如艾思奇的《大众哲学》、沈志远的《新人生观讲话》、苏联的革命小说《母亲》、《我的大学》、《钢铁是怎样炼成的》、斯诺的《西行漫记》等,提高了觉悟。其中有些同学就培育成了团结在我们地下党周围的积极分子。

更重要的是我们不断组织积极分子参加大规模的学生运动的革命实践。

1947年10月29日,浙江大学学生自治会主席于子三被国民党政府惨杀于杭州狱中。为了抗议国民党政府屠杀和迫害学生,我们在学校中发起了学生签名运动。当时除了高三外,还需要到没有党员和积极分子的班级去发动签名。党员和积极分子分头发动签名。康际霁和我两人出发到一个班级,还没有进课堂,就被三青团分子获悉,赶去报告校方。教导主任赶过来大声叱责我们竟敢在校中搞违反校规、国法的活动,不许我们进其他班级课堂。康际霁和我在教室走廊里与他大吵了一场。接着,当时的校长把我们两人叫到办公室,指责我们平时一贯在校内搞非法活动,找学生开会,唱共产党歌曲,什么"山那边哟好地方"、"朱大娘送鸡蛋"啊等等,现在又要搞反政府签名活动;警告我们不准在校内搞政治活动,否则立刻要你们离校等等。康和我不服,与他辩论了一场,不欢而散,签名运动遭到挫折。

我们不屈不挠,后来又响应浙江大学邀请上海大中学生去杭州公祭于子三烈士的革命活动,我们地下党组织发动了17位积极分子。当时我是上海地下学联光华附中的代表,由我带队去杭州。由于各校去参加公祭的大中学生较多,浙大学生难于安排较好的住宿,我们被安置在校园中一个没有装门的小间内过夜。小间没有床铺,破旧的门帘挡不住料峭的春寒,我们坐在地上冷得发抖,相互紧靠蜷缩着过了一夜。虽然艰苦,但大家情绪非常高昂。第二天一早。数千人的学生队伍向凤凰山上于子三烈士墓进发。当天寒风惨号,阴云密布,长长的队伍,一字长蛇,排得整整齐齐,默默地向山上蜿蜒爬去。烈士墓地上浇了一块很大的水泥平台,浙大学生自治会在地下党领导下,与杭州和外省市学校的代表组成了主祭团,我作为光华附中的学生代表与其他大中学校代表约20余人一同站在平台上临风追悼烈士。当主祭人读悼词追念烈士生前事迹时,台下一片哭泣声,天地同悲。当控诉国民党政府屠杀学生时,正逢杭州国民党政府害怕学生革命行动,派出大量的全副武装的军队在凤凰山脚下操练、呐喊,威吓山上学生,使参加公祭的学生们愤怒不已。直至我们公祭完毕返程,才撤走了军队。这次赴杭公祭活动给了我们地下党员、积极分子和群众一次很好的政治教育。

1948 年 1 月 5 日,英帝国主义占领下的香港英国当局强拆九龙地区民房,对我中国居民开枪,造成流血事件,并使 2000 名居民露宿街头。港英当局对我香港同胞的暴行使上海学生深感屈辱,而国民党政府的屈辱外交政策更引起学生们愤怒。在上海地下党学委的领导下,上海 74 所大中学校校代表集会决议成立"上海市学生抢救民族危机,抗议九龙暴行联合会",并在交大举行了全市大中学生参加的九龙抗暴晚会。1 月 17 日举行全市学生上街示威游行。我们地下党组织发动了几十位光华附中的积极分子和群众赶制游行用的旗帜、横幅、标语等,于当天赴同济大学集合。上海各路两万余名大中学生浩浩荡荡奔赴外滩英国驻上海领事馆。一路上学生高呼"打倒英国帝国主义"、"抗议九龙暴行"等口号,高唱"团结就是力量"歌曲。到外滩目的地后,重重叠叠包围了英国领事馆。领事馆如临大敌,国民党军警全副武装,枪口对着学生,严密把守领事馆内外。大学生们派出代表向领事馆递交了抗议书,要英国领事出来答话。学生们向持枪的国民党军警高呼"枪口对外,中国人不打中国人"。军警们受了感动,果真竖起枪支,不再把枪口对向学生。数万学生还堵住了领事馆门口道路,过往有轨电车纷纷停下,大量行人和乘客在电车上下围观,支持学生并与学生一起高喊反对英帝暴行口号。英国领事和所有工作人员,龟缩馆内,装聋作哑,不敢露面。僵持了数小时后,学生们爬上领事馆大门,用柏油漆黑了门柱上两个英国金色国徽,然后沿外滩转向南京路方向,继续进行抗议英国帝国主义九龙暴行的大游行。国民党上海市政府害怕学生革命行动,又出动大量全副武装军警和飞行堡垒(一种架着机关枪的装甲车)。他们心虚理亏,不敢对学生采取行动,在两旁默默地缓缓地随着学生往前行进。学生们又是对他们宣传道理,又是哄笑他们的可怜,嘲讽地齐声高呼:"警察好,警察妙,谢谢警察跟屁跑"。游行从外滩折入南京路后,直到西藏路结束。这次在上海中心地区最热闹的南京路上,举行规模这样壮观的示威游行,是对上海市民的一次影响很大的教育,也很好地教育和鼓舞了游行学生自己。

第二次世界大战后,美帝积极扶植日本军国主义复活,国民党政府不顾民族利益和国家安危,屈从美帝旨意,积极追随美国。1948 年 4 月 30 日,中共中央发布"五一"口号:"反对美帝国主义者扶植日本侵略势力的复活!"上海地下党学委决定在 6 月 5 日举行全市"反美扶日"大示威。我们地下党员在上级领导指示下,带领 20 多位积极分子和群众,到外滩(现在的中山东一路)集中。由于离校路远,我们到达时,全市示威学生已从南京路开始,沿着中山东一路的人行道上层层叠叠地傍着林立的大厦排了队。当时外滩数千学生人头攒动,"反对美帝扶植日本"、"打倒日本军国主义"的歌声、口号声响彻云霄。队伍已排过北京路,我们只能排到最后一段,几近南苏州路、圆明园路一带。路对面沿黄浦江一长段,也是人山人海,成千路过行人遥望着学生的革命行动。上海解放后才知道,地下党市委、学委等领导同志当时都挤在人群中观察和掌握现场。而国民党则调集大量全副武装有军警和便衣特务把长达半里路的学生队伍包围起来,他们凶相毕露地监视着我们的动静。不幸消息传来,上海主要的国立大学都已在上午被国民党军、警、宪、特包围,大学生无法突围。外滩示威学生队伍里虽然也有约大、光华、大夏等私立大学的大学生,但是被包围的5000多学生中大多数是中学的男女学生。我们面对上了刺刀的敌人枪支毫不畏惧,大声对军警们喊话:"警察、同学一条心,枪口向外打日本","警察、同学团结起来,反对美国扶植日本","天下兴亡,匹夫有责","八年抗战为的啥?啥人不恨东洋人?"等口号。这样对峙到下午五时左右,警察、特务又在外滩抓捕学生,谁要一离开队伍,便被一拥而上的警察、特务抓了就跑。高二地下党员陆永醒和我一前一后挤在队伍中间,陆手里拿了两根长长的在游行时用于撑横幅的竹竿,非常惹眼,一个身材高大魁梧、满脸大麻子的警察竟然挤进队伍来抢他手上的竹竿。陆很勇敢,咬牙坚持不放,我赶紧帮他抢夺竹竿,对麻子警察大叫"放手,放手!"麻子警察力大如牛,我们两个小青年不敌他一个。眼看陆和我连竹竿带人都要被拉出队伍,我们周围的学生大叫起来,大家把陆和我向队伍中间拉,我俩只得被迫放弃竹竿。将近6时,眼看大学生突围来外滩已无望。此时国民党政府下了毒手,增调大批武装马队前来镇压示威队伍。一群骑着高头大马,手持寒光闪闪刺刀的骑警,候在我们面前待命。接着,反对军警动手来驱散学生示威队伍。当时,我们这些手无寸铁的大中学生,只好胳膊挽着胳膊,两手抓住前排肩胛,想用这种办法保住队伍不被冲散。但是、军警两手竖举枪杆,用暴力横插进我们队伍中的一段。我们的一段被割离大队伍,又接着一声令下,马队直向我们这一段已被割离的中学生队伍冲杀过来。一霎那,学生跑动的跑动,倒地的倒地,后退的后退,乱成一片;马蹄杂沓声、军警喊喝声、学生大叫声、行人惊呼声,响成一片。我们光华附中20多人,直被冲散到现今的中山东一路、南苏州路转角处,无路可退,只得拐进苏州路、圆明园路方向。这时郭丰敬走在我前面约十多米。我是七、八百度的近视眼,当天没有戴眼镜,远望前面模模糊糊似乎有一辆和卡车差不多大的汽车停靠在路边,郭丰敬走近车子时,似乎发生了几个人扭在一起的混乱。说时迟,那时快,只听得我后面的积极分子汪国炽大叫"戴行锐、戴行锐,快跑!"我知道出事了,转身就跑,斜对面就是外白渡桥,黑压压的人群在那边围观。我灵机一动,便往桥的方向冲刺过去,只听得后面追我的便衣特务的脚步声愈来愈近。我冲到桥下人群面前,人群忽然向两边闪开,让我顺利地钻进和穿过中间。再回头看,身后的人群又已闭拢,追捕我的特务无可奈何。围观群众掩护了我,搭救了我,直到后来也搞不清究竟他们是普通的老百姓呢,还是我不认识的人群中的地下党领导。我慢慢过了外白渡桥,绕到北苏州路眺望对岸南苏州路,近视眼看不清楚,心中牵挂郭丰敬。那辆停靠的十轮大卡车看来是特务事先阴谋埋伏的,郭肯定是被捕了。他是我们五个地下党员中年龄最大的,是我们的大哥、组长,少年老成,作风稳健。他被捕,我们就失去了头,心中十分焦急。事出意外,想不到这位大哥当时被审上来的特务抓住手臂拖走,旁边的特务还拳打他的胸口和背部,把他推上了十轮大卡车,与车上一批被捕同学同被送进国民党黄浦警察局。在警察局广场上下车的时候,很混乱,郭很机智,趁没人看管他的时候,在混乱中逃出,真是大幸。还有一位高三的积极分子杨景厚,在国民党马队冲击后往电车站跑,前脚刚踏上车,后脚特务追到,在车下伸手抓住他后背的衣服,车门一关,电车开动,衬衣被特务扯破,幸而未遭被捕厄运。其他几位党员和积极分子也都脱身无恙。当天在外滩示威的各校学生有几十位被捕。这次反美扶日的学生运动队伍是被国民党军警从北到南挨次驱赶镇压的,南面的学生队伍获悉北面的队伍被冲散,就先向南京路方向突围。他们唱着歌,喊着"反美扶日"、"反对国民党卖国政府镇压学生"的口号,昂首挺胸在人流拥挤的南京路上,从东向西游行。沿路大楼的群众向他们抛下国旗,支持他们的爱国行动。他们的游行替我们出了一口气。这次反美扶日示威,是一年来最激烈的一次斗争,也是高三党员毕业离校前带领积极分子和部分群众进行的最后一次斗争。国民党政府自掘坟墓,学生和积极分子通过对国民党反动派这次凶恶镇压的斗争,大大提高了政治觉悟,学生们更坚定地认识到要跟共产党走,推翻国民党反动政府。

地下党男中区委乔石、钱其琛、翟象乾同志先后在光华附中学生运动中,通过我们五位地下党员贯彻了党在白区工作的"隐蔽精干,长期埋伏,积蓄力量,以待时机"的方针,使光华附中地下党工作取得了成效。一年中,通过以上宣传教育工作和革命实践斗争,为光华附中培育了革命的火种,培育了党的后备力量。斗争中涌现的积极分子也陆续在校内外参加了共产党。先是郭丰敬在离校前发展高二的积极分子周学斌入党。1948年秋,周学斌又发展我联系的高二积极分子杨旭文入党;杨旭文、陆永醒后来又发展了尉健行等八位积极分子入党,使地下党员增加到12位。最后在1949年上半年上海解放前终于建立了光华附中党支部,由杨旭文担任支部书记,团结同学出色地投入迎接上海解放的斗争,达到了学生运动方针所指出的目标。积极分子杨景厚原是因我在复旦实验中学发动罢课被国民党校方开除,他激于义愤,与我一起转学光华附中的。经过一年锻炼,他在升入大学后入了党。许多后起的新生力量在建国后社会主义建设时期中,为党和国家作出了重要贡献。如尉健行在十一届三中全会后,先后担任党中央组织部长、政治局常委、中纪委书记;杨景厚参军后为军事工作的某一方面作出了重要贡献,现在是部队的师级干部;杨旭文曾被评为全国工业生产的先进工作者,受到毛泽东同志的集体接见。

在庆祝光华附中建校80周年之际,至今健在的当年同学中的地下党员都已年逾古稀。我祝他们并勉励自己健康长寿,使我们在世能不断看到国家在党的领导下的日新月异的伟大成就,看到国家的日益强大;也看到现在的师大一附中在党的领导下再接再厉,年年为国家培养、输送更多的社会主义建设人才。

2005年2月春节作

八颗渴望解放的心①

（一）

抗战胜利后，光华附中复校。1946 年 9 月随光华大学迁虹口欧阳路新址。两校隔一围墙有门相通。私立光华大学和附中创建于 1925 年"五卅"运动之中，取名光华，表达"光我中华"之决心。1938 年起，光华附中建立起中国共产党的组织。附中的党组织在上级领导下，不断发动同学开展抗日救亡斗争，坚持到 1943 年秋学校全部停办，附中的党组织亦随之停止活动。

复校后，我们党在光华附中恢复建立组织，先后担任党组织负责人的有张钦梢（现名张元三）、郭丰敬、周学斌（后改名缪平）、杨旭文等。上级党的领导人先后有：潘文铮、王一明、乔石、钱其琛、翟象乾、曹奇峰、杨佩景等。由于学校规模逐渐扩大，党员也分批转学来校，来自外校的党员先后有 9 人。历届党组织开展了一系列工作，建立了全校性的群众组织《星火图书馆》，出版油印《火把》小报，广泛发动群众，投入了全市性"六·二三"反对内战，抗议美军暴行，反饥饿、反内战、反迫害，反美扶日等学生运动。在斗争中先后发展了李家栋、康际霁、周学斌、杨旭文等 5 位同学入党。1948 年暑假后，高三郭丰敬、戴行锐、康际霁等 4 名党员毕业离校，新党员周学斌又撤退去解放区，校内只剩下杨旭文、张永醒、杨慧丽 3 名学生党员了。

1949 年春季开学第一天，高三理科乙班党员张永醒刚从家里搬回学生宿舍住读。同班积极分子石秉槐主动来找张永醒，悄悄地问："有同学想到解放区去，你知道吗？"张永醒立即反问："谁要去？"石秉槐说："我们班上张希龄和我，高三理科甲班陈冠芳、尉健行，高二理科勇俊本，高二文科张贤华。"石又说："我们 6 个住读生，家都不在上海。寒假里无处去，常在宿舍里商量到解放区去的事，陈冠芳、勇俊本、

① 作者为杨旭文、张永醒。摘自中共上海市委党史资料征集委员会主编《火红的青春：上海解放前中学学生运动史实选编》，上海外语教育出版社，1994 年 11 月第 1 版，第 511—519 页。

张贤华还到轮船码头打听去苏北的交通,哪晓得轮船早已停航。码头上的人对他们想乘船去苏北感到很奇怪。"石秉槐是张永醒的知心朋友,就悄悄地将心底的秘密说了出来。

张永醒初听很突然,放寒假前,没有谈起过这样的事啊!可再一想,这6位想去解放区的同学,都是参加党组织发动的各项活动的积极分子。这时,高三文科的戴冠群也向同班党员杨旭文谈了自己要去解放区。

党组织进一步了解后,才知道:寒假里,陈冠芳、尉健行等6人在宿舍中谈起,一个多月前,班里一位姓苏的同学突然离校出走,去了苏北解放区。陈冠芳还谈到一个老同学1948年暑期高中毕业考取清华、北大,可他不去读书,去了解放区。勇俊本说,北平和平解放后,清华有人来信,说人民生活很自由,虽然清苦,但心情比过去舒畅了。张贤华拿出外校老同学悄悄给他的《学生报》给大家看。大家在议论中都痛恨国民党反动派腐败,国民党统治区太黑暗,在这种恶劣、不平的环境中再也呆不下去了。他们渴望光明,要奔赴解放区,投身革命。在他们6人议论之前,勇俊本已和同班的知己同学朱信泉商定:两人分头去找共产党,如在上海找不到,准备到朱的家乡南通去找。陈、尉、勇等人发现大江阻隔,车船不通,不能去苏北后,他们又商议把家里寄来的学费作路费,一起去尉健行、张希龄的老家新昌县,估计在那里邻近的四明山区,有可能找到共产党。正在这个时候,石秉槐将情况捅给了张永醒。

(二)

党小组掌握了8位积极分子自发要求去解放区的情况,对他们两年多来的政治思想表现,作了回顾。

陈冠芳、勇俊本、尉健行等8位积极分子转学到光华附中来不久,党小组发现他们喜爱文艺书籍,又关心政治,就及时引导他们参加《星火图书馆》和《火把》报的活动。图书馆里艾思奇的《大众哲学》和苏联小说《母亲》、《我的大学》、《钢铁是怎样炼成的》等书,尤其是那本被国民党反动派视为禁书的斯诺的《西行漫记》,都成了他们最爱读的书籍。地下党员们又让他们参加革命文艺书籍的座谈、讨论,使他们更多地了解社会主义国家苏联,了解解放区。

两年多来,党小组又通过一些重大问题的议论和个别谈心,使这8位同学的认识不断深化。而他们在宿舍里的一次次议论,正说明思想觉悟在迅速提高。

在议论国共两党对待抗战和处理汉奸的不同态度时,家乡邻近浙东四明山游击区的尉健行、张希龄说,我们从小就听到国民党骂共产党是"土匪"。后来老百姓看到共产党领导的三五支队在四明山地区打游击,坚持抗日,买卖公平,受到老百姓的拥护;国民党却是兵匪一家,鱼肉百姓,它军队人数虽多,但是消极抗战,不得人心。家乡邻近皖北游击区的石秉槐说,在我们家乡共产党新四军帮助老百姓收庄稼,与老百姓关系很融洽。国民党军队一到,乡下被搞得鸡飞狗跳,老百姓都很厌恶。家乡在南通的朱信泉也说过:在我的故乡,抗战胜利后,国民党政府封汉奸为"曲线救国"的"抗日英雄",委派汪伪和平军的清乡头子当国民党的保安司令。真是岂有此理! 只有共产党才严惩汉奸,枪毙了一批罪大恶极的,老百姓都拍手称快。他又说:我叔父是中央银行高级官员,说起国民党在重庆派接收人员来上海,他也牢骚满腹。说这些人争夺汉奸的洋房、汽车和黄金,变成私人财产。张贤华气愤地说,老百姓骂国民党的接收人员是"劫收大员",只管"五子登科"(指疯狂掠夺房子、车子、金子、位子、婊子),不管老百姓的死活,国民党太腐败了。

在光华大学三青团分子挑起一场"反对内战还是反对内乱"的辩论时,光华附中党小组及时引导积极分子摆事实讲道理,明辨是非,提高认识。陈冠芳说,共产党主张国内和平,要求成立联合政府,毛泽东冒着生命危险到重庆进行和平谈判。国民党呢,一面空喊和平,一面靠美国飞机、军舰运送军队,进攻解放区,大打内战。尉健行认为,那些口口声声反对内乱的人,是为自己打内战找借口。张希龄指出,内战是国民党挑起来的,它打了人,还不许人家还手。勇俊本说,我们盼望抗战胜利后国内太平,生活安定,安心学业。现在国民党发动内战,老百姓遭殃,真叫人大失所望。

就在光华大学,有的班级举手表决"是反对内战还是反对内乱"这个问题时,主张"反对内乱"论的三青团分子遭到惨败后,竟然恼羞成怒,殴打起进步同学来了,从大学校园一直追打到光华附中校园里。这些积极分子面对眼前发生的暴行,很是气愤。陈冠芳说,三青团职业学生,不读书充当打手,不让人讲话,哪里还有什么民主自由! 浙江发生"于子三事件"后,陈冠芳、尉健行议论道,这是国民党当局迫害进步学生,于子三死得冤枉。正是在这样的认识基础上,他们都在党组织发起的抗议书上签了名。1948年6月5日,反美扶日示威游行那天,石秉槐赶去外滩,走到外白渡桥,被国民党军警堵住。他目睹了国民党军警的暴行,回校后对同学们讲述了警察马队冲散游行队伍,特务追打、乱抓学生的情景。陈冠芳、张贤华都指责国民党政府镇压学生的罪行,说,学生爱国无罪,为何用马队冲击,还派特务抓人?学生手无寸铁,为何以警察相逼,刀枪相加?张希龄嘲笑说,现在哪有民主?只有"抿嘴"。尉健行比喻说,沙皇俄国是没有民主自由的时代,所以是黑暗的时代。

谈到国民党依赖美援打内战,放纵来华美军横行不法时,石秉槐说,国民党打内战靠美国援助。因此美军开的吉普车在中国马路上压死中国老百姓,国民党哪敢管!

当大家谈到国民党政府破坏和平,挑起内战,造成物价飞涨,民不聊生,就更不满了。朱信泉说他在街上听到小贩诉说现在的钞票像草纸一样不值钱,一面粉袋钞票,养不活一家老少。勇俊本说,国民党搞金圆券,搜刮民脂民膏,弄得工厂倒闭,经济崩溃,民不聊生。当时,他们这些年纪轻轻的学生,为了应付物价暴涨,大家都不敢在身边存纸币,怕贬值,只好把纸币换成银元。几个好同学互相约好:这次把我的一枚银元换成纸币,大家分用;下次,把你的一枚银元换了,给大家分用。要不然,一起把银元换成纸币,纸币一贬值,损失就大了。有一回石秉槐在山阴路卖掉一枚银元,他拿了纸币才走了10分钟路,到永安电影院,手里的纸币只能换回半枚银元了。这种日子怎么过?戴冠群对杨旭文说,南京路上的舞厅,灯红酒绿,穷奢极侈,我家附近的棚户区穷苦人饥寒交迫、倒毙街头。真是"朱门酒肉臭,路有冻死骨"啊!教师的儿子尉健行无钱读书,只得靠亲戚接济。小贩的儿子张希龄也是靠亲戚接济才得以求学。勇俊本、张贤华等几个同学,家境也很清苦。

他们在党员参与的一次次个别谈心、宿舍议论中,逐渐对国内革命人民与反革命势力决战中的一系列重大问题提高了认识,逐渐认清了国民党政府和美帝国主义的反动本质。尤其当他们传阅了毛主席的《新民主主义论》后,更深刻地感到国民党太腐败、黑暗,只有共产党代表光明和未来。他们认为应该振奋精神,追求光明,到解放区去!尉健行说,我们青年对社会负有责任,应当为光明的到来出力。

党小组经过回顾,认为这8位积极分子的思想基础和政治表现都是好的,可以作为发展对象,立即向上级组织作了汇报。

(三)

上级领导曹奇峰同志听取党小组汇报了陈冠芳、勇俊本、尉健行等8个同学的情况后,对杨旭文、张永醒他们分析说:这8位用功读书的学生,情愿放弃学业,自发组织起来奔赴共产党领导下的解放区。这就是对国民党反动统治的反抗,就是对共产党的信仰,是政治成熟的表现。只要他们本人有了要求,我们可以经过考察,个别吸收他们入党。为了迎接上海解放,上海正需要壮大革命队伍,你们设法做做工作,劝他们留在上海吧!

经过教育、考察和上级审查批准,党组织于1949年春先后将他们8人个别吸收入党。接着,曹奇峰代表上级党组织,宣布成立了光华附中党支部。支部书记杨旭文,组织委员张永醒,宣传委员张贤华,支委陈冠芳、勇俊本。这时,党支部共有12名党员。在壮大党组织的同时,党支部扎扎实实地进一步开展起迎接上海解放的斗争。

经过上级区委的批准,校内建立了党支部直接领导的秘密的积极分子组织《地下学联》;党员又在各自负责的班级内发展成员,成立了班级的《地下学联》小组。根据四川北路区委书记杨佩景同志的部署,各班级针对同学的要求,分别办起了以党员为核心、以《地下学联》成员为骨干的《活力社》、《互助社》等班级群众团体。

《互助社》成立前,陈冠芳、尉健行先在本班同学中宣传迎接毕业考试,开展温课复习互助活动的必要,博得众多同学的赞同。尉健行还编写了一本数学复习资料,油印成册。本校著名数学老师归孟坚先生还题写了书名。各班级团体成立后,党支部逐步加强对其成员的政治思想教育,同时,在各团体中都出版了油印刊物,与《火把》报互相呼应配合。尉健行等6位住校的党员,还在二三百名住宿生中组织起《寄宿生联谊会》,准备迎接解放。他们6位党员都当选为联谊会干事,陈冠芳、勇俊本两人总负责:

1949年4月,国民党军队一个连强占我校。学校被迫停课,学生分散。这给团结同学,保护学校,迎接解放的活动带来了困难。党支部组织党员、积极分子提出"成立应变会,保护学生,迅速复课"的要求。党员陈冠芳、勇俊本、尉健行等,就在《寄宿生联谊会》的基础上,酝酿成立了应变会。为了争取校方支持,赶走国民党驻军,党支部先将人民解放军《约法八章》、工商业政策宣传资料邮寄到廖校长家中。接着,党支部书记杨旭文一人来到廖校长家,对他说,校长,您过去对我们讲过学校以读书为宗旨。我向校长反映同学们的要求:现在(国民党)军队进校来了,学校无法上课了。同学们都反对。请校长出面交涉,把军队撤出学校,让学校复课,我们学生才能安心读书。否则,我们是不会离开学校的。廖校长客气地说:你们同学的要求是好的。撤走军队的事,我们校方去交涉。希望同学们不要有越轨的行动。廖校长当时又任光华大学校长,出面交涉,果然有效,驻军很快撤走了。于是,杨旭文又带领"应变会"陈冠芳、勇俊本等代表到校长室,对廖校长说:现在外面时局很乱,同学们为了保护学校,安心读书,成立了"应变会",住宿生家在外地和郊县的有近百人,万一时局突然变化,他们和学校都需要有人保护。希望校方腾出房间,存放大米等生活必需品,供应给值班同学。校长说:你们同学关心学校,关心读书是好的;你们讲的事情可以办到。只是希望你们同学不要去参加其他什么活动。不几天,校方就腾出一间寝室当值班室,存放了大米、食油、煤球、木柴等生活必需品。这间值班室后来成了我们开展应变活动的主要场所。

国民党驻军撤走后,学校旋即复课,学生纷纷返校。光华附中党组织带领全校同学迎接解放的斗争就更加紧张地开展起来了。

为使《火把》报在迎解放中更好地传播党的声音,必须避开国民党军警的搜捕,设立秘密印刷场所。党支部在宝山路北面农田小路旁借到一间孤零零的小木屋。张贤华经常在那里过夜,为《火把》报撰文、刻钢板、油印,夜以继日地工作。

在调查敌情时,陈冠芳带领积极分子到吴淞口国民党海军驻地大门口,以找同乡为名,向哨兵讯问,趁机察看内情,完成了任务。在组织人民保安队工作中,陈冠芳、勇俊本、尉健行、张贤华等都在自己班组织起了小队,每小队 10 人左右。全校就是一个中队,有 50 多人。这就在解放军进入市区后,为保卫学校和附近地区安全发挥作用,做好了组织准备。

在执行党支部安排的任务时,有一次,勇俊本带着《火把》报等一些印刷品到《地下学联》成员家中宣传、散发。他走到江西路南京路附近,发现"飞行堡垒"封锁路口,警察对行人搜身。他机智地迅速绕道,脱离险境。在临解放前一天,有一次尉健行、张希龄外出找党支委研究工作,路过四川北路国民党警备司令部围墙边,刚走到同心路、宝山路铁路道口,突然遭到敌岗楼哨兵开枪射击。一时子弹纷飞,一过路妇女被击身亡。尉、张赶紧躲进死角,幸免于难。

上海解放后,陈冠芳、勇俊本、张贤华、尉健行等人高中毕业后奔赴祖国各地,在各条战线上发挥作用。再一次证明他们无愧于党组织对他们的教育、培养,无愧于共产党员的光荣称号,无愧于青年时期立下的献身人民革命事业的志向。

怀念壬申级①

我对光华有深厚的感情，特别是我就读的壬申级。壬申指我大学毕业那年是农历壬申年。

1925年离开圣约翰，当时我们还是圣约翰附中高一年级学生，我们是六三同志会的"小字辈"。其后我们先在枫林桥上课，后来到大西路，1932年大学毕业，最后一学期正是日寇侵略上海，连毕典礼也未能举行。

壬申级人才济济，很有名气。篮球队健将有徐克培、陈康宏，一次与美国海军陆战队比赛，轰动了上海滩。短跑、足球都有好手。网球杨人伟打得出色。教育系朱有妨、张允和，作家赵家璧、储安平，也是一时之秀。社会活动家沈剑虹、曹沛滋，企业家王守恒、李乃昌。还有朱宗伯、张关林的滑稽戏表演，从校内到社会都有名气。抗战时，重庆的光华校友会是张华联、陈宁杰等组织的。

我们兄弟众人都与光华有关，不是读书，便是教书。大哥星联1919年参加五四爱国运动被圣约翰开除，去美国留学，返国后在光华大学任教。二哥悦联和我同时宣誓离开圣约翰进光华。悦联1928年毕业去美留学，定居美国，任国际公众银行董事长，热心赞助光华同学会。四弟鄂联、五弟芝联同在光华附中就读。芝联获燕京大学学士，后留学美欧在光华大学执教，又任北京大学历史系教授、全国政协委员、中国法国史研究会会长，多次去欧洲访问讲学。六弟定联曾在光华附中读过，抗战时在光华成都分校读书，后从军去印度，现在印尼从事报业。

从1932年毕业到今天已七十年，期望有朝一日光华能够复校，可惜力不从心了。

2002 年记

---

① 作者为张华联。《光华精神　光华人》，第350页。

从《晨曦》想到我的老师[①]

光华附中校友，赵家璧

一九二五年，"五卅"惨案在沪发生。六月三日，我在附中一年级念书的圣约翰大学因美国校长卜芳济不让我们全体学生悬半旗为死难烈士致哀，一场反帝爱国的学潮爆发了。此后就由离校学生、爱国家长张寿镛先生等靠中国人自己的力量于短时期内创办了上海光华大学，同时附设中学。秋季开学，我就进入高中一年级。由于全校弥漫着一股奋发图强救中华的爱国热情，附中学生自治会成立后，学生们自发地要求配合学校，除认真读书外，各自作出些贡献。学生会下设编辑部，规定出版一种像样的中学校刊，经过商议，刊名《晨曦》，每季出三十二开十万字铅印本一期，我被选为编辑之一。说办就办，次年一月二十日创刊。如果从我开始当学生编辑计算起，距今正好一甲子——六十年。

当年，几个中学生能够编辑出版这样规模的校刊，全靠几位热心老师的指导和帮助。学校老师除了在课堂上谆谆教育外，善于观察每个同学的爱好，然后发挥他的特长，让他们从事各种课外活动，引导学生去独立思考，从实践中自己解决问题。出版校刊也是其中之一。我们当时共有十多个同学组成了编辑部，聘请四位老师当顾问。当我们遇到困难时才去请教老师。老师决不包办代替，发号施令，而放手

[①] 作者为赵家璧。摘自赵家璧著《回顾与展望》，山西人民出版社，1986年7月，第1—4页。

让我们一群十六七岁的大孩子自己去动脑筋,去实干。他们仅仅指导我们如何去向合适的师生组稿,如何排列每期的选题目录。审稿加工,由学生自己去做。重要的文章才请接近这一方面的顾问去做决审。我记得,学校中搞事务的职员老师,介绍我们到上海浙江路华丰印刷所印刷。跑印刷厂,看校样,都由同学分工负担。当刊物出满四期后,我被推为总编辑。我试行改革,把教会学校校刊半中半西(一半刊英文作品)的传统打破了,全部中文,增加篇幅(每期十二三万字),彩印封面,扩大发行,面向社会。这对学生会所拨经费不够开支,于是请教了一位教工商管理的商科老师,他向我建议可以向同学家长中经营工商业或挂牌行医者兜揽广告,我这个总编辑便兼了个广告主任,亲自上冠生园、商务印书馆等大企业请求赐登广告。这一着就保证了刊物在经济上的收支平衡。同时又由老师出面,请全校同学推销校刊(每一同学可得赠书一册),向全市各有关地点,不管学校、图书馆,书店等,设经销处,一本小小校刊就这样推向了社会。解放后,上海文艺出版社编的《全国现代文学期刊目录》,《晨曦》被荣列其中,这是我所意想不到的。

对我个人来说,在学习写作、翻译和编辑工作上,得益最多、印象最深的有两位老师,他们都是《晨曦》的顾问——潘序祖先生和沈昭文先生,前者虽已退休多年,精神不衰;后者还在上海科学院生化研究所工作。他们都是六三离校后光华的首届毕业生,当时均在附中任教。今年三月,光华大学校友会在上海华东师大科学会堂成立,六百多位几乎都是花甲以上年龄的老校友出席。

我即兴式地在大会上谈了一点感想。我想起我一生中能为我国的图书出版事业出过一点微力,归根到底,根是长在光华附中,所以我那天说,我是回母校"寻根"来了。出乎我意外的是这两位年已过八十高龄的中学时代的老师正坐在我的旁边。他们在我发言结束之后,情绪也很激动,都讲了话。他们既缅怀过去,更祝愿今天的老师们,要为祖国的四化建设培养更多的人才。会后,我紧握住两位多年不见、满头白发的老师温暖的手,想当面表达一点感谢之忱,但久久说不出话来。《华东师大校刊》发表我那篇即兴发言时,加了个确切而动人的题目,叫做《我忘不了光华,我更忘不了光华的老师们》这正是我心中要说的话。

在教师节来临之际,我希望今天的中学生,在教师的指导下,也能编辑出版各种校刊,如果能这样,一定可以培养出一批批作家和既懂业务又有专长的编辑。

一九八五年八月一日

六三忆光华并回顾我中学的历程①

对上海光华大学或附中的毕业生或校友而言，"六三"是他们的校庆。

光华大学成立于一九二五年，到今年恰恰六十年，可惜大陆上光华大学已不再存在，在台亦未复校，否则应该为建校一甲子而大大的庆祝一下才对。

光华大学的建立是极其富有历史性以及戏剧性的，它是廿年代我中华民族伟大的反帝国主义运动的产儿，催生剂是撼动全国的"五卅惨案"。凡年龄在七十以上的国人，特别是住在上海的人们，一定对"五卅惨案"记忆犹新。上海各大学的学生为了杨树浦日本内外纱厂杀害中国工人罢课送行表示抗议，当学生队伍经过公共租界南京路老闸捕房门口时，英国巡捕暴力干涉，开枪射击，当场打死了十一人，重伤了廿余人，其中就有数名学生在内，因而引起公愤，商人罢市，工人罢工，学生罢课，全国各地民众，群起响应，但一波未平，一波又起，六月十三日发生"汉口惨案"，六月廿三日又发生了"广州沙面事件"，我国民众游行示威时，与当地英国巡捕或士兵发生了冲突，结果又死伤多人。反英反日的局势，一发更不可收拾。当时北洋政府仍在军阀控制之下，除向英日两国政府提出交涉之外，一筹莫展，同时在广州的新兴革命力量，还未肃清境内滇桂军的残余势力，深感心有余而力不足，亦希望经由谈判使一连串的惨案不致继续扩大，结果事与愿违，省港大罢工就是在这情形之下发生的。

当时上海除了国立的交通及暨南两所大学之外，还有私立的复旦、持志、大夏、同济、震旦等大学以及由教会设立的圣约翰大学（俗称梵皇渡大学）及沪江大学。"五卅惨案"发生后的第四天，六月三日凌晨，圣约翰大学同附中的学生，在校园内集合，拟在竖立不久尚未正式使用过的旗杆上悬挂半旗，表示对惨遭杀害的同胞们

---

① 作者为沈剑虹。摘自沈剑虹著《半生忧患 沈剑虹回忆录》，联经出版事业公司，1989 年 9 月，第 16—24 页。

哀悼之意，不料遭校长美国人卜芳济的反对，并将我国旗卸下，同时警告学生们应该用功读书，不得参预政治活动，虽经学生们一再解释这是爱国运动，绝非普通政治活动可比，但结果无效，双方坚持立场，互不相让，当时校长即扬言任何学生，不论班次高低，如不服从，决定予以开除，至此学们一致觉得学校当局不但侮辱了中国人的尊严，同时损及了中国的国格，当中宣布，如学校不准学生们挂旗，则全体离校，事情至此已无继续折冲交涉的可能，在场的学生一致举手赞成离校，翌日中国籍教职员决议同学生们采取一致行动，离校前一小时学校当局还向学生们威胁，日后，如想返校，必须先写悔过书，至于当届毕业生，如不悔过不发毕业证书，根据当时一位目击者言，最后离校时，师生们莫不昂首步出校园，无一反悔者。

但离校容易，离校后问题就来了，大家转学吗，大致可以不成问题，但从此这一股爱国的热忱与力量，不就会解体了吗？岂不可惜。班次高些的学生们"点子"自然多些，他们建议何不另立新校，旋与众多位家长磋商之后，认为这另立新校之主意未始不可以考虑，但须有孚众望的人士出面领导始有成功的希望，在此千钧一发之际，有两位学生家长挺身而出，一位是曾任上海交涉使的绅士王省三先生，另一位是汉学家张寿镛先生，他曾做过江苏省财政厅厅长，在上海金融界颇负声誉，有了他们两位出来号召，不久即成立了光华大学建校委员会，校名定为"光华"，取"日月光华，旦复旦兮"之意。充分表示对建校的信心，从而表达对国家民族前途光明的信念。

王省三先生是上海沪西法华镇人士，在当地拥有良田多顷，他慨允将坐落在大西路越界筑路地区（这是公共租界当局，未获我政府同意擅自向外扩建道路的地区）内的一百亩田地捐为光华建校的基地，同时张寿镛先生，利用他在金融界广泛的关系筹募建校经费。当时民族意识，因为一连串"惨案"的发生，大家基于义愤，踊跃捐助，不久即积有成数，宣布建校成功。即在同年——一九二五——秋季分别在法租界霞飞路及沪西枫林桥先行租用民房开始上课，距离校——离开圣约翰大学——时间上仅三个月而已，中外古今建立大学如此迅速的，恐不易找出第二个来。迄今想想，宁非一大奇迹？

那时候张寿镛先生有两个儿子在圣约翰念书，大的张悦联，大学部应届毕业生。小的张华联，初中应届毕业生，张老先生的长公子张星联是圣约翰大学毕业生，光华建校后，曾在大学部担任英文教授，极受学生们的欢迎。

光华建校后第二年，一九二六年七月一日国民革命军开始北伐，不久即自广州抵达长江中游,北方为之震动,当时平津谣诼不息,各大学部分名教授纷纷南下,群集上海,对光华大学以及其他私立大学而言,是千载难逢的良机,许多名重士林之士,包括胡适之、李石岑、徐志摩、张歆海、潘光旦、钱基博、马叙伦、马寅初都受聘到私立大学讲学,其中之一的光华,声誉亦为之陡增,学术气氛一时极为浓厚,各种学术会研究会演讲会,像雨后春笋,让学生们目不暇接。凡遇胡适之、李石岑、徐志摩等先生授课时,不但课堂内坐满了学生,课室外亦站满了旁听的,可惜这一情况前后只持续了一年。翌年,一九二七年,平津底定全国统一,这批名教授们又纷纷回到平津一带他们原来的教学岗位上了去了,这昙花一现式的盛况,直至"九一八"后、"七七"事变前,平津再度不安时,又在京沪一带作短暂的重现。

光华大学及附中一九二七年起才陆续迁到大西路校址。因为一下子无法筹得偌大的基金,所以像和尚造庙随捐随建,先造办公大楼同学生宿舍,至于课室则先搭几排竹筋、土墙、草顶的临时性的茅棚应用,夏天甚为凉爽,冬天则其冷无比,学生上课必须穿长棉袍,老师讲课时,学生因手冻无法做笔记,只得记个大概而已,但当时似乎没有学生公然叫苦。抗战时期,国立中央大学在重庆郊外沙坪坝亦曾建造茅屋作为临时课室之用,很可能系模仿光华大学初创的办法。

张寿镛先生不单是光华创办人,亦是光华多年的校长。他是一位汉学家,一口宁波国话,为人非常诚恳,确是学生们心目的大家长。教务长是容启兆,广东人,闻系中国第一位留美学生容闳的侄孙,他是学化学的,西装笔挺,手执烟斗,派头十足。附中校长最初是陆士寅,陆走后由钱基博代理,最后由廖茂如接充。光华大学部设有文、理、商三个学院,理学院初期因限放经费,研究用的仪器颇不齐备,后来虽见改善,究竟不能与国立大学相提并论,但如与当时上海其他私立大学相比,则尚无逊色。

"五卅惨案"发生时作者快念完初中三,正在为升学问题伤脑筋,一度有意考圣约翰大学附中高一。三年初中换了三个学校,先念专修英文的宏文书院,继而念南方大学附中(校长江亢虎),最后进了南光中学(校长张四维),因为一再换学校,国文没念好,数学更脱了节,所以想进一个好的高中,不幸圣约翰大学及附中又因为"五卅惨案"而发生了离校案,另组新校,对新校能否顺利建立,一时亦无确切消息,所以迟至光华成立后第二个学期才考进高一下半年插班,恰巧这是当初离校最小的一班,应届一九三二年才能读完大学,一九三二年系壬申年,所以称为"壬申级"。高中毕业后又在大学部念了半年,所以作者在光华前后共三年,期内接触到老师们，有苏公隽（英文）、徐可燺（历史）、樊君穆（数学）、沈昭文（化学）、施复昌（商科）、裴熙元（体育），作者英文基础是跟苏老师打的，先后受教三年之久，得益良多。抗战时期二人同在重庆，他在中英庚款董事会，作者在中宣部国际宣传处，所以时常见面。一九四九年苏老师未离开大陆，闻已谢世多年矣。此刻在台北居住的光华附中老师，我只认识一位徐可燺（字公起）先生，他虽年事已高，但仍在东吴大学担任博士班的功课。樊君穆先生来台后，曾在师范大学担任数学，闻数年前已去世了。作者在光华附中跟他学代数，差一点不及格，有一次他在班上问起我哪几门功课成绩比较好些，我不及致答，其他同学即代答："沈同学英文很好。"施复昌先生胜利后任招商局南京分公司经理，来台后曾任招商局轮船公司总经理、中国国民党中华航业海员党部主任委员，现居美国。

一九二六年夏，光华大学第一届毕业典礼颇为别致，除了为应届毕业生颁发文凭之外，并为上年因离校而未领圣约翰文凭的学生们，补发光华文凭。

说起光华壬申级，这是一个很特殊的集合。一共不到一百个人，团结性强，似乎个个都有一种使命感。而且多彩多姿，能文能武者不可胜数，诚非其他各班所可比拟。先说"文"的方面，壬申级竟然办有文艺性级刊，经常写稿的有已故的俞大纲、王家楲、储安平，同现尚在的赵家璧、张沅恒。"武"的方面有红队（篮球队）经常参加校外比赛，成员有陈康洪、徐克培、戴行骅、董阳芳等，田径赛方面则有张关林、陈诗雍、黄观仲，登台表演者则有朱宗伯、沈宗和、汪英伯，这三位同学能演出"硬滑稽"的节目，所谓"硬"者意指牵强但仍发笑。作者第一次听"毛毛雨"同"妹妹我爱你"的歌唱表演是在壬申级办的晚会上（汪君似乎比我们高一班，但同壬申级时常一起玩）。日后在工商界崭露头角的有在香港办纱厂的王统元，此外张华联在香港经商，后来是移民美国或回大陆，就不得而知了。

此刻回忆，还想起件有趣的事。大概在一九二七下半年，大西路光华大学附近忽然开到了一连配备着俄式步枪的国民革命军，连长是一个瘦长条子的湖南人，腰带、戎装、仪表不俗，士兵们亦纪律严明，虽借住民房，但对老百姓颇为客气，毫无北方军阀手下的丘八们的坏习气，对光华学生们而言，真是耳目为之一新。不久学生们发起军民联欢晚会，这位连长还登台说话，代表全体士兵接受招待，宾主尽欢而散。这是作者毕生第一次同国民革命军接触，印象良好。这一连部队在沪西驻防时期，目睹他们勤于操练，对武器注意维护保养，深信这一支部队在抗战时期，一定有卓越的贡献。

我在光华高中时候爱看小说，鲁迅、巴金、老舍等写的大半都涉猎过，但没有见过，只有鲁迅，记得有一次他应邀到光华来演讲，他说些什么早已忘却，只记得他开场说了如下的客气话："谢谢各位的邀请，还承您们派汽车来接我，事实上我今天要说的话，是不值得派汽车来接的。"当时给了我一个他与众不同的感觉。

去年五月底有一位光华同学（可惜未及请教尊姓大名），打电话给作者说同学会定于六月三日开会庆祝母校五秩晋九，请作者做一次专题讲演，作者只允出席，但婉辞讲演，结果连开会通知都没有收到。今年如获通知，拟前往参加。看看还有什么我认识的老同学在台北。壬申级同班同学在台北的，自从前述早已过世的俞大纲、王家械，去年在台去世的金汤，及曾任海关副税务司的林善骢先生，同前前曾在"中央信托局"服务现已在美国定居的陈锡康先生之外，恐怕没有什么熟人了。至于不同班次的则有前"外交部长"、现任"总统府秘书长"沈昌焕先生，"国大代表"、《传记文学》顾问沈云龙先生，前"中央四组"（文工会前身）副主任许闻渊先生及前中影公司总经理李洁先生等数位，但因为各忙各的，所以亦不常见面。

回顾我一生求学的历程，小学六年至少主动的或被动的换了三所学校，初中三年亦换了三所学校，其中一次是被动的，到了高中，才算在光华附中读了二年半，外加大学部半年，到了大学亦读了三所，由光华大学而沪江大学而燕京大学，每处亦最多两年即行离去，所以无怪我独对光华，特别对壬申级，有感情，回忆多，但细想种切，都是半世纪前的事了，兹当母校建立一甲子的时候，拉杂为文，藉以表达内心对母校无限的怀念，并为今尚健在的同级同学们衷心的祝福。

夏鼐在光华附中的日子里①

　　我和夏鼐算是"三同"之交:同乡(浙江温州)、同庚(清宣统元年出生)、同学(从初中到大学)。

　　一九二四年间,我俩是浙江省立十中初中部同学,后来又是上海光华附中高中同窗。三十年代,都在清华大学读书。

　　光华附中当时是一所有名气的学校,数学、理化、外国历史等课程都用英文版本。夏鼐读书用功,每学期始业就把主要课本先从头至尾自学一遍,打好基础,再加上课堂认真听讲,所以成绩特优。夏鼐不但对文史兴趣浓,而且对数理化也肯钻研,成绩同样出众。光华在郊区大西路,学生大都是寄宿生,寝室兼作自修室。有一学期,夏同室有七位同学都是上海人,经常在室内拉琴唱戏,有时还伴以锣鼓,夏身处其间,照常读书作业不为所扰,其求学专注精神令人钦佩。夏鼐在校时花在课外书的时间很多,经常泡在图书馆里,每有心得随时摘录于便条纸上,默读几遍后付诸一炬。为什么不保留呢? 夏鼐说,手抄加强印象,默读为巩固记忆;反复阅读读几遍就记住了。夏鼐就是这样来锻炼自己的记忆能力,效果很好。甚至连一些外国名人爱迪生、拿破仑等的生卒年份也能准确无误地说出来。

---

　　① 作者为翟雪笙。摘自 1985 年 7 月 27 日《温州日报》。

一代宗师廖茂如先生①

黎明,伫立在被朝雾弥漫着的大操场的一角的是一位穿着长衫、身躯修长、文质彬彬的中年人,他就是当时三十年代已经闻名全国的教育家,我们最敬仰的廖茂如(世承)老师。

起身钟响过不一会儿,要早操了,同学们一个个奔向操场,谁也不敢迟到一步,大家心中都很明白:无论酷暑严寒,咱们的廖主任每天总是早在操场上等候全体中学生到齐,整队、锻炼,假如有谁迟到,纵使不受训斥,只要和廖主任的严峻目光一接触,准会感到羞愧万分!

从当光华附中主任到后来任光华大学校长,廖老师时时处处以身作则。身为学校领导,他生活十分俭朴,不图舒适,不讲排场,一直和学生住在一幢普通的宿舍里。四楼上一间小房,既是他的卧室,又是他的书房,同时又是批阅文件和接待友人的地方。

他以真正教育家的姿态办学,光华附中的教师是称得上国内第一流的,学有专长,教导有方,历年来培养出了大量的人才。他们中间有不少知名人士今天仍在为祖国实现"四化"贡献力量。

廖老师办学有一套完善的制度。制度一经公布,一定严格执行。例如,学生无故缺席一堂课,记小过一次;犯有严重过失的,记大过一次或两次。凡记满小过九次或大过三次的(三次小过抵一次大过),立即除名。至于考试舞弊,一经发现,便勒令退学,决不宽容。宿舍每晚必点名,点名时学生如因事外出,当晚熄灯前定要向教导主任处签名报到。因此,校风极好。

又如教师待遇,作了如下规定:凡大学本科毕业生被正式任聘为附中教师的,第一年月薪为六十元,以后逐年增加十元。月薪满一百元的,逐年增加五元,以一

---

① 作者为谭惟翰,华东师范大学教授。摘自《光华的足迹》第 208、209 页。

百六十元为最高限度。然后，课时逐年递减，月薪不变。在物价基本稳定的情况下，这样做是很合理的。教师生活安定，爱校如家，专心讲学，又可将多年的教学经验加以整理，有条件的便可著书立说了。

廖老师也很讲民主作风，平时很重视学生的意见。学生反映教学情况，他都记在心里，经常下班级去听课。他听课事先不打招呼，而且上课前十分钟早就坐在学生中间了。他边听边记，有一位几何教师的水平较低，后来就被解聘。

廖老师还在大学兼课，自己讲课十分认真。我读过他教的《教育统计》、《教育心理学》等课程。《教育心理学》用的是英文专著，他逐章逐段讲解，有的学生把听课笔记加以整理，简直就是一部译著。这样教学，养成了学生一丝不苟的精神，不至于不求甚解，囫囵吞枣。

别看廖老师平时那么严肃、拘谨，但有时他也显得幽默、风趣。有一次在联欢会上，他讲过这样一则笑话：某次应试，考生仅三明，试卷交来，主考官一看，不觉皱起眉头，原来一个文不对题，一个全抄别人的文章，还有一个交了白卷。但这三个人的来头都不小，必须全部录取，怎么办？主考官灵机一动，提起笔来一一作了批示。文不对题的，批曰："书法好！"抄袭别人的，批曰："记性好！"交白卷的，批曰："坐性好！"教育家讲笑话也没离开教育，像这样绝妙的讽刺文学哪儿去找啊！

姚依林在光华附中①

姚依林学名姚克广。1930年，我考入光华附中初中三年级春班，他比我高半班是秋季班。

"九一八"事件后，学生运动蓬勃发展，同去南京请愿。我们成了亲密的朋友。

记得黄炎培先生来校演讲，带来了田中内阁上书日本天皇奏折，开头有"欲征服亚洲。必先征服支那"的话，我们非常气愤，高唱岳飞《满江红》词。他写了"莫等闲白了少年头"条幅给我，我拿来贴在宿舍墙上。

当时他住在静安寺附近的延年坊，父亲早逝，家里有和蔼的慈母和姐姐姚锦新，姐姐外语很好，克广外语好，学习勤奋，得力于姐姐的帮助。有一次，他和我玩英文单词接龙游戏，他姐姐出了 JAZZ，我只能用 ZERO 或 ZOO 接上，他用 ZE-BRA（斑马），可见他知识广泛。克广中文根基也好，介绍我看三苏文及苏辛词，韦庄的《浣花词》、纳兰德的《饮水词》和王国维的《人间词话》，并用宣纸写了韦庄的《如冠子》和纳兰性德的《水仙子》送给我。我们还谈到王国维的《浣溪纱》是他自沉昆明湖的先兆。一个中学生对古典文学如此理解是可贵的。

"一·二八"淞沪战争时，闸北、吴淞难民被收容在大世界，我姐姐是学护士的，义务看护难民的孩子，不幸染上时疫，几天时间谢世了。没有钱料理后事，是克广的母亲借钱给我，过两天家中汇款到了，如数还给她。依林患难相助的精神，我一直铭记在心。

克广关心国事，知识渊博。他参加上海各中学知识比赛，名列前茅，为我校增光。附中举办高中作文比赛，克广获得第一名。

他还参加课外活动，积极投入话剧排练，多次粉墨登场。记得一次公演话剧《生之意志》，女主角是擅长昆曲的俞湘文（和瞿秋白一起访问苏俄的资深报人俞颂

---

① 作者为萧霖。摘自《光华精神 光华人》第282、283页。

华之女），克广饰父亲，他穿着蓝缎袍，黑马褂，道貌岸然，在台上训斥女儿，不许她自由恋爱，一位思想进步的青年，居然把封建卫道士的形象，刻画得惟妙惟肖，真不容易。

他多才多艺，学业成绩优秀，国语演讲、话剧演出为大家所熟知。他对教学记忆，有过目不忘之能。

克广中学毕业后，考上清华大学经济系，我们时有通讯联系。"一·二九"运动后，我得不到他的消息。

直到"文革"期间，方知他参加革命，改名为姚依林。克广在中学时代就在抗日浪潮中激发了爱国主义思想，他在党的指引下为革命为社会主义经济建设作出贡献。

我与光华附中科学会[①]

　　"一·二八"事件后,东吴附中被迫停办,我只得转学至上海光华大学附属中学。光华附中以"格致诚正"为校训。主任廖世承将全校学生作为训练对象,把服务社会、献身国家作为教育训练的目标,使学生增进知识、陶冶情操、养成能力、健全身体。1930年代前期,上海全市中学会考,光华附中连续两届成绩名列第一,是当时上海三所知名中学之一。

　　看到祖国河山屡遭沦陷,百姓生灵涂炭,又在课本里读了岳飞的《满江红》,我们真是怒发冲冠,发誓一定要为国出力,洗刷国耻。国文老师要求学生们一定要背诵岳飞的《满江红》,直到现在,我还能全部背诵下来:怒发冲冠,凭阑处,潇潇雨歇……

　　近代中国与帝国主义列强的历次战争都失败了,赔款割地,中华民族受尽屈辱:如何像岳飞那样,精忠报国,是我当时一直在思考的问题。那时在中国知识分子中出现了一种论调:国弱是由于中国的工业太弱,强国必先振兴民族工业,这种"工业救国"论的主张在中学时代已深入我心。

　　在光华附中的4年里,我勤奋刻苦,成绩优良。"科学救国"的声浪使光华附中的同学们渴望科学新知,在校方的课外作业委员会以及胡梅轩、金马丁和陆尔强老师的引导下,同学们自发组织起附中科学会,入会费每人仅半元。在当时的普通中学,好像很少有这种组织的。我们的科学会分有四个组:物理、化学、生物和数学。全体会员都牢牢记住廖主任的那句"还要注意你们的功课"的叮嘱,充分利用课余时间,互相切磋科学上的知识,互相帮助。进行各种有意义的实验工作。我参加的是化学组,组里的会员不如物理组多。但我和大家都热衷于实用工艺化学,制造出

---

　　① 作者为张直中,中国工程院首批院士,我国雷达技术的主要先驱者。摘自《雷达人生:张直中口述自传》,湖南教育出版社,2013年7月,第12—16页。标题为编者所加。

肥皂及化妆品一类的东西。我将自己参加化学组制作氧气的过程写成文字发表在1933 年的《科学世界》杂志上。1934 年,我又在《光华附中》半月刊上发表了《毒气防御略述》、《酒精之制造及检验法》等小文章。

我对物理的学习兴趣更大,1933 年在《科学世界》杂志上发表了《X 线发生的浅说》。1935 年 5 月又撰写了《放射浅说》一文,刊登在《光华附中》(毕业特刊)上,获得校内师生和校外读者的好评。文中叙述了放射性物质的发现和 X 线的发明是现代科学上的两大贡献。

我爱光华,感谢光华①

一九三二年秋季,光华附中第一次招考女生,我就是被招收的首届女生之一。从中学毕业后,我又在大学社会学系读了一年,直至抗日战争爆发,光华校舍全部被毁,我才被迫离开了光华。

我在光华就读四年,度过了我最宝贵的青春年华,七十多年过去了,我清晰地记得光华给我留下的深刻印象。

附中的女生宿舍安排在学校后大门近处的一幢小楼底层,楼上住的是几位老师和他们的家属。

每天一大早,我记得总有两个人从楼上下来,踏着快速的脚步,穿过我们门前的走道,每天是那么的早、那么的准时准刻。

后来我得知是全国闻名的历史学家吕思勉和他的在大学读书的女儿吕翼仁。

这平凡的脚步声却在我们女生中引起了良好的反应。每天早上,我们都是互相催促着:"快点,他们去上课了,我们要赶上去!"

女生宿舍的热水,每天早晚是由一位名叫玲娣的农村姑娘从厨房远处艰难地挑过来的。每次她总是放下冒着热气腾腾的两大桶水后,便在我们窗前,扯着嗓门叫道:"热水来了,你们快来用啊!"

她总是尽心尽力给我们送来温暖,夏天看她额上冒着豆大的汗珠,冬天看她两边腮帮子冻得发红发紫,看到这种情况我们从心底里感激她,向她道出:"你辛苦了。"她总是平静回道:"我不辛苦,我做的是我该做的事。"

光华的校舍是宫殿式的建筑,非常壮观。大学和附中两幢教学大楼遥遥相对。据说这里的土地是王省三先生捐献的;大学是由张寿镛先生筹办的,附中是全国闻名的教育学家廖世承任校长,光华的师资也是上海有名的。有国学大师钱基博及

---

① 作者为崔素华。《光华精神　光华人》第 352、353 页。

王蘧常、张枕蓉，还有从圣约翰出来站在反帝运动前列的潘子端、胡昭义、胡梅轩等，都是这里得力的老师。

张枕蓉是我班级的语文老师，他教学经验丰富，古文根底扎实，朗诵起来朗朗上口，铿锵有力，引人入神，同学们都爱上他的课。

上课不久，他要我担任壁报工作，每周出一期，他鼓励我要多练笔。课余时间，还让我去他的办公室，为我一字一句地修改文言文作文。

他对我的白话文作文还比较欣赏，他对我说："在这方面，你可以多加努力。"并在我作文上批示："有文学天赋。"这使我增添了信心和勇气，奠定了我走文学道路的决心。

还有历史老师邢鹏举，他主编附中校刊工作，他要我为校刊写稿，在他的培育和鼓励下，我写了不少文章，并在一九三三年在《良友画报》上登载了我的第一篇小说《妈妈》。

我能走上文学道路归功于光华对我的培养和几位老师的帮助、鼓励。

我要感谢光华，感谢老师，永远记住他们。

大西路杂忆①

　　1990 年 4 月,我已是十足 70 岁的老人了。往事如烟,都在记忆中消失。唯独大西路的 4 年(1933—1937),却常常在脑中跳跃,就是忘不了。我曾数次在报纸副刊上谈到那段生活。

　　一位去美的校友说,这也许是大家都过着无忧无虑的生活,所以记忆还未褪色。其实当年我们并没做过交谈,虽然都是一个年级。民族的危亡,家庭的衰落,我的忧虑可多得很呢。但校园的生活,却使一个少年感到愉快。

　　我常记得的是"六三"校庆活动,我只是个初中学生,从未参与这项活动,始终只是个观众。但我常记得在食堂搭台演戏,在运动场上举办运动会之类。

　　给我印象特别深的是每个总要重温一下校史,对于前辈维护民族尊严,师生共同脱离圣约翰创办光华,有一股强烈的敬意和自豪感。由于自己有这种感受,我一直主张从小就应对孩子进行爱国主义教育。进行这种教育或其他教育,必须有各自的特色,而不是用千篇一律的方法。

　　我还常常记得对我进行教育的老师们。

　　廖世承主任的办学精神,使我这个少年心灵深受感动。一般说来,他的样子好象有点严厉,另一面他给我的印象是办事认真、极端负责。他总想把每件事办得好一些。他聘请师资很认真,他听课很认真,他筹建健身房很认真……在他的领导下,执行校规很认真。

　　记不清是读初一还是初二时,有个华侨学生,跑到一间宿舍去偷东西,给校役(那时叫茶房)发现了,报告校方。结果这个同学给开除了。少年的印象中,深深认识到偷窃是多么可耻。

　　两位国文老师陈式圭和张振镛给我打下了基础。我认识了在大学部授课的钱

----

① 作者为沈毓刚,曾任《新民晚报》副总编辑。《光华的足迹》第 174、175 页。

锺书老师,他是太老师钱基博教授的公子。我发现这位国学大师的后代学贯中西,出口成章,佩服得五体投地。我有时觉得我是受了陈、张两位老师的教诲,后来才可能以文字谋生。潘予且(子端)老师也有影响,他那时已是作家,我羡慕敬仰之。

英文老师中我得益较深的是徐燕谋老师,他在课堂上眉飞色舞,兴致盎然的教学法,常使我振奋。后来我进大学读的也是英文系。不过我英文始终没有学好,虽然"文革"中也靠它混过一些日子,真是不折不扣的混日子。巧的是竟跟董小培老师共事年余,他已变得非常谨慎,失去了昔日爽朗、活泼的劲头。我心中有点不是滋味。他也教过我英文,也是一位好老师。

由于在大西路的时候,我年纪还小,不能做出准确的判断,我肤浅的印象,当时的校风还是比较民主的。

我记忆中有过两次全市性的游行。一次是向国民党市政府请愿,要求抗日;一次是参加给鲁迅先生送葬,都有外面的学生来串联,光华都有同学参加。我只是一个旁观者,似乎都没有受到阻挠和镇压。我同房间有一位比我大两岁的同学去了,我对他佩服得不得了。

宿舍中常可看到《大众生活》和一些进步书籍,没有什么人来查看或没收。另外,还有三五同学组织读书小组,在校园或王家花园活动。

国民党当局当然有镇压,我记得有一次来捕人,校门口,还贴上"告示"。

半个世纪过去了,点滴记忆,终不免是褪了色的。但我始终珍惜她们。

燕翼贻谋明师指引

——追思徐师燕谋①

我在大西路光华附中读书，1937年6月高中理科毕业，先后四年。在廖茂如先生主持下，附中贯彻育人、育材的教育方针，为推行素质教育的先驱，是当时上海三大中学名校之一（其他两校为省立上海中学和南洋模范中学）。名师云集，教导有方，在个人记忆中最难忘怀者当推高中三年级时的英语老师徐燕谋先生。

徐燕谋，光华大学银行系毕业，爱好英语，系徐志摩教授的高足，先后执教于光华附中、蓝田国师、光华大学和复旦大学等校。他与钱锺书均肄业于桃坞中学，且在光华及国师两度共事，均学贯中西，擅作诗词，交谊契厚。锺书写《围城》小说时，燕谋师为第一读者。锺书曾为《燕谋诗稿》作序。两人缔交凡一甲子。1986年3月16日，燕谋师以八十高龄追随三间大夫之后，在沪寓投井自杀。锺书闻耗叹曰："文革之祸，一至于此。"

燕谋师讲课眉飞色舞，兴致盎然，使人振奋，使人投入，使人易于记忆教学内容。光华附中英语水平甚高，燕谋师盖有功焉。光华学生高中时写英语作文，记英文日记，用英语交谈，看英语原版影片，均能应付裕如。班级间且开展英语演讲比赛。徐师对我一生影响至深的当推做 SUMMARY 作业。SUMMARY 意即缩写、摘要。这个作业就是要把千把字的英语范文，缩写成为不超过三百字的短文；要用简单语句表达出来，且必须包涵其主要内容，不能漏掉其关键所在。这个作业旨在培养学生的综合分析归纳能力。

燕谋师致力于英语教学五六十年。曾主编《Sclected Modern English Essays》（1947.7 钱锺书作英文短序）。新中国成立后，他主编《大学英语》四册，十多年间为高校英语教材。他造就人才更是桃李满四海，其中复旦大学教授陆谷

---

① 作者为任嘉尧。《光华精神　光华人》第297、298页。

孙更能承其衣钵,陆氏主编的《英汉大辞典》取材宏博,为近二十年间最有用的工具书之一。

　　[按]燕谋,出自"燕翼贻谋",寓意为子孙后代造福的深谋远图,徐师燕谋,诚智慧的化身。

六十年前光华附中的几位老师[①]

　　我是在一九三三年(民国二十二年)考进光华附中的。那时候"一·二八"战事刚发生了一年多,在沪战时我所读东吴二中遭到了破坏,学校停办了,我转到了华侨中学念了一年书。华侨中学的设备比较简陋,而且相当的商业化,许多方面不能令学生和家长们满意。暑假,我就去光华。

　　我考取了光华附中的高中二年级。我数学的考分很差,第一个学期每天下午五时散课后,还要跟一位姓杨的老师补习代数。班上的同学不过十几人。杨先生的教学方法并不很成功,人也很呆板。我只记得他的名字有一个 si 字的音,同学们顽皮就暗里称他做"杨四郎"。过了半年,我补课及格了,才免了这个干燥乏味的夜课,和别的人平等待遇了。

　　光华的规定高中一年级起学生们就依他们的兴趣能力分组。大约文科、商科数学的要求低些,商科高三不念大代数和解析几何,只学簿记、珠算这些功课。我读文科连这些技术性的功课也没有,就剩下三组共同有的基本课程了。但是教我们数学的,却有两位很了不起的老师。上文说过的杨先生,不久就离校了。高二教我们几何的一位金马丁先生的教学方法,是我一生都不会忘记的。他不止有诲人不倦的精神,而且讲解分析,步步推理,真是丝丝入扣,叫人听了觉得是一种享受。我的稍微知道一点看问题和分析问题的能力,大概是从这个时候启蒙的,金先生是大同大学理科出身,大同当时是以数理著名的好学校。金先生只有一个缺点,就是他人很瘦弱,嗓音不宏,说话也慢。我因为身材不高,坐在第二排听讲,倒是听得清清楚楚的。班上其他的人,对金先生大概也很满意,从来不曾听到什么埋怨的话。嗓音大而且说理也很清楚,言词流畅滔滔不绝的是桂叔超先生,说一口圆润的南京

　　① 作者为柳存仁。本文作者系国立澳大利亚大学教授、原东方文化研究所所长。《光华的足迹》第 221—225 页。

话。他教理科数学的时候多，但是我们的班也曾有一个时候受到他的教泽。桂先生人极矮，他似乎早已有了"桂矮子"的雅号。

　　读文科，当然语文的训练是很要紧的。所谓语文，其实只是汉语和英语这两门。汉语在当时一般叫做国文，教过我的国文老师只有一位，是江苏宜兴人张枕蓉（振镛）先生。他是无锡钱子泉（基博）先生的弟子，那时子泉先生还在光华大学教书。我们学国文，是不教语法、结构这些功课的。白话的作品学生到这个年龄大概基本上不用教也看得懂了。剩下的文言骈散文，就用口头的解说和传统的背诵这双重的方法去处理它。背诵在当时社会的议论是有争议的，我们却篇篇文章都要背，有时候还要默写，遇到一些很拗口的文章这似乎是一种虐政。但是我们听张先生自己用那很浓的宜兴口音背诵宋玉《九辩》："悲哉！秋之为气也，萧瑟兮草木摇落而变衰；憭慄兮若在远行，登山临水兮送将归……"（这几句话后来又被潘岳的《秋兴赋》所承袭）。他的高朗的情绪和文学意境似乎融汇在一块儿的时候，也开始领会到有一点秋高气清荡气回肠的味道，甚至忘记了他念的是纪元前三世纪的东西了。张先生教书很认真，也很了解青年们的情绪（他的公子家楣兄也在我们班上），有时候说话也很诙谐。我记得有一次在班上他问一位同学（胡可钤兄吧？）韩愈的略历。韩愈做过两任侍郎，这位同学忘记了，就说他做"待郎"。张先生笑着说：他又不是女人，怎么还"待郎"啊！说的全班男女生都笑了。有位同学李昭文兄，他年纪较长，当时已经结婚。有一天不知道他和张先生事辩什么，他忽然说："女生那是不同的"。两性自然有分别，这是不用说的，可是张先生忽然想窘他一下，惩戒他多嘴，就追问他："有什么不同呀？"昭文兄振振有辞地说："他们没有军训呀！"当时男生每周都得上一堂军训，可是没有人想得到这一句不假思索的话反把老师窘住了，登时哄堂大笑。当时师生之乐，是这样的真实和开心的。

　　张先生的著述很多，他的一部《中国文学史公分论》四册，和一部简要的《国学常识答问》（都是商务印书馆出版的），大概许多人都读过。《答问》是一部应时的书，1935年出版，到1947年已经印到第十版。1934年起上海有中学会考，我的所谓应时，是说这书对会考和升学的人可能都很有用。不过那实在是一部很琐细的著作，当时的教育要求中学生死记许多委琐繁复的知识，而没有能从知识和趣味并重的方面着想，我想是很错误的。然而以书而论，张先生的书还是可读的。比如，他回答"何谓理学？"开始就指出"理学者，汇合宋以前之旧哲学，且兼采佛学之长者也"，可以说一句道破宋明理学"阳儒阴释"的特点，这个想法不是一般平泛的中学老师说得出来的。

在附中教英语的老师我认识很多人，但是像吴遐龄、吴肖汾，以及较年龄的蒋鹏、沈昌焕，这些老师我都不曾有机会受业。两年之内一直教我们的是董小培先生，他也是民国十四年（1925）从圣约翰大学转到光华的前辈。他虽经常教英语，但是更知名的，他是上海最有名的篮球裁判和早年出席远东运动会的选手。当年董先生可能还不到四十岁。他最喜欢矫正我们不准确的发音，所以他常常自己大声读一遍，然后说："Class together!"我们就全体跟着学舌似地照读一遍或几遍。因为这是董先生的习惯语，不久同学们交谈间提起"Class—together"来，大家就知道是说董先生了。教外国语不能不讲语法，董先生教语法，侧重在举例，却不重视那些干枯的定义。比如他讲"是"和"非"两个字的意义，就自出心裁地想出了四句不同的问话来：（一）我跟你说过（这话）么？（二）我没有跟你说过"这话"么？（三）我跟你说过"这话，难道"我没么？（四）我没有跟你说过"这话，难道"我说过么？董先生说：正确的答案就是：事实上是对的，就回答说"是"，事实上是不对的，就回答说"非"，那几种不同的问法，只是说话的形式上的改变，并不影响怎样回答的事实。

除了英语，我们当时念外国史，数学和自然科学，用的课本也是英文的。这样做也许可以多少提高一点我们的英语的程度，但是学生当然是很吃力的。我们的英语课本（似乎是中华书局出的）多少还是偏重文学的，却没有留意到日常生活上的用语和应对辞令。这和几十年后注重口语（situation English）的倾向，是很不一样的。我们读英文可以翻译一些好的短篇小说，但是因为第一没有说外语的环境，其次又不曾认识口语的重要，高中学生一旦见了外国人，也还是"口未言而慑懦"的。董先生的教法，多少使我们增加了一点敢于开口的勇气，而那几种用外语的课本，也直接或间接地充实了我们说话的内容。西洋史用的是 Carlton J. Hayes 和 Park Thomas Moon 两人著的《现代史》（Modern History），作者是美国哥伦比亚大学的教授，但这书的确是为中学生写的。我们从法国大革命开始，就碰到许多前所未闻的人名、地名和生字。老师潘子端（序祖）先生在光华的名声是很响亮的，因为他是特届的毕业生，跟大学的建校很有关系。他又经常写小说、随笔，常鼓励同学们练习讲演，演剧和写作。潘先生教西洋史，很注意提纲挈领，教我们特别留心书中的大黑字（就是每章每节的小标题）。他是安徽人，说普通话，每堂上课一定要问几个人当天应当准备的地方。因此我们连一些必须用法文发音的字像"Triple Entente"（三国协约）、"Laissez-faire"（自由放任，不干涉），"Iafayette"（人名，上海旧译辣斐德)居然也琅琅上口了。至今我还记得法国大革命的那一年有人绘的漫画:一位辛苦的农民弯着腰拄着拐杖,背上驮着一位教士和一个贵族。它含蓄的意思很深刻,并且几乎可以不用说明。

教中国近百年史的是邢云飞先生(鹏举),他著的《中国近百年史》从鸦片战争开始,是世界书局出版的畅销书。邢先生讲课,也是口若悬河,娓娓动听的。我不曾正式上过他的课,因为近百年史是高一的功课,我不曾在光华读高一,就进了高二了。但是邢先生我却十分稳熟:他是附中半月刊的主编,我因为班会的关系,就常常有机会跟他接触。他的府上就住在学校附近的法华镇,所以他几乎可以把全部时间贡献给学校业务上。为了让月刊准时出版,他有时候修润文章和写稿,可以整夜不睡。这样热心校刊的人现在恐怕不多了。校刊上时时不署名吉羊(吉祥)写的学校新闻,那就是附中的秘书诸君达先生的笔名。

教地理课的陶子潜(绍渊)先生,也是一位角色,他的活跃叫学生无法忘记。他是鄱阳人,名绍渊和大号子潜都表示他对东晋末的陶渊明格外景仰。不论是本国或外国地理,陶先生的拿手好戏是利用暗射地图。这些图是他精绘的,用特殊的符号表示地名、河流、山脉、城市……这些要点,讲解的时候还要一面看他的油印暗射地图和申报馆出版精印地图。有时候他教我们掩卷,然后逐一询问那暗射地图上面应该填写的文字。学生答对了,他会很认真地使劲拍着讲台桌子,连声叫绝。我们班上的陆以中兄在这方面很内行,每问必对。学生答错了,陶先生也会拍案,不过拍案时的表情就大大不同了。有的同学对他的执著、认真,不免有些害怕。我追想起来,陶先生可以说是全部精神都用在教地理学上面的人,正像杜工部作诗,他的每一首诗都是历史,是他整个人格的反映。陶先生在我们念高三的那一年之前自己到芝加哥大学进修,得了硕士返国,还送给我们这些旧学生一些有用的礼物,像透明的胶纸(scotch-tape)在当时对我们说还是初见面的珍品。

陶先生跟一部分学生组成了一个叫做"励志会"的课外活动团体,他是导师,学生们自己选举职员。我曾被选做主席。这个集会有时候早晨也邀请学者们亲临讲话。我记得有一次请的是大学的文学院长钱子泉先生,那天我也在场。先生很有意义地告诉我们:民国初年在上海有人组织了一个"进德会",要遵守戒约不押邪、不赌博、不纳妾、不做官,他自己也参加了。但是社会的制度和政治的荡漾使得后来有好几位要人都未能认真遵守这个公约,钱先生是唯一的不曾变卦的人。钱先生这一番话,目的自然不是为了夸耀,自命清高,他实在对国家的前途,是怀有很多的感触的。我后来虽然还有机会,好几次见到他的大名鼎鼎的哲嗣默存(锺书)先生,但是和子泉先生这是唯一的一次亲近。

姚舜钦(璋)先生是对学生的人格修养给予很多提挈的人。姚先生是常州人,大概是蒋竹庄(维乔)、吕诚之(思勉)两先生的高第,也是小同乡。姚先生是研究哲学的,教的是一门像伦理学的选科。姚先生在中华书局出版有《八大派人生哲学》,我们当时虽然不曾用那书做课本,只由姚先生摘要讲授,让我们多少知道一些西洋哲学的面貌。姚书和冯芝生(友兰)先生的《人生哲学》不同,姚书着重在西方的思想,而冯著却是中西兼采,最后归纳到他的《新实在论》。姚书可以说是教我们认识西方思想的启蒙书。上姚先生的课,令人感到一种如坐春风的感觉。姚先生不是擅长讲演的人,却在纯厚真切的神色之间,带领我们进入另一个峨冠博带的西方哲人坐而论道的境地。有时候他也说笑话。有一回,他讲巴黎的妇女擅长化妆,在脸上一些也看不出来是人工造作。但是她们不能洗脸:一把热手巾立刻会发生质变。

其他,象梅轩先生,是我的物理教师,昭圣先生教化学,他们的功课我大概都是仅仅及格,但是,今天我还有兴趣去读几本像卡普拉(Fritjof Capra)的《物理学之道》(The Tao of Physics)那样的书,并且做出了反应,这就要拜两位胡先生之赐了。王宾时先生是训育主任,他是一位面团团而且发红光的好人先生,很少罚学生的。他注意学生的生活,主要在住宿方面。我是走读的,就更少接触。卜先生是主持商科的,我是文科,也少有受教诲的机会。提到附中的教师,不能忘记了我们的灵魂廖主任。我这里也应该补述几句。

廖茂如(世承)先生,江苏嘉定人,是本世纪中国的一位著名的大教育家。他是清华学校出身,民国四年(1915)官费出洋留美,在白朗大学(Brown University)得了博士学位返国,一生从事教育事业。他先在南京东南大学做附中主任,当时出版的实验教学报告,就是茂如先生的创构。到上海后他曾做过光华大学的副校长,后来因为附中的事务繁忙,就辞了兼职,专心为光华办中学了。这个阶段,正是我来光华隐书的时候。廖先生似乎在大学仍教一些中等教育、教育心理这些教育系的功课。在中学他并不教课,只是勤于办公,时常在走廊或注册处看到他出入的踪迹。附中的老师当时全穿藏青的呢制中山装,廖主任也不例外。他戴金丝边眼镜,却并不是目光炯炯那样的神气,对学生的态度十分和善,我们特别尊敬他,就觉得他虽然可以“及之也温”,却自然不敢放肆和他多接近。我听见人说,就在当时,有一个时候廖先生很不开心,说是本地的教育当局不很喜欢他,因为他做事并不很顺从,曾经有意要排挤他,并且私立学校在制度上也还要受当局监督的。廖先生本来要去职了,忽然有了救星,那时南京中央大学的教育系缺人主持,教育部的要人就请廖先生担任。廖先生也曾经应命入京去教过几天书,只是没有接受职务。这一来地方当局对他的态度就顿然改观,再也不提误会的事了。《论语》云:"君子坦荡荡",这个道理,这古今中外的标准都是一样的。

其实,据廖先生自己在《良友画报》上,写的一篇文章,说他出国去美国念书(当时清华是拿了美国退回的一部分庚子赔款办的留美预备学校。清华从初等科一年级开始[等于初中一],念八年书之后出国,就直接进大学第三年),本来不是要学教育的,他要学银行管理。那时在美的中国留学生监督对他说:今年学银行的人太多了,教育却没有人,你就改学教育罢! 就这样改变了廖先生一生的经历,也替出国的教育界添了一位有胆有识的人才。每星期一次在大讲台上向全校做校务报告的廖主任,是不常露出笑容的。但是1935年夏天我们毕业聚餐请老师们讲话的时候,他却笑容满面地给我们讲了一个很有意思的爱的故事。他讲一个闲荡嗜赌博的人,财产荡光了,路上遇了一位道士给他钱,这样好几次,他问道士怎样才能报答他。道士教他当道士炼丹,快要成功的那一夜,忠实地守着坛旁,无论什么时候也不许开口。这样他投胎过了好几世,怎样都不说话,最后做了一个妇人,嫁人生了孩子,也仍旧一句话也不说。丈夫一生气,要把孩子惯死,她一着急,不由得失声喊了起来,这一声那炼丹的炉子就炸裂起火炼不成了。廖先生说这个故事是告诉人世界上没有比真实的爱力量更大的。我想当时在场的三班同学,没有一个人听了他这一席话不受到感动,大家更不曾想到廖主任会用这个有意义的故事做给我们的临别赠言。这个故事出于唐代的一篇传奇,郑还古的《杜子春传》。它的更早的出处大概是从佛典来的,玄奘《大唐西域记》卷七"施鹿林东行二三里……"一段,说的是烈士池隐士和烈士的故事,可能是它的前身。

光华的精神,大学和中学都是一样的。今天我们纪念它建校七十年的历史,更应记得近四十多年来它作为华东师大的基础而发挥出来的新的力量。现在世界的面积似乎是愈来愈小了,我希望光华人继续前贤的足迹,放眼看世界,吸收更多的新的养料,迈步进入二十一世纪的文明建设。

1995 年 4 月 10 日

渐闻硝烟的高中岁月①

上有天堂,下有苏杭,这两处人间胜地我曾随父亲被邀讲演去过几次,但都是三两天的接触,而且年幼无知,体会不深。1935年日本入侵东三省,举国同仇敌忾,国民政府于是决定实行学生集中军训,为抗战作准备。这一年我在上海光华大学附中读高一,刚好参加在苏州老五团的第一届上海高中学生集中军训,为期三个月,从4月开始到7月结束。这样,我一方面接受正规的军训,同时真正领略了姑苏的人情风貌,山川美景。

光华大学地处上海中山路胡家角附近,远离市区,我们大中学生多半寄宿学校。每天起床后,便由军训教官领导大家作军事操练代替早操,因此我们对于三个月的集中军训早有思想准备,莫不欣然参加。

上海高中学生集中军训之所以选址苏州老五团是有原因的。当时,上海虽大,但除了英法租界和日本势力下的虹口外,我国自己的华界即闸北和南市,实在也找不出合适的集中军训场所。苏州阊门外老五团有旧炮兵营,是军阀孙传芳遗留下来,其营房经过修缮可以容纳参加集训的上海高中学生。

我们到达苏州营房后,即去指定班报到,然后安排铺位。我们是混合编队,并不按学校编排,所以我和我的好朋友温粤熊、刘岱业都被分开了,不过因此我也认识了新朋友。我们的编制由上而下依次为大队、小队、排、班。每一大队包括四个小队,每个小队200人,下面分成排和班,营房内全是双层木床,我被分在双层床的上铺,上铺虽然上下不太方便,但内务整理远不如下铺要求得严格,这点让我很满意。我的下铺是一位闽南籍的华侨学生,开始时我要听懂他讲的话真是吃力,不过时间长了也就听惯了。

---

① 作者为杨小佛。杨小佛是杨杏佛烈士之子,曾任上海社会科学院世界经济研究所研究员、上海市政府参事。摘自《杨小佛口述历史》上海书店出版社,2015年10月,第83—88页。

我们的饭厅和讲堂是合二为一的。开饭时,四人一组,早餐是稀饭、咸菜和白馒头,随便我们吃,午餐和晚餐的主食是米饭或白馒头,也是随便吃,菜则荤素搭配。每晚中队长要在此点名训话,表扬表现好的,批评表现不好的。

我们早晨闻起身号起床,在20分钟内完成整理内务,洗脸、刷牙、整装,随即集合跑步。我跑不快,最怕落后。不过除非急行军,一般不要求太快,当然也不能太落后。晨跑结束后便是早餐,虽然随便吃但是时间有限,只要中队长一吃完,我们大家就必须结束,离开饭厅。午餐和晚餐也同样如此。

早餐后根据课程安排,一般雨天在讲堂学习步兵操典等,晴天则上操场练习,或外出打野外。我们有时还会分别到苏州各处调查水井的位置和水质,据说这与作战有关。

我们最感兴趣的是每周数次的打野外。打野外以中队为单位,由中队长带队到预先选好的地点,一般是有山坡和土坟等可遮蔽身体的地方。整个中队分成攻守两方,我们用空包子弹射击对方,所谓空包子弹就是弹头不合铅,而是粉笔一类的东西,不会伤人,但会在对方衣服上留下痕迹,表明被击中了。这种训练有攻有守,是一种初级的攻守演习,我们因为感兴趣而操练得特别认真。有一次,安排我们全副武装从老五团长途行军到天平山,大约有几十里路。我们除随身携带一枝七九步枪外,还有一条军毯。清晨出发时发给我们每人咸蛋两只和白馒头若干,水壶中装满开水,另有伙夫同去就地烧水供应。可是还未到天平山,我们就已经将馒头和咸蛋吃光了,到达目的地时只好喝开水充饥。从天平山回到营房时天色已暗,大家急急忙忙地吃晚饭,吃得狼吞虎咽的,因为我们实在是饿慌了。

实弹射击打靶是我们结业前的一次考试,各中队队长都很重视。去靶场前,我们均换了据说是向日本购买的三八式步枪。临射击前,队长再次提醒我们射击后立刻退弹壳以免卡住等要点。我们每人五发子弹,各卧各位开始射击。这唯一的一次实弹射击是我们三个月集中军训的考绩,也是各大队、中队教官的成绩,于是教官们在打靶的成绩上大做文章,其实究竟打中几环我们并不知道,因为队长报的都是好成绩。

与我们的营房仅一河之隔的便是著名的苏州西园,当年这些园林并无门票,完全可以自由进出。西园树木多,面积宽广,而且食摊也多,价格非常便宜,所以我们一有空闲就到那里去,在树荫下散步,在流动担子上买一碗豆腐花,浇上几种调料,吃得津津有味,所费只有三个铜元。我们三三两两边走边吃,其乐无穷!

星期天是大家盼望一周的休息日，因为这一天可以请假去观前等地购物、吃饭，也可与上海来探望的亲友一起出去。这天早餐后，我们全体到大操场集中听训话，训话者是值班教官，内容多为军服要整洁、衣服要扣好、下午 5 时前必须归队、不可乘坐人力车等，实际上我们只能步行，因为当年苏州的道路狭小，大多是小街小巷，是不能通行汽车、马车的。

这一天一大早便会有很多从上海来探望儿子的家长们等在老五团大门内的几间房间内。我的母亲那时已四十多岁，而且心脏衰弱，但几乎每星期都从上海来探望我，并一起从老五团步行至观前，或去松鹤楼吃饭，或去沙利文吃西餐，或去良友吃冰淇淋。她似乎要在一天里补充我一星期的营养。

有一个星期日，我的同班同学温粤熊的父亲温应星从松江来探望他，恰逢这次我母亲没来，他便带上我和他们一起去拙政园赴宴。拙政园主人江苏某地方官是温父的朋友，所以请我们吃饭。吃些什么已无印象，但厅前的两尊古炮却一直忘不了。温应星伯父当时任财政部税警总团团长，驻军于松江。他是美国西点军校的高材生，死后就葬在西点军校墓园内。

集训期间，马寅初、汪精卫等都来给我们做过报告，内容不外是如何团结一致，练好本事，抵抗日本侵略。

这一年 6 月 3 日是光华大学建校十周年纪念，校方非常重视，特地为我们全体集训同学请了假，并向两路局包了一节车厢，把我们接回上海参加为期数天的校庆活动。这对我们来说真是一个意外的惊喜，因为我们正感身心疲劳，渴望休息，而且思家心切。这次校庆活动意外地让我们满足了回家与家人团聚的愿望。回学校时，我们飞奔进校门，看到分别并不太久的老师们，我们倍感亲切。我们的校庆节日丰富多彩，学校还请到了话剧明星来参加学校的话剧演出，让我们一饱眼福。当时的感受，至今想来都备感愉悦。

当年负责上海高中生集中军训的，分别是训练总监部国民军事教育处长潘佑强、军事教官陶一珊和在毕业证上签名的训练总监酆悌。酆悌 1938 年任长沙警备司令时因长沙大火案被枪决，年仅三十五岁。

中学生活最令人怀念，那时老师循循善诱，同学关系纯洁而天真，相互的友情毫无私心杂念。我在大西路光华附中度过了三年高中生活，食宿都在校内。那是"九一八"以后，强邻压境、国难当头、朝野上下忍辱负重的时代。这使我们的学习、军训和生活格外迫切和紧张，也加深了个人与国家和民族的感情。我们的老师都是当世俊杰。中学部主任廖世承（茂如）老师是专攻中等教育的留美专家，也是我父母留学美国时的朋友。古文老师张振镛是上海商务印书馆出版的畅销书《国学常识答问》的作者，还是象棋高手，那个时候城隍庙摆有很多象棋残局摊，集中在一处，一元一次输赢，张老师每去必赢，搞得摊主见到来就向他打招呼，请他高抬贵手。陈式圭老师教我们《古文辞类纂》中选出的著名篇章，如贾谊《过秦论》等。邢鹏举老师讲授《中国近百年史》时，内容丰富动听，打了下课铃后，同学们还不愿意下课，因为邢老师的故事还没讲完呢！潘子端（予且）老师教的 Modern History 既讲了欧美历史，也锻炼了我们的英语听和写的能力。还有英语老师吴遐龄和蒋鹏等等也都是学有专长、教学有方的好老师。

老师们与我们的关系也十分融洽，他们除了以师道授业外，还是我们的忘年之交。张枕镛、潘子端、陈式圭等老师就住在男生宿舍楼上，其他如邢鹏举老师则住在学校附近的胡家角。我们课余常去串门，或问道请教，或交谈课余生活。潘子端老师主持光华摄影学会，教导和鼓励同学摄影，我们俩之间有聊不完的话题，他曾为我设计利用旧照相机制造放大机，我一直用到"八·一三"战事逃到英租界外祖父家。邢、潘两老师还曾带我和温粤熊去永安公司天韵楼看"玻璃杯"。所谓"玻璃杯"指的是茶室女侍，她们没有底薪，为卖出茶要与客人搭讪，回应客人的种种问题，而卖出一玻璃杯茶也仅得 2 角钱而已。这种"玻璃杯"在上海各大百货公司的屋顶茶楼都有，邢、潘两老师带我们去看实质是去了解她们的工作和收入，为我们做社会调查的启蒙教育。1982 年温粤熊同学回国探亲期间，我们和任嘉尧同学一起去看了潘子端、吴遐龄、蒋鹏三位老师，一别半个多世纪，师生情谊如昔。我还有幸在 1970 年代末与吴遐龄老师在《英汉大辞典》编辑组共事。

高中三年里所学的东西，无论是物理、化学，还是历史、社会学，或是英语和几何、代数都令我们终身受用。我们的高中分文、理、商三科学习，但分科不影响同学的交往和友情的建立。刘岱业、温粤熊和我是大家公认的三个好朋友。我们毕业后进了不同的大学——圣约翰、东吴和震旦，大学毕业后更是各奔西东。刘在内地，温在华盛顿，我在上海，但是我们的友情始终如一。

在光华附中，我还有一些熟悉和要好的同学。我们在男生宿舍一角有一个读书会，这里可以借阅一些所谓进步的读物。也在这里，我接触到了我在大同附中时的初中女同学王昌颖、赵涛君，她们转入光华继续读初中，几乎有一个多学期我和赵涛君两人在晚自修时间找一个教室一起自修，但是我们基本上都在聊天，内容广泛无话不谈。渐渐地我发觉我们的自修有名无实，总是聊天，连作业都没时间做，影响了学习成绩。赵涛君是福州人，我有个朋友也是福州人，于是我就托这个朋友向赵涛君转达。我们互相归还了与对方约见面时间的字条，当机立断地结束了这种罗曼蒂克的夜自修，我朦朦胧胧的初恋就这样被我自己的理性扼杀在摇篮中了。半个世纪后我才知道的，王昌颖和赵涛君以后都加入了新四军。

我们班里还有两位同学，没有读到结业就离开了光华附中。一位是翁燕娟，著名地质学家、时任国民政府行政院秘书长的翁文灏的女儿。她是活跃于学生运动的女生，在北京读书时曾在"一二·九"学生运动中被军警大刀砍成重伤。1937年我们高三临毕业前，警备司令部准备抓她，被她知道了。有一天，她突然就不来上课了，并留了一封告全班同学的信，说自己因形势变化已离开上海。翁燕娟就此神秘地消失了。解放后她与吾妻慧娟有来往，我听说她在上海建筑公司系统供职，"文革"抄家时她是重点被抄对象之一。另一位是徐棣华，她上课时专心笔记，毫无遗漏，下课时同学争着借阅她的笔记簿。好像她未读完高中就离开了学校，以后也不知其下落。直到2000年左右我在上海市文史馆名录中获悉她于1980年入馆，独身生活到1988年去世，只有67岁。

半个世纪后，尚保持联系并互相关心的同学还有当年的班长熊大缵、徐廷玺、程博洪。熊毕业于圣约翰，旋在英美烟公司打工。徐在抗战时去内地，1949年前赴美经商，开放初期曾来上海，请我与熊吃饭叙旧。程在1948年间做过《时与文》的发行人，地点设在市公安局宿舍，巧妙地保护了这一进步刊物。20世纪80年代，我在市政协与他相逢时，他是复旦大学教授，现已去世有年。

光华附中的生活，内容丰富多彩，除了上课和同学之间的切磋，还有球场的比赛、舞台业余演出，共和饭店的二角热炒客饭、耶苏店的长期赊账牛肉面（学期结束时才结账）。此外，还有男女同学之间的感情交流等等，可谓内容丰富，美不胜收。

忆光华附中之办学精神①

坐落在虹口区的华东师大一附中,是市重点中学之一,其前身是光华附中。光华附中是 1925 年"五卅"惨案后,在反帝爱国斗争中的高潮中建校的。1927 年 7 月该校由教育界知名人士廖世承领导,将原来一所教学质量一般的中学,办成与上海中学、南洋模范中学并驾齐驱的著名学校,屡受当时的教育部和市教育局嘉奖。该校培养了很多新中国党和国家领导人,如已故国务院副总理姚依林、原全国人大常委会委员长乔石、中共中央常委尉健行、全国政协副主席董寅初、原安徽省副省长后调致公党中央副主席杨纪珂等,还有各界知名人士,如出版界赵家璧、华东师大名教授谭惟翰等。可谓人才辈出,桃李满天下。

有德高望重、学识渊博之领导

廖世承出身于上海嘉定区望族,早年留学美国,攻读教育,获博士学位,归国后任教于南京东南大学,在离任决定去光华任职时,许多大学向他发出邀请,最具诱惑的为上海工部局华人教育处处长一职。不但有月薪 400 多元之收入.还有花园洋房居住,而他却毅然选择了月薪仅 200 元左右的光华大学副校长兼附中主任。据其公子康民(师大一附中有名之数学教师)说:"先父出于爱国之心,决心出任光华大学及附中之职。"其爱国主义之情操堪为楷模。他不但有高尚之情操,而且处处以身作则,诸如全校学生均穿学生装校服,他与学生一样穿校服。每天早晨,学生升旗早操,他总是比学生先到,无论酷暑严寒,日日如此。先生办学目标正确,以教学为中心,使学生的思想品德与扎实的基础知识、健康的体质有机地结合起来,重视培养学生的能力,使之成为有用之材,与今天倡导之素质教育如出一辙。此

① 作者为王文衡。摘自中国人民政治协商会议上海市虹口区委员会文史资料委员会编《文史苑》第 16 辑,1998 年 12 月第 1 版,第 82—87 页。

外,他学识渊博,精于业务,经常深入课堂听课,与教师共同研究如何改进教学方法,调动学生学习之积极性,并以此为聘请教师之依据。

有一支认真负责。精通教学之师资队伍

光华附中教师,大都是知识渊博、学有专长、教学经验丰富之学者。如国文教师王蘧常、张枕蓉,顾荩丞等。王蘧常之书法,被誉为当代草圣王羲之,日本人更为喜爱。张老师为有名之国学大师,他在朗读古文时,声情并茂,听他数次朗读,对课文即有初步领会。英文教师有徐燕谋、董小培、吴遐龄等。徐老师学贯中西,后任复旦大学外语系主任,为不可多得之学者,惜于"文革"中受冲击,后投井自尽。董老师幼年进华童公学,后入圣约翰大学攻读,他能一字不易地背诵英文版《百万英镑》,尤其是在语音语调上正确诵读。他又是有名之足球健将,与当时之"球王"李惠堂齐名,今年已95岁,为体育界之前辈。吴老师长于英文文法。后去华东师大任教授。数学教师有倪若水、金马丁、归孟坚等。倪老师在教几何时能不用圆规,以一支粉笔在黑板上划一360°之圆形,正确无误,对数学教学之熟练,于此可见一斑。金老师、归老师对数学亦十分精通,被教过的学生都留有深刻印象。理化生教师有胡梅轩、胡昭圣、沈昭文、毛仲馨等。两位胡老师先后去大学任教授,沈老师后去英国留学,攻读生化,归国后在生化研究所工作;毛老师后为全国有名之师大二附中校长。此外,如教历史的潘子端,写有许多文学作品,笔名"予且";邢鹏举自编《中国近代史》进行教学,教地理的陶绍渊,在上海师大任教,其公子继承父业为上师大地理系主任。其他如教体育的陆翔千、姜静南,教美术的陆尔强以及教音乐的仲子通均为一时之选。

遵循教育规律。认真贯彻办学目标

(一)加强教学:光华附中在高中阶段即分文、理、商三科,每科一个班级。文科侧重国文、英文,理科重在数理化,商科除一般高中学科外,又适当增加簿记、会计等学科,既为高等学校输送人才,又为毕业后就业打好基础。回忆在当时课堂教学中的特点:1.教师对学生严格要求,一丝不苟,例如董小培在教英文时,十分重视语音、语调,如有一学生发音不正确时,除个别纠正外,又要求全班学生一起读正确,使学生印象深刻。在澳大利亚大学为汉学教授的柳存仁同学,特地在《光华大学七十周年校刊》上写了一篇文章,以示为师者一丝不苟之精神。2.按照各学科之

特点进行教学,如国文与英文均十分重视有表情的朗读,使之熟读成诵,不断积累字、词、句、篇的数量,古人云:"读书破万卷,下笔自有神。"其意即在于此,与现在之语文、外语教学使学生以大量的练习不同,尤其是所谓的基础知识,用非常混淆之填充题、选择题让学生反复做,令他们越做越糊涂,负担甚重,事倍功半。理科重视学生的实践,备有小工厂、科学馆,除学习课本知识外,又必须亲自做实验,写实验报告方能合格。3.在教学中灵活多样,生动活泼。记得在国文教学中,老师为了防止学生写错别字,对字形的分析以"六书"出之,如"祭"字,左上为"肉"字(古体),右上为"手"字,中间为"六书"中之会意"示"字,又如"染"字,十分生动的用一句话把它记牢,即"染坊里不卖丸药",提醒学生左上不是"丸"字。4.光华附中有一课堂教学特色以检查教学效果。即在课堂教学结束前几分钟,教师突然拿出试卷,让学生测验,题目不多,均属要点。此方法既使学生在学习后必须时时预复习,以备测试,又可使自己检查掌握知识的扎实与否;对教师来说,从测试情况中,可以不断改进教学方法,对提高教学质量,十分有益。这样的课堂教学,不但使学生知识学得扎实,而且在教师的影响下,学生均能刻苦学习,顽强进取,具有良好的学习习惯和学习方法;同时培养了学生的学习责任感和一丝不苟的优良品质,使学习知识与思想道德教育紧密地结合起来,才能潜移默化,成为品学兼优的人才。

由于光华附中的精心办学,使原来教学成绩平平的学校,在1934年上海市开始举行中学毕业会考时,该校接连两届的成绩均名列第一,这足以证明高水平的教学质量是来之不易的。

(二)重视体育:光华附中对体育之重视,为其办学之又一特色。体育既能增强学生之体质,使之有充沛的精力投入的刻苦学习中去,又能培养毅力与意志力,为学习与工作打好坚实的身心基础。

一是重视体育锻炼的普及:学校把体育视为做学问的基础,将健康之体格看成是学习的保证,要求每个学生均须参加各项体育活动。除了专门的体育课外,非常重视早操锻炼。每天早上15分钟的早操,除教师参加外,并检查学生的出勤情况,如有学生一次不到,则予以警告,两次不到记小过一次。学生应站位正确,姿势到位,绝不马虎。此外,学生积极参加课外体育活动,运动场上十分热闹,大有"人满为患"之感。

二是重视各类体育比赛:体育比赛之优劣,往往反映平时体育活动之是否普及与提高。学校除每年一次全校运动会外,还有许多班级之间、年级组之间的比赛,教师与学生比赛,教师与教师比赛等,以1932年下学期的组际间之足球比赛为例,即达18次之多。除校内组织许多比赛外,并积极参加校外之体育比赛,如1933年春参加上海市第二届中等学校运动会,光华附中名列前茅,上海市中等学校越野赛跑在14个参赛队中名列榜首,校际篮球比赛亦荣膺冠军。在校际体育比赛中名扬一时,为上海各中学所瞩目。

(三)丰富学生的课余生活:虽然课外活动不如教学、体育突出,但学校为了培养学生的自主、自立、自治能力,对此亦相当重视,与当时的上海中学及南洋模范中学相比,并不逊色。

1.改变附中之学生会附属于大学学生会的惯例。廖世承先生主持附中校务后,认为学生会组织能使学生提高管理能力,即力主学生会从大学中分离出来,以利于开展课外活动。首先由附中教师指定几名办事干练的学生为召集人,成立课外作业委员会。其次由潘子端老师拟定课外活动计划,经费由附中学生会自由支配。

2.成立各组组会:在学生会领导下,成立总务组、学术组、体育组、编辑组、娱乐组等,设正副组长各一人,理事二人,拟订章程,开展工作。

3.安排活动时间及内容:学校规定每周三下午为课外活动,其他教学活动不得侵占,在时间上作了保证。活动内容丰富多彩,诸如编辑刊物——《附中半月刊》以及历届毕业生纪念刊,排演戏剧,组织中英文演讲比赛,开辩论会、研究音乐和美术,进行体育活动、参观访问、远足郊游、联谊活动、各学科的竞赛活动等等。这些活动在老师指导下,均由学生自主开展,积极投入,兴趣盎然,大大提高了学生的自主、自立、自治的能力。例如作家赵家璧即在附中编辑《附中半月刊》时,引起了他对笔耕的兴趣,毕业后入"良友出版社",成为著名的作家。

除了上述课外活动外,学校又利用每周一上午的周会课,聘请许多有名的学者来校作报告,诸如请李石岑为学生谈人生哲学,潘光旦讲优生学,林语堂讲怎样学习英文,陶行知讲实践出真知的学说,马寅初讲经济学等,对学生修身养性,扩大知识面均起了一定的作用。

廖世承先生特别重视对学生进行爱国主义教育,以继承光华反帝爱国的光荣传统。每学期开学之际,他对全体学生讲话,常充满着强烈的爱国激情,使有的学生参加了革命组织,大部分学生成为社会有用之材。

追忆光华附中的办学精神,对今天提倡将应试教育转变为素质教育,容或有参考价值。教育有其内在规律,掌握了它的规律,即可产生丰硕的成果,决非用一些漂亮的口号而轻易获得的。我在 1937 年毕业于光华附中高中,因年代已久,记忆中难免有误,如有疏漏不当之处请光华附中之师长及同学修正补充之。

杨纪珂忆光华附中①

离家上高中

我在初中,因为比较顽皮,并不是老师们特别喜欢的孩子。由于1934年省立松江中学改称为省立应用化学科职业学校,我的父母希望我中学毕业后上大学,不想让我读中专,所以1935年初中毕业后,就不在松江上学,到上海上了光华大学附属中学。光华附中的校长是廖世承,字茂如。1919年他在美国布朗大学获教育心理学博士后回国,和徐养秋、陈鹤琴、孟宪承、俞子夷、程其保等人汇集在南京高师和东南大学教育科,成为郭秉文、陶行知倡导的中国教育科学化试验的先驱人物。他担任了南京高师与东南大学附属中学主任,开展教学改革试验,使附中成为中国现代中等教育实验的中心。当时的国立东南大学附属中学师资水准之高、阵容之强在中国中学史上堪称空前,培养出了巴金、胡风等众多杰出人士。1927年后,廖氏任光华大学副校长兼附属中学主任,也使光华附中成了上海最有声望和报考最踊跃的中学之一。我在光华附中也许是由于成绩的原因,让我跳过了高一,从高二读了两年就毕业了。

我在光华附中一改初中时的顽皮,成为一个守规矩的用功学生。其间有这么三件事使我终生难忘。

第一件事,是在宿舍楼的西头有个小花园,只要不下雨,清晨6点钟园中就会来个十五六岁的小男孩,在那里背诵文章,那就是我。有一次,我正在抑扬顿挫地背诵诗词的时候,园子里踱进来一位长者。他到我面前问我在念啥。我抬头一看,原来是校长。我有点难为情,红了脸不吱声。他从我手里接过书去看,原来是《诗

① 作者为杨纪珂,曾任致公党常务副主席、安徽省副省长、人大常委会副主任等职。摘自《杨纪珂自述》,湖南教育出版社,2011年1月,第26—34页;标题为编者所加。

经》。他就告诉我"《诗经》乃是春秋时代孔子收集了民间的诗歌编辑而成的我国最古老的诗集，你得用心地读，仔细地推敲，深刻地领会"。我连连点头，心想过去还从来没有一个老师这样地亲近过我。真是个好校长！

第二件事，是高三三个班(一班文科、二班理科、三班商科，我在二班)有一次举行英语背诵比赛，要求背诵 Gettysburg Address。我的英语发音不佳，哪比得上一班的文科生呢。可我还是大着胆子报了名。比赛结果当然名次不高。同学还调侃我："听你末了那句'shall not perish from theearth'，好怪隆！"还用怪声调学我，并哈哈大笑，使我好难为情。从此我发誓要把英语的发音校正好。

第三件事，是全校举行了语文和数学的测验竞赛。这两门功课我很擅长，都得了第二名。这次我总算争回了荣誉，把自己在上次英语比赛中的落后心态纠正了过来，也为全班争了气，同学们再也不嘲笑我了。

光华大学和附中建在同一个校园内。在大学教学楼顶层的图书馆，是我常去的场所。这是个照美国大学的方式开馆的图书馆，我在里面可以自由阅览各种书刊，真是得其所哉！图书馆使我大大丰富了自己的知识面，我所猎取的关于自然科学的知识远远超过在教科书里学到的那一点点东西。从此我有了每驻一地都要跑图书馆的好习惯。

这里我得提一下教我们数学的倪若水老师。每逢他上课，总是一边在黑板上板书，一边讲。写得笔走游龙，讲得眉飞色舞。下课时一黑板的数学符号和一头的粉笔灰，所有的学生都听得怔住了。真是位认真教学而又最能开导学生的好老师啊！还有化学老师胡昭圣，也是位非常认真教学的好老师。而教我们历史的邢鹏举老师除用一厚本英文世界史作为我们的教科书外，还不时讲时事给我们听，使我们了解帝国主义侵略我国的过去和现在。当时正是日寇大举侵华的年代，我们特别爱听他的课，由此大大提高了同学们的爱国心。此外，教国文的张枕蓉老师和教英文的徐燕谋老师也都是鸿儒硕彦。

于是 1937 年高中毕业时，由于学校教育外加家庭教育和自学，我已经有了扎实的中、西、算以及若干社会科学和自然科学的底子。当年松江中学和光华附中老师们的谆谆教诲使我得益终身。而今只能写一些当年记得的吉光片羽，以缅怀他们，感谢他们了。

怎么也想不到的事是，美丽的光华大学和附中的校舍，在我毕业离校后不久，就被万恶的日寇炮火轰击，全部成了一片瓦砾！

更想不到的是1970年"文革"期间,这位为人民教育事业尽瘁一生的教育家廖世承先生竟备受折磨而死,使我十分悲悼。彼苍者天,曷其有极!

怀念张枕蓉先生

我在光华附中上高中时,最赏识我的是国文老师张枕蓉。枕蓉是他的字,他的名是振镛。他的教书方式和初中时教我们的朱雯老师完全相反。他绝对不教白话文和新文学,对鲁迅的小说更是嗤之以鼻。他选了一部梁代梁武帝萧衍的儿子昭明太子所编的《文选》作为教科书。《文选》中所选的诗文集中反映了南朝特别是梁代的学术风尚和文学观念。隋唐以后,崇尚南学,北方士人亦仰慕南风,《文选》因而成为科举必读经典,深刻影响了唐代文明和文学进程,对我国封建社会后半叶一千多年的文化发展也发挥了重要作用。从中也可见梁代特别是梁武帝父子对文化事业的提倡之功。学中文的学生学了这部《文选》,就能见到从秦汉到隋唐之间承前启后的脉络。

例如在《文选》中所选的《古诗十九首》都是我国最早的五言诗,五言诗到唐代而大盛,应归功于《文选》的提倡。又如《文选》中所选丘迟的《与陈伯之书》一篇招降文字,它是汉末建安以来言情书札的继承和发展,具有很高的艺术成就。这篇流传千古的优秀骈文,今天读来,仍能给我们以美的艺术享受,不妨说它大大影响了隋唐盛行骈文之风。《古文观止》中脍炙人口的王勃《滕王阁序》盖有其所自矣!

那天上课,枕蓉先生以独特的音调唱读《与陈伯之书》。当读到这篇文章中"暮春三月,江南草长,杂花生树,群莺乱飞。见故国之旗鼓,感平生于畴日,抚弦登陴,岂不怆恨!所以廉公之思赵将,吴子之泣西河,人之情也。将军独无情哉?"那一段时,他一拍桌子,大声说:"如此我国古代文学中的菁华,以美妙的文字,于叙事之中寄寓褒贬之情,在对照之中蕴涵劝诫之意,爱其所爱,憎其所憎,感情浓郁,态度鲜明。像这样的好文章,你们岂可不读!?"他接着说:"历史上有'伯之得书,乃于寿阳拥兵八千归降'的记载。今天我出个题目给你们,就是代陈伯之也用四六句骈体文写封降书给丘迟。"他出的这个难题使全级同学一片愕然,因为谁也不会写骈体文言文。我也没有写过骈文,但既然老师出了这个难题,也不妨努力尝试一回。于是冥思苦想了好几天,终于用骈体文写成了一篇《陈伯之答丘迟书》,而且用毛笔以隶书认认真真誊写端正交了上去。

第二天枕蓉先生一上课手里就拿了我这篇作文,说:"全级同学只有杨纪珂同学交了卷,这我不怪你们,只怪我出的作文题实在太难了。我也不难为你们了,每人就写一篇读了《与陈伯之书》一文后的文学感受吧。"于是全体同学都松了一口气。他接着又说:"杨纪珂同学作文写得非常好,隶字也写得好,贴在墙上展示给大家看看。"他后来悄悄地问我:"你写文言文很不容易。你的古文底子是怎样奠定的?"我说:"是我爸爸教的,爸爸是章太炎先生的弟子,是个古文学家。"他说:"喔,有家学渊源,怪不得!"从此,枕蓉先生和我就成了有深厚文学感情的师生。

爸爸教了我各种古代文学作品,在六朝的诗文中只教过我一篇,那就是向秀的《思旧赋并序》,所以我对六朝诗文几乎是一片空白。枕蓉先生刚好为我填补了这门空白,投了我之所好。当时我兴味盎然,把他教的文章一篇篇地背诵,除了《古诗十九首》和《与陈伯之书》外,其他诸如江淹的《恨赋》和《别赋》、鲍照的《芜城赋》、潘岳的《秋兴赋》等,过了 60 多年,到现在还能背诵如流。足见枕蓉先生连同这些文章对我印象之深。

其实枕蓉先生读书的方式和我爸爸相仿,他们读书不是在读,而是在唱。因为一是声音洪亮;二是有节奏,可以打拍子;三是有韵味,像在唱歌,铿锵悦耳,但又不是唱歌。过去的读书人其实都是这样读书的。我也学了爸爸的读唱古文和古诗词的声调,感到很能怡情养性。不久前儿女们听了,要我把它们留下来给后辈们听,所以我就把能背诵的文章和诗词录下了几篇,存在电脑里传给他们。

枕蓉先生这样的教书法,除了包括我在内的极少数几个同学外,其余的都非常反感,甚至讨厌他。主要是因为他们对《文选》中的文章不感兴趣,而且他出的作文题又太难。于是大家就想法作弄他,企图把他赶走。

一天,同学们突然哄传:"张先生在抽鸦片!!"

原来枕蓉先生不住在家里,也不住在教员宿舍里,他的卧室是在教学楼走廊尽头的一间小房间。他独自一人在里面,谁也不知道他在里面干啥。那天从他房里散发出浓重的烟味到走廊里,同学们本来就讨厌他,就乘机瞎起哄说他在抽鸦片。于是一传十,十传百,谣言不胫而走,到处盛传光华附中有个教国文的先生是抽鸦片的。虽经校方为他辟谣澄清,也不起什么作用。人言可畏!那个被全校学生在背后指指戳戳称之为"鸦片鬼"的穿着长衫、带厚眼镜、有点驼背、邋里邋遢的老头却是魏晋六朝文学大师张枕蓉先生!可怜的枕蓉先生在此险恶的环境下,也只好引退了。

接替他的是顾荩丞先生。

后来我知道北大校长蔡元培聘请的辜鸿铭教授也很古怪,他还留着一条辫子,而光华附中廖世承校长聘请的张枕蓉先生却没有辫子而已。然而,北大能容纳得下辜鸿铭,光华附中却容纳不下张枕蓉,也许是中学生比不上大学生那么有见识、有涵养吧。

枕蓉先生离开了光华附中,再也见不到他了。也许很多人都记不起他,可是有一个仍然在背诵他所教的诗文时想念他的学生,而且到老如此,那就是我!

光华附中的老同学们

高中毕业后,日本开始侵略中国,同学们都星散,各奔前程。我们二班有五十几个同学,多数已记不起了。但还有少数几位,仍然留在我的脑海中,挥之不去。我想还是为他们写几句吧。

女生读理科的极少,但我班却有突出的一位,她叫王昌颖,是我们班里唯一的女同学。在教室里她坐在前排左首第一位。她是位非常倜傥的女同学,有男子气,也不跟任何男同学谈恋爱。后来才知道她是中共地下党员,后来在上海被捕遇害,我曾多次在上海烈士名单中找她的名字,可是一直没有找到,深感遗憾。

班中最活跃的同学是刘达人。他是当时总司令何应钦的外甥,比我大 2 岁(我是班中年龄最小的)。1937 年我到重庆时他还请我在李子坝他家中吃了顿饭,记得饭菜的鲜美是我从来没有尝到过的。后来他毕业于搬到重庆沙坪坝的中央大学,又到美国和菲律宾留学,成为纽约大学硕士和圣托马斯大学博士。我在美国留学时,他曾寄给我一张他的婚照。他的活动能力很强,后来在台湾国民党的外交界出人头地,我在报上见到他当了外交部发言人。

还有一位任嘉尧,我回国后曾在上海见过他,是位名记者。最近在 2008 年 1 月 19 目的《新华网》上见到:"……在《文汇报》创刊 70 周年的座谈会上,《文汇报》第一代报人、90 岁高龄的任嘉尧老先生也表达了对《文汇报》的浓情厚谊。……"原来他比我大 3 岁。他是上海报界闻人,所以知道的事特别多。他见了我,还告诉我关于致公党同事也是光华附中校友董寅初的当年事迹,说来娓娓不倦。

在校住院部宿舍和我同房间的是郑宝铭、李度和李如佩。这三位同学和我都很友好,如同手足。郑宝铭不知去向。李度是著名文学家李青崖之子,只知道他和李如佩都毕业于武汉大学,后又都留学美国。还知道李度现定居美国,但从没有通音讯。

还应当说一说当年虽不同班但同桌吃饭的王眉度同学。他是当时上海市商会主席王晓籁之子,当时他是用小汽车接送上学的阔少爷。他和他的 6 个文科"跟班同学"一桌子吃饭,空了一个座位,碰巧给了我。这桌的菜肴和其他桌大不相同,每餐都增添三四碟佳肴。王眉度的派头我很看不惯,可是后来听说他当了空军,参加抗日战争,不幸在空战中阵亡。我听了,对他肃然起敬,为之唏嘘良久。

　　写到这里,我想起了苏东坡写的一首七律《和子由渑池怀旧》:"人生到处知何似,应似飞鸿踏雪泥。泥上偶然留指爪,鸿飞那复计东西。老僧已死成新塔,坏壁无由见旧题。往日崎岖还记否,路长人困蹇驴嘶。"当年的同窗好友,现在天各一方,不通音讯,有的恐已作古。即使有在世的,也都是九十左右的老人,来日无多了! 叹尘世间沧桑幻变,不禁洒泪以凄怆!

怀念母校光华附中①

光华附中是我们最惦记的母校。1936年秋,作为初一学生跨进大西路上镌有"光华大学"金字的牌楼式校门。校园正中矗立着一所巍峨的大礼堂(即"丰寿堂")。附中校舍位于丰寿堂之东,其西为大学部。附中建有设施完善的建筑群,包括:教学和办公大楼、男女生宿舍、图书馆、科学馆、音乐教室、健身房和具有400米标准跑道的体育场,童子军团部及营地。这么宏伟壮观的学舍,在抗战中被日寇全部夷为平地,实深痛惜!此后只得三迁校舍,先迁愚园路岐山村,半年后再迁成都路,又半年即1938年秋迁至汉口路证券大楼。在1942年初为避免敌伪干扰,附中暂改称"壬午补习社",直至抗战胜利,始复光华附中原称,1946年迁址欧阳路新校舍。

光华附中在廖世承校长领导下,曾被列为全国最优秀的九所中学之一,获选为推行五年一贯制中学的试点学校,后因抗战而中止。光华附中的高质量教学和认真办学精神,深受社会赞许,认为它与省立上中和南洋模范中学是上海市三所最优良的中学。在全市中学毕业会考中,光华附中成绩突出,曾两次名列第一。附中对体育运动也力求上进,曾在全市中学足球联赛及越野赛中取得冠军。

记得有次足球决赛,本校以两比一胜对手复旦附中,全校一片沸腾,于丰寿堂召开大会庆祝并放假一天。那时足球队长为聂光址学长,郑纯勤作为队员之一,于1998年游美时,相晤于旧金山,谈及六十多年前球赛盛事,甚感欢乐。当年还获篮球决赛冠军,因在暑期间,未及庆祝。附带说一则校内篮球比赛故事:高一与高二举行级间篮球决赛,参赛队员中有高一的宋显勇和高二的杜定胜。双方各自以对联形式张贴海报,高一的对联是"显勇当能显勇,定胜未必定胜",结果是高二赢得冠军,于是高二亦出对联"显勇未能显勇,定胜果然定胜",妙联巧对,可见当年校园

---

① 作者为郑纯勤、徐武定。摘自《光华精神　光华人》第370—373页。

生活的多姿多彩。

我们在大西路时期，仅度过一年的快乐生活。比如，童子军露营活动，先是在校内体育场，再是去昆山郊外。又如，每学期举行的师生联欢会，也是一大盛事，内容有歌咏、器乐演奏、话剧演出，当时我们年级表演的"最后一课"获得初中演出奖第二名。

1939年夏，我们初中毕业，经全体同学努力，编辑出版毕业纪念册，内容有校长、老师及毕业同学的照片，有同学自己写作的诗歌、短文、书法、绘画，以及摄影习作，最可贵的是王瑗仲（蘧常）老师题写级训"勤奋"两字，王老师的章草书法，铁划银钩，增加纪念册的荣光。姚昆群同学还为班级撰写小史。可惜的是，这本精美纪念册，经历数年的风雨，今已荡然无存了！

高中三年，全在证券大楼学习，分为文理商三科，编成甲乙丙三组，理科学生最多，再分A、B小组。高中的数理化及西洋史（外国历史）均采用国外大学教材的英文原本，这是鉴于本校已在初中给学生打下较好的坚实基础，有可能并有利于提高教学水平，也使毕业生能顺利地考上大学或就业。光华附中重视国文和英文教学，不定期举行全校作文比赛，张寿墉校长也十分关心，要调阅部分试卷，进行考核，徐武定所作的《过秦论读后感》应试考卷，曾得张校长的亲笔评点。英文课则举行英语演讲竞赛，以促进学习口语兴趣。校部还设置奖学金，对品学兼优，评得班级中第一名者给奖金四十元，第二给予奖状一帧，以资鼓励。附中在抗战时期，仍不忘对学生进行爱国主义素质教育，开设名为"精神修养"一课，曾由倪文宙、沈昌焕等老任教。高中同学在下午自习期中，除参加理化实验课外，也开展课外活动，如出版以"嘤鸣"命名的刊物，集编同学的习作，举行园游、唱歌和球类等活动。由郑纯勤主持的"GB乒乓队"曾在全校比赛中多次称雄。

我们于1942年壬午岁高中毕业，迄今虽已超越一个甲子，达六十一年之久，但怀念母校之心永存。许多国内外同学经常聚首，共话往昔同窗情怀，现在国内的有李瑞骅、徐武定等十余人，在境外的有：加拿大李瑞麒，美国何诚志、朱民德、丁汝、吴耀祖，袁庆官，泰国郑纯勤，澳洲曾昭统，台北徐承孝等。丁、吴两位在学术方面卓然，曾于去年来北京出席数学家大会，吴耀祖还当选为中科院外籍院士，是我母校之荣光，也是多位师长谆谆教诲之功，师恩浩荡，终生难报于万一。

李瑞骅忆光华附中[①]

　　1936 年小学毕业后,我和瑞麒考入光华大学附属中学,这所学校在大西路、中山路口,是上海最好的中学之一。校长廖世承是全国著名的教育家。当时就理工科而言,学校办得好坏的标准之一是毕业后能否考上交大,而省立上海中学、南洋模范和光华附中当数名列前茅的三所中学。

　　初中一年级我们就住校,那时我仅 12 岁。在智力刚开发时,住校就读对我们在德、智、体全面发展方面起了很大作用。父亲认识当时在学校教西洋历史的姚舜钦老师,托他照顾我们。后来我们升入高中后,就上了姚老师教的历史课,他采用的是英国历史学家霍尔姆斯(Holms)编写的西洋史教材。后来他任华东师大的历史学教授。记得入学后我们住在中学宿舍楼一层中间靠右首的第一间。学校管理严格,每天早上都是吹军号起床,晚上不准晚睡,为此老师都要查夜。晚上我们有自修时间,但我们那时很顽皮,往往不做功课,到了晚上熄灯后才躲在被窝里做功课。有两位教务主任是专门负责管理学生的,他们晚上要逐间查房。每间宿舍房门上都开一小窗,查房时老师可从窗口往里看。那时我们六人同住一室,一听到他们的脚步声就不敢再做声了。我们非常害怕他们查房,所以背后给他们起了两个外号:称王宾时老师为"王扁头";称另一位姓张的老师为"张剃头",因为他经常穿一件白色的衣服,像个理发师。

　　光华附中有非常漂亮的校舍,还有很大的操场,我们组织了小足球队,经常在操场上踢小足球,我和瑞麒都是守门员。与我们弟兄两人同住一室的有郑纯勤、徐承孝、卢贤杰、朱民德等同学。在学校隔壁有一王家花园,就是光华大学的创始人之一王省三的私家花园。我们同屋的几个人经常爬墙到王家花园去玩,还美其名

---

　　① 摘自李瑞骅《八十忆语　一个早期归国工程师的自述》,山东画报出版社,2006 年 8 月,第44—49 页;标题是编者所加。

曰"探险队"。花园很大，也很好玩。但我们是偷偷摸摸去的，看见有人过来就赶快逃。有一次竟逃到了一个洋人家里，女主人在楼上看见我们，以为是小偷，追出来抓我们。朱民德跑得最快，得以逃脱，而瑞麒逃得慢了一步，竟被抓住。后来她知道了我们都是学生，原来是一场误会。我们当时还参加童子军，到昆山参加露营活动，住在帐篷里。帐篷是由我们自己搭的，搭起后用粗的绳子拉紧，并在周围挖一条数寸深的雨水沟。晚上还组织偷营活动，十分有意思，至今印象犹深。

我从小喜欢下围棋。校长廖世承非常平易近人，与学生很是接近。他发现我爱下棋后，带我去他家与他的父亲下围棋。当时廖老先生大概有六七十岁，身体尚健。围棋的棋盘有19格，一共要下381个子。下一盘棋需一二个小时。但我们仅用四分之一的棋盘，只需下100个子，下一盘棋不到半个小时即可结束。这种下法无须全面布局的战略战术，只需考虑边角厮杀的技巧，因此要求较低。我与廖老先生下了三四盘棋，因为我们这种简化下法对围棋的水平要求较低，故各有胜负。我国古代有许多棋谱残局，学围棋就需学习摆棋谱，才能提高技术。小时候下围棋确是锻炼思考的良法。但我不知道现在是否还有这种仅用四分之一棋盘的下法。

我和瑞麒初一入校后不久就在饭厅里认识了高三的一位同学吴淞声。他很喜欢我们两人，像大哥哥一样对待我们。后来我们请他来家里玩，认识了父母亲，父亲还托他多多照顾我们。想不到从那时开始，数十年来他就成了我们全家的朋友，一直保持着密切的交往。他思想进步，但那时尚未入党。关于红军长征、朱德和毛泽东到达延安、西安事变等事我们都是从他那里得知的。他在光华毕业后，父亲介绍他进了中国银行。解放后他在中国银行担任要职，后来离开银行界，担任上海市机电局的局长。

我们在大西路的光华校园内住宿一年，是我们中学生活中最快乐、最丰富多彩的一年。到了1937年，光华校舍遭日寇轰炸，被夷为平地。日寇入侵中国，着意破坏我们的文化设施和机构，他们炸毁光华大学和附中的校舍，炸毁当时中国最大的出版企业商务印书馆及其东方图书馆，其险恶用心昭然若揭。中国数千年历史之得以绵延不断，就是因为我们有数千年博大精深的辉煌文化。而日寇企图毁灭的恰恰就在于此。校舍被毁后，我们被迫搬到愚园路岐山村临时校舍上课。在岐山村仅读了半年，又迁到成都路的临时校舍。在成都路读了半年又迁到汉口路旧证券大楼，这才算相对稳定了下来。那时学校对学生是高度负责的，即使困难再大，也没有耽误学生一天的学业。试想全校学生的课桌课椅、图书，以及其他各种没备三次大迁移,是多么地困难。即使在现在的条件下,其难度也不小,何况是在外敌入侵、民族危亡之际。这也表明了廖校长的办学精神。

到汉口路旧证券大楼上课时,我已是初中三年级了。教我们国文的王蘧常就是我当年在育才小学的国文老师。他是国学大师,教的基本上都是古文。每次上作文课,他都要求我们在一小时内用文言文写一篇作文。我们还常在作文中加上自己做的五言诗、七言诗,并尽量试着用排句对句,把小时候读的唐诗和《古文观止》尽量引用上去。老师批改作文是非常认真的,凡认为写得好的句子,都在边上画上圈,精彩的部分甚至标以双圈。老师用甲、乙、丙评分,每一等还分成上、中、下几种。每篇作文后面都有老师的评语。英文课上我们学的是英文本的"纳氏语法"(Nesfield Grammer)。数学用的是英文本的"三 S 几何学"。所以,国文、英文、数学这三门基础课的水平均超过现在中学的水平。我认为中学是打基础的阶段。只有把这三门基础课学好了,才能在以后的大学阶段学好专业课程。我们班上的同学可说是人才辈出,各方面事业有成者不在少数,这和学校的教育方针和方法是分不开的。

当时外敌入侵,国难当头,学校里有进步思想的学生甚多,如卢贤杰、蔡秉贤、董乐山、邹斯履等都是相当突出的。其中卢贤杰因传播进步思想被校内三青团特务注意而被迫辍学,转到别的学校去上学。岂知到了另一所学校又被三青团分子认出来,最后他干脆去苏北参加新四军游击队。他曾被日军围困九次,都幸运脱离险境。解放后他在新华社工作,我们每年都有机会见面。蔡秉贤也是地下党员,与杨帆、潘汉年单线联系,按照上级党组织的旨意打入蒋经国在江西的特务团,且担任团长,曾被蒋介石授予中将头衔。上海解放初期二七大轰炸后,蔡与杨帆、潘汉年同被投入北京秦城监狱,直到六十岁才释放出狱,回到上海结婚成家,但不久也就辞世。董乐山是个十分有文学才华的人,中英文都很出色。他曾翻译斯诺的《西行漫记》等巨作。但前几年因患癌症去世。乔石与我们年龄相仿,据说他的组织关系也在我们班,但当时我并不认识他。邹斯履是邹韬奋之子,文笔极好,为国文老师王蘧常所赏识。解放后在广州任教。

在学术方面最有成就的要算和我最要好的同学丁汝了。他的父亲丁毅音是商务印书馆负责编写教科书的资深编辑,解放后在中国人民大学任教直至逝世。丁汝家住在同孚路旭东里,与我从初三一直同学到高三。因为我们两人住得很近,每天放学后我们都一起步行半小时回家。后来我们又一同考入交大,他学的是机械系,我是土木系,但一、二年级的课程都在一起上,所以我与他交往甚深。他的数学基础是全班最好的。那时他经常来我家下围棋。1946年在交大毕业后,他考上公费出国,为美国哈佛大学所录取,得博士学位。他从机械专业转到力学专业,又转到数学专业,后来他一直是纽约大学数学研究所的教授,是国际著名的数学家,常回国到清华大学和上海交通大学讲学,我和他至今仍经常保持联系。

另一个在初中时比较要好的同学吴耀祖,曾与瑞麒合写过一本如何制作模型飞机的书。因为书中谈到中国飞行员如何击落日寇飞机的事,我们怕被日寇发现,把书藏在屋顶的瓦片下。有一次在灯火管制时妹妹瑞兰开了灯,一个日本兵闯进来,幸好那时我们已将书藏好,没有被发现。吴耀祖成绩也很突出,初中时得过化学奖,奖给他的是一套化学仪器。他把那套仪器全部放在我们家,我们一起玩化学实验,做氢气、氧气,还自己做柠檬汽水喝,并做过一个最简单的电动发动机。吴耀祖后来去了重庆交大航空系,1946年毕业后去美国留学,现任美国加州大学空气动力系主任,这个位置以前是由钱学森担任的,钱回国后由他接替。他也是国际上有名的空气动力学专家,现被上海交通大学聘为名誉教授,是中国工程院的外籍院士。2002年被上海大学的钱伟长校长邀请来上海参加国际数学大会。

在商业上有成就的是郑纯勤、徐承孝、魏鸣一等人。郑纯勤于上海沪江大学毕业后,被派往泰国中国银行工作。他是广东潮州人,为明朝郑和之后,郑氏家族在泰国很有地位。他为人聪明能干,担任银行经理数十年,还创办保险事业,是泰国著名的银行家。最近十多年来,他每年都专程回国与老同学相聚,可说是光华老同学中的核心人物。徐承孝家上世纪30年代在上海福州路开设大声唱片公司。他去台湾后继续从事音响事业,现在还在经营,相当成功,他经常来大陆,并在上海购置房产。魏鸣一是学电机的,出国留学回来后曾担任电子工业部的副部长,后在中国国际信托投资公司担任党委书记多年。

我们在光华附中时的乒乓球队队长王申亨是东吴大学法律系毕业的,精明强干,去澳门经商不出数年就成了亿万富翁。可惜身体较弱,过早去世了。朱明德在交大航海系毕业后,在董浩云的轮船公司任舰长多年,后在美国纽约港担任领航舰长至退休。此外我们的老班长张君实,以及高津龄(后改名马竟)等都是地下党员,沈乃莘是有色冶金设计院的总工程师,何诚志是五机部的总工程师。

回忆数十年来,我们这些同班同学虽在毕业后各奔东西,但在各自的行业里都取得了骄人的成绩,也证明了光华教育的成功。中学是学习为人之道的最为基础、最为关键的阶段。那时我们学习并不像现在这样紧张,但我们是得到德、智、体各方面的全面发展的。回忆这六年的中学生活,感慨万千,对母校充满感激之情,是它的教导奠定了我八十年的人生历程。

乔石印象记①

1940 到 1945 年间，乔石担任光华附中地下党支部委员、书记，上海地下党中学区委书记；又在上海华东联合大学文学系学习、淮南华中局城工部调训班学习。

抗战胜利后，他担任上海地下党学委中学区委组织委员、上海下党学委总交通。根据毛泽东、周恩来"尽快到上海办报、办刊物"的指示，从事报刊工作的青年干部奇缺。在《联合晚报》初期，我担任记者，认识了从四明山区到上海的翁郁文同志，她担任文化艺术记者。后来又认识乔石同志（当时用名蒋经逸），担任助理编辑，协助郑森禹同志编《国际》周刊。不久，我专职担任《消息》半周刊和《文萃》、《评论报》的编辑。记得蒋经逸曾向《文萃》投寄一篇文译稿，文笔谨严，字流畅，他谦虚地说这是他试译稿。其后我去了香港，到新创刊的香港《文汇报》工作，和他暂时中断了联系。

只知道他担任同济大学总支部书记，在学运中搞得有声有色。

新中国成立后，中央理论刊物《学习》创刊，我任编辑，翁郁文在团中央，经逸在杭州团市委宣传部，不久经逸和郁文先后调到上海在华东团委工作，1954 年他们结为夫妇。

1962 年到 1963 年，在中共中央高级党校理论班学习，干劲十足地参与"九评"纂写工作。

1963 年至 1982 年，任中共中央对外联络部研究员、局长、副部长。记得粉碎"四人帮"后，我常去北京，和《联合晚报》老友相叙，谈话焦点涉及对南斯拉夫的看法，即是蒋经逸的专业，一向谨慎小心的他和有话就讲、有疑就问的我，形成鲜明的对比。

另一件事是为陈琏同志（陈布雷的女儿）平反并在沪举行追思会。郁文的大哥

---

① 作者为温崇实。摘自《光华精神　光华人》第 234—235 页。

翁泽永经我从旁一再催促，写了一篇《陈布雷的笔》在《新观察》发表，受到李一氓同志的肯定。从此乔石夫妇才放松对对泽永写陈布雷的限制。由此可见，他的组织观念要比我强得多。

我与乔石夫妇年龄相仿，相识五十余年，时有来往。如果不是这光华校庆嘱我写点介绍，我还不知道他原来也是光华校友哩。

难忘成都光华村①

我是在北平生长的。卢沟桥事变发生的那年,我正在北平的一所教会学校育英中学读初中。

没有想到抗战开始后大约一年,我家竟随着逃亡的人群经陕西越秦岭进入了四川。在成都住定后,我进当年颇有名气的古老成都县中插班学习。古老的读书环境与氛围和教官统治下的军事管理,使我这个自由成性的"外省人"很不适应。

初中毕业后,我得到了上海光华大学开办成都分校并有附中的消息。我喜出望外地前往寻觅。

光华大学成都分部的校址座落在成都新西门外光华村。从成都著名的青羊宫出发,出新西门,沿着去温江的公路西行,路边遥遥可见草堂寺里一片古木的浓荫,再前行不久就可看到广阔的平原上一片星罗棋布的崭新校舍,那就是光华村。

光华村由于有较丰裕的土地资源可供规划、使用,布局可以不受土地的限制。校舍的设计是左右对称的十分整齐庄严,并且有宽阔的场地可供师生活动,校舍一律平房,疏疏落落地点缀在锦绣般的田野上。这不能不感谢四川开明士绅支持办学的热情与慷慨!

校门外并排挂着光华大学成都分部及附属中学的校牌。校牌和光华村里其他各处建筑物的标牌都出自同一位书法家的手笔。

进校门前行,是一座有圆柱的办公楼,庄严肃穆。其后是一大块绿草如茵的草地,再进去就是附属中学了。

我来到光华,顿感进入了民主自由的新天地,如鱼得水。我是寄宿的,首先接触的是舍监老师,这位老师年约四十,背头锃亮,然而盖不住他的秃顶。他上身西装下身是西式灯笼裤和一双大马靴,鼻子底下一抹小胡子,有时还手执马鞭,活脱

① 作者为唐振统。《光华精神 光华人》第395—397页。

脱一位来自上海十里洋场的驯马师。有时同学淘气,他手执马鞭,貌似生气,佯做追赶,同学们背后叫他马大靴。这些往事回忆起来颇有情趣。

光华附中的老师们有许多是大学教授兼任的。他们学识渊博,教学水平很高。例如教数学的徐春霆老师不但业务娴熟,而且十分风趣,给我们讲解析几何时在讲台上,讲到入神处只见他双目紧闭,一手在黑板上信手画着曲线演示,一面讲着一面后退,直至退到讲台边沿跌将下来,令人忍俊不禁。附中主任顾绍炎原是江苏省著名的省立常州中学校长。国文教师翁以观、生物老师徐复钧、英文教师马大椿都是中学教师中的佼佼者。那时正值抗战期间,生活十分艰苦,但成都光华附中老师们认真负责,为祖国培养了许多英才。就以上海而论,解放后在上海文史界颇有名声的唐振常不就是当年成都光华附中比我高一班的老学长吗?成都光华大学的教授中亦有学界巨擘,谢霖副校长本人就是我国第一位会计师,此外法学院萧公权亦为法学权威。

我是个离不开图书馆的人,我喜欢成都光华的图书馆。馆内陈列着有关校史的许多照片,在其中我们能见到光华大学的创办人,我们敬爱的张寿镛校长。记得当时校长逝世的消息传到成都时,全校师生沉浸在悲痛之中。我们附中献给张校长的挽歌:"肇造本校谁奠基,张前校长手创之,二十寒暑迄今兹,经营惨淡苦不辞!"还有"……沪蓉两校,伟绩常留!"集中概括了张前校长的伟大业绩,这些歌词,至今还经常萦绕在我的心头。

成都光华大学继承了上海光华师生爱国反帝光荣传统的。师生们都关心国事,在抗战期间曾请爱国将领冯玉祥来校讲演,在白色恐怖中还请来了民主同盟的张澜来校演讲。此外,我们渴望民主的同学也有秘密渠道经过辗转传递能看到香港的进步报刊及重庆的新华日报。

光华在我的一生中关系很深,我毕业于成都光华附中,是成都光华和成华大学的学生,同时又是成都光华附小的代课老师,最后毕业于上海光华大学,因此对于母校和昔日同窗学友总还有剪不断的思绪。

解放后五十年代初,我自北京华北革大毕业后,响应号召,请求为工农教育服务,得到了中组部的批准和赞许,调回华东参加创办苏南工农干部文化补习学校的工作。那时我去江苏常州专区招收调干生,我忽然想到当年成都光华附中的老师有些原是省立常州中学的老师,也许他们返乡后又回到了原校,因此我抱着姑妄一试的想法,前往探寻。谁知竟然找到了多年失去联系的翁以观老师、马大椿老师。

在那翻天覆地的解放战争后重新相见,乐何如之。蒙翁老师、马老师设宴与我相聚,畅谈别后。惭愧的是我当时拿供给制,未能答谢师恩。解放初期,学俄文风行一时,而马老师擅长教授的英文却门庭冷落。我只有说些劝慰的话。如今五十年过去,迎来了改革开放的大好年代,英文又成了气候,但不知老师近况如何。

我生长于北平,终于又回到了北京。解放初,在一次中苏友协举办的学习俄语的集会上,见到主持人仿佛是成都光华附中的同学江某,由于怕认错了人,他又很忙,未敢前去相认。又有一次在北京什刹海的水边,碰见了坐在轮椅上的当年教过我语文的赵贞信老师,他是北京师大的教授。再有使我不敢相信的是北京一位现已退休的大学教授,是当年光华附小的学生。光华真如成都校歌中所说:"众才分道扬先鞭"了!更使人惊喜的是当年成都光华的谢霖副校长有一天忽然来到我家,他是来看望他北大老校友我的父亲的。令人感慨系之的是斗转星移,当年气宇轩昂精力充沛的大学校长如今竟变成蓄了长胡子的老翁。其后又有很久没有见到了!真是"大江东去,浪淘尽千古风流人物"!

解放初期光华附中二三事[①]

我高一到高三是在光华附中学习的,即 1948—1950 年。当时校址在上海虹口区溧阳路。我们三兄妹(江平、江龙和江鸿)都在同一个学校学习。

我们班上有很多同学在北京,就我所知,有徐懋、薛少薇、沈慧安、叶志雄、叶蕙馨、郑淑蓉、吕天垛等。前几年当我班留美同学万宁归国探亲时,我们还有聚会,都已是六七十岁的老人了。对于高中和解放初期的情景已经淡泊,很多事都记不清了,但有一些仍然是历历在目。我记得当时的许多教员都是大学的教员来兼任的,有很多教员都是十分有造诣和有名望的。在教过我的老师中,徐燕谋、归孟坚、吕思勉等都是大家十分敬佩的老师,还有很多老师如陈思卓、李嘉音等也都是学问和讲学水平很高的。我们班的许多同学毕业时都考取了大学,而且名次都不低。光华附中的学习为我们以后的工作和深造打下了良好的基础,大家为能有机会在光华附中学习而感到幸运。

那时的光华附中和光华大学是连在一起的,但又是分开的。我们附中和大学的同学可以通过一条小路互相来往。解放前光华附中和光华大学已有党的地下组织,因此在 1949 年 5 月上海刚解放,光华附中很快地就参加了各种上海市学联组织的各种政治运动,如护校、稳定金融的反银元宣传、“七、六”大游行、劳军救灾、南下参干等。而且在很快就发展和成立了党、团组织。我记得当时第一批团员是这样产生的。在团区工委领导下,首先在进步青年群众中推出筹备委员,而后由上海市青年团虹口区工委批准。我记得当时团区工委派到光华附中的工作干部叫林愚真,我是在 1949 年 10 月 22 日入团的。我们附中的党支部也在此时很快地就发展了。当时我知道勇俊本、陈丽华是地下党员,他们二人是我的入党介绍人。我于 1949 年 12 月 10 日加入中国共产党,同时入党的有乐翮晓、赵志然、叶志雄等,很

---

① 作者为江龙,中国科学院院士。摘自《光华精神　光华人》第 373、374 页。

快又有朱允中老师、江平、叶蕙馨等加入。组建了党支部,党支部书记是勇俊本(我们在毕业后一直不知对方地址无联系,后来听说他是大连工学院原人事处长,也不知是否准确)。

我于1950年考入南京大学化学系。从同年入校的同学得知,像光华附中那样在中学已有党支部而且在学生中有那么多党员的很少,说明当时光华附中是十分进步和朝气蓬勃的。

癸巳社始末①

1949 年 5 月上海解放前夕,学校的课时上时停,由于苏州河南北交通断绝,我只能住在光华附中的德生堂里。毗邻的大学部当时已被占为敌联勤司令部,整天价地但见车辆人员进进出出,乱哄哄地。5 月 27 日上海解放,那天上午我站在四平路畔目睹人民解放军列队进入市区的威武形象和老百姓热烈欢迎的动人场面。

早在 4 月间,光华附中地下党的同志,其中有勇俊本等,经常在德生堂对我们说,中国共产党领导的人民解放军已兵临长江,蒋家王朝即将灭亡,要积极参加护校,迎接解放等。在思想上对中国共产党和解放军已有了认识。

解放以后没多久就结束了初二的课程,学校开始放暑假了。当时我们几个同学,有陈韫宁、江鸿、蔡秀君和我等,想在暑假为学校和社会做些事情,便酝酿组织社团。当时学校还有另一些社团,都是高年级的。经过讨论,决定取名为"癸巳社",因为我们这班到高中毕业(1953 年)时就是农历癸巳年,故以此命名。主席是蔡秀君,陈韫宁、江鸿任组织,我主宣传。可能还有一些同学,一时确实记不起来了。在 1949 年的 6、7、8 几个月间,癸巳社的经常活动为:组织同学参加反蒋示威大游行(7 月 6 日),慰问人民解放军(演出、联欢),为赈灾和防疠上街募捐,宣传打击银牛,编辑出版《希望星》壁报等等。之所以取名为《希望星》(Wishing Star),是将中国共产党视作人民希望星。希望星即金星。

壁报主要是歌颂党和解放军,宣传时事政策,报道学校暑期动态等。每期《希望星》都由我一人编辑书写,将稿件书写在全张的铅纸上,像报纸那样划成许多栏目,书写时必须精确设计计算。"希望星"三字作为报头,每个字上都绘有一颗红星,红黑分明。每次出一期,总要花两三天的时间,那时正逢溽暑,伏案而书,也是需要一点精神的。

---

① 作者为汪洋,本文摘自《光华精神　光华人》第 375、376 页。

癸巳社的一些活动,都得到已公开的附中党支部的关心和指导。我们每个成员对社的一切工作都很热心和认真,年纪轻,加上刚解放,换了人间,对新事物都很容易接受,做起事来也是意气风发,雷厉风行的。大家每天都像上课一样,准时到校,自付车资和饭费,风雨无阻,应该说是得到了很好的锻炼。后来暑假结束,我们的癸巳社完成了它的使命,自行解散了。

附录:大学附属学校的历史传承与转型发展①

引言

近十多年来,随着我国城市建设的快速发展,特别在各地新城区建设、城区发展转型和区域教育均衡等语境中,优质基础教育资源的引进或输入是成功实现人口导入或人才引进、加快造就区域居住品质、提升城市社会文化形象的关键条件。在名校异地办学、委托管理学校等各类合作办学行为中,政府或企业与大学共建附属学校②是一个广受欢迎的途径。

当前尚无完整数据显示全国有多少中小学校冠名大学附属学校。但从以下信息可以做出粗略推断:在北京、上海、西安、南京、武汉等国内 985、211 大学资源丰富的城市,每个城市都有若干所大学附属学校,以上海为例,据 2011 年上海市教育调查队委托调研项目《上海市大学附中办学现状调研报告》统计,当年上海各类附属学校,属于普通高中的就有 38 所③;在那些大学资源较少的区域,大学异地举办附属学校也快速发展,有的城市同时引进两家甚至更多大学同城举办附属学校,这里,北大、清华、几所部属师范大学以及外语类大学是地方政府期待合作的主要合作方大学。除了传统上具有教育学科优势的师范大学和外语学科优势的外国语大

---

① 本文作者为赵健。

② 本文中的"附属学校",也简称附校,是所有在正式名称中冠以大学全名的各类学校(幼儿园)的概称,包括但不限于××大学附属学校、××大学实验学校、××大学外国语学校、××大学双语学校等命名方式的学校、幼儿园。

③ 冯明.大学附中的合作现状、价值、优势与发展——基于上海市大学附中办学现状的调研与思考[J].教育发展研究.2013,(4):7—14。

学以外,学校所"附属"的大学几乎涵盖了各类型的高等院校,在有知名度的理工农医艺类大学中,许多都在所在城市拥有该大学冠名的附属学校。如果再算上大学的下属企业或相关机构获得大学授权开办的各类大学冠名的基地学校、集团学校,这个数字将会更加可观。

大学附属学校热,有其历史的和现实的背景。许多城市的名校中,大学附属学校占据了重要的份额。例如,比较民间的各类排行榜,北京的高中居前十位的,大学附中占了半数以上;上海高中传统的"四大名校"中,大学附中占据三席。许多城市积极引进大学附属学校,相当一部分办学质量优良,迅速提升了学校所在地区的基础教育的水平,以较快的方式满足了当地人民群众对优质教育资源的渴求,提升了地方政府和人民群众对大学的信赖。但是,与此同时还同时存在令人困惑的现象。首先,并非每一个学校都能借助于大学的冠名声誉、学术资源和文化辐射优势,如愿地崛起为当地的"名校"。有历史上曾经的知名附属学校如今已经声誉平平的,也有普通学校冠以大学名后并未改变原有的办学水平而继续艰难维持的。其次,来自许多大学教职工的困惑是,既然是所服务的大学的"附属"学校,为什么有的学校能够敞开接受教职工子女入学,而有的就不能?

"附属"究竟如何理解?大学附属学校和大学到底是什么关系?是什么因素成就了那些声誉卓著的大学附属学校?过去与现在,大学附属学校成功的内在机制是什么,又有什么不同?一个附属学校的成功,与大学、与所在的城市之间究竟存在怎样的关系?大学附属学校的产生与发展,是在中国的独特历史背景和社会背景下的特殊产物,还是高等教育与城市化发展进程中必然的共营行为?带着这些问题,本文力图通过追溯大学附属学校的起源,梳理其发展的历史脉络,揭示其不断转型的发展规律,来解答这些问题,解读大学附属学校在区域教育发展中的独特价值,并探讨影响其规范发展和规模发展中遇到的主要问题。

一、大学附属学校的历史源起

无论是在新中国建国之前还是建国初期,大学创办的附属学校就是大学的一个组成部分。如:光华大学和大夏大学是民国时代上海两所著名的综合性私立大学,两校于1925年创办时,附中就是大学的一部分。《私立大夏大学一览》曾记载,在大夏大学1925年十月十六日正式上课时,学校注册学生七百余人,"科别有大学文科、理科、商科、教育科、预科、高级示范专修科、附中"。鲁继曾教授任附中主任。

《光华大学大事系年录》曾记载,1925年9月7日"在霞飞路举行光华大学第一次开学典礼。大学暨附属中学学生九百七十余人。张寿镛为代理校长,朱经农为教务长,陆士寅为附属中学主任"。廖世承教授,钱锺书的父亲、一代国学大师钱基博教授也都曾担任光华大学附中主任。1951年9月随着光华大学和大夏大学合并成立华东师范大学,即新中国第一所师范大学,原私立光华大学附中和私立大夏大学附中合并成为华东师大附中(今华东师范大学第一附属中学),并转成为公办学校①。1940年,国立西南联大师范学院遵部令,由黄钰生、冯友兰、吴有训、查良钊、陈雪屏成立筹备委员会,设立附属中小学校,始称"国立西南联大师范学院附设学校",即今天的云南师大附中前身②。西南联大附属学校包含当时随清华大学南迁的成志学校,抗战胜利后成志学校回迁北平,成为清华大学附中、清华大学附小的前身③。而1960年成立的北京大学附属中学,其首任校长由时任北京大学教务长尹企卓担任,并从北京大学各个院系抽调了青年教师补充附中的教师队伍,等等。

作为与大学存在行政隶属关系的早期附属学校,自然是由大学决定着附属学校的人力资源、财政资源、学术资源到招生资源的配置,附属学校在行政上是大学的一级管理建制,其校长往往就是由大学的领导或教授兼任。新中国成立后,许多部委直属高校的附属中小学甚至还拥有"中央财政预算户头",由国家财政直接予以拨款办学。与此同时,附属学校作为大学办学的延伸,其办学功能与大学的功能是一个整体,比如共享大学的师资、图书馆、校园校舍和其他后勤服务(修缮、财务、安保等),而同时负有大学教职工子女的基础教育责任。其中师范大学的附属学校,还自然发挥着教育教学实验基地、学生实习基地等功能。大多数附属学校坐落在大学校园内,毫无疑问,这些附属学校是大学的文化脉络的一部分,它们在大学资源与大学精神的浸润中运行基础教育。附属学校的学生放了学就走进大学校园,走过路过大学的讲堂和随处可见的讲座沙龙,耳濡目染在大学的学术氛围中,

---

① 娄岙菲.大夏大学编年事辑[M].上海:华东师范大学出版社.2014:30,881.张耕华.光华大学编年事辑[M].上海:华东师范大学出版社.2015:14。

② 辉煌历程·联大附中的成立[EB/OL].云南师大附中官网 http://ynsdfz.net/ColumnInfo.aspx? cid=6。

③ 校园风貌·校史长廊[EB/OL].清华大学附中官网.http://www.qhfz.edu.cn/plus/list.php? tid=13;学校概述·学校简介[EB/OL].清华附小官网.http://www.qhfx.edu.cn/html/schooldesc。

这是至今依旧浸染在大学校园中的一些附属学校为人羡慕的优势。不仅如此,被大学校园包围着成长起来的附属学校教师们,一些人本来就是大学教师兼职,职称评审、福利待遇都与大学同步,他们用大学教师熟悉的方式教授中小学生,至今有一些老牌附属学校依然保留了大学教师不坐班、重研究的特征。

总体而言,早期大学自办附属学校,一方面是因为在基础教育尚未普及、大学教育和中学教育都还是精英教育、且中学教育承担了大学预备教育功能的社会环境中办学的需要,另一方面则与"大学办社会"的整体背景有关。由于整个社会功能发展的不够完善,大学自办基础教育,就像大学自建教师新村、校办工厂、校办医院一样,构成了一个大学发展历程中的特定历史阶段,这个阶段的大学附属学校,与其说是国家基础教育的一部分,毋宁说是"大学办社会"的一个部分。建国后可以类比的现象还有工矿企业办子弟学校、职工医院、职工住宅等。只不过,由于隶属于大学的中小学校携天然的社会资本和文化资本优势,大学附属学校以其普遍的办学优势,成为中国教育历史上的一个独树一帜的亮点。

二、大学附属学校的首次转型:从大学内部机构设置到属地化改造

20 世纪 70 年代末以来,各大学附属学校陆陆续续从文革的影响中恢复过来,回到了原有的办学轨道,大学附属学校也与其他中小学一道共同经历了基础教育的恢复重建,但是全国义务教育体系尚未完整建立,大学通过附属学校的方式办基础教育的模式尚未根本改变。

1985 年 5 月中共中央颁布《关于教育体制改革的决定》,首次提出"把发展基础教育的责任交给地方,有步骤地实行九年制义务教育",迈开了建立全国义务教育体系的历史性一步。随后颁布的《义务教育法》(1986 年)规定,"国家实行九年制义务教育,各省、自治区、直辖市可以根据本地区的经济、文化发展状况,确定推行义务教育的步骤"(第二条);"国家对接受义务教育的学生免收学费"(第十条),但小学生、初中生仍需缴纳一定的杂费。2006 年修订后的义务教育法则进一步明确了义务教育的"公益性"、"统一性"和"义务性":"义务教育是国家必须予以保障的公益性事业","实施义务教育,不收学费、杂费","国家建立义务教育经费保障机制,保证义务教育制度实施"等(第二条),"义务教育实行国务院领导,省、自治区、直辖市人民政府统筹规划实施,县级人民政府为主管理的体制"(第七条),明确了义务教育的政府主体责任。随着义务教育财政主体和管理主体均明确由政府承

担,大学办基础教育的历史使命渐渐淡去,这是义务教育阶段的附属学校由"单位办"走向"政府办"或"与政府共建"的法制基础和历史背景。

另一个背景是,随着国家与各地方政府在基础教育的整体规划、教育统筹和教育财政能力不断提高,特别是在经济发达地区,地方公办教育财政能力不断增强,而这一时期的公办大学能够用于附属学校的财政投入相形见绌,包括义务教育阶段的附属学校和非义务教育阶段的许多附属高中和附属幼儿园遭遇经费不足、教师流失、教学设施陈旧等办学困境。

教育部根据《国务院免除城市义务教育阶段学生学杂费工作的通知》(国发[2008]25号),发文《关于做好直属高校附属中小学校免除义务教育阶段学生学杂费工作的通知》(教财司函[2010]235号),要求各直属高校的附属学校按照要求落实免费义务教育,对于"有中央财政预算户头"的附属学校,要求"在现有生均财政定额拨款中统筹解决",并承诺"积极协调财政部",提高这一生均投入标准。而对于没有"中央财政预算户头"的附属学校,则要求"学校自筹经费"解决免除学杂费工作。"自筹"的结果是,一些附属学校陆续划归属地化管理,而更多附属学校开始从单纯的大学隶属转向与属地教育部门合作共建。在2013年另一份专门针对没有中央财政预算户头的附属学校的重要发文《关于报送没有中央财政预算户头的直属高校附属中小学办学管理体制改革建议方案的通知》(教财司函[2013]118号)中,我们可以看到这一政策的后续影响,"多年来,部分直属高校附属中小学由于没有中央财政预算户头,办学体制不顺,办学责任不清,办学经费不足,办学条件较差","拟对没有中央财政预算户头的部属高校附属中小学校进行清理、调整",并提出了"停办"、"共建"、"移交"等三种处置方式。

这时的合作办学,更多是地方政府帮助大学解决问题。同时许多大学附属学校(包括部分附属幼儿园)也接收了非子弟的居民子女入学,因此附属学校接受政府补贴并有部分学校开始纳入到公办学校的管理中。这一时期也可以称之为绝大多数附属学校的属地化改造时期,反映了大学附属学校越来越多地纳入到整个基础教育体制改革的进程。

同一时期,也有另一类合作办学案例。比如1980年代中期在上海市政府协调下,为了支援大型重点国企金山石化,帮助解决大批金山石化干部职工子女入学,从而扎根石化事业,由金山石化与华东师大和上海师大合作举办的华东师大三附中和上海师大二附中相继成立。当时两个大学派出在职的教育学者担任校长,选派优秀的毕业生分配到附中组建教师队伍,由大学参照已有附中模式直接管理,直至1998年金山区政府成立后,划归金山区教育局实施属地化管理,但是大学依然无偿提供校长派遣、顾问指导等支持,并始终纳入大学附中序列予以认可。这一案例,是在大学治理依然延续计划经济时代思维的合作办学模式,与今天的政府—大学或企业—政府合作办学有着本质的区别,至多是从行政隶属性合作走向契约化合作的过渡阶段。

总体来看,这个阶段的附属学校多数与大学依旧保持紧密的关系,但是随着国家义务教育制度的不断强化、国家对基础教育统筹能力的不断增强,政府对一些附属学校开始有不同程度的财政支持,以及教育质量评估体系趋于同步,政府对于附属学校的影响力越来越强,附属学校也开始更多融入国家基础教育体系。但是这一进程随各地经济发展速度和财政状况不同而快慢不同,各地大学与政府在附属学校发展方面的合作模式也有不同,突出表现在,当有些地方还未解决附属学校发展困难的时候,另外一些附属学校已经走向了品牌扩张、集团化办学等办学能力输出的道路。

三、大学附属学校的再次转型:走向互惠的契约合作

从20世纪最后几年开始,我国住房供给体制从计划分配逐步过渡到商品房时代,与此同时,大规模城市建设引发的动拆迁安置与新城区建设引发人口导入等因素混合在一起,催生了大量的区域性集中住宅。与人口的迁移几乎同步发生的是学龄人口的重新分布或结构性聚集,公建配套义务教育阶段学校、满足义务教育阶段入学的合法需求,成为区域政府的重要任务。一些城市规划新区建设和开发区建设,还需要针对目标导入人群(如动迁居民、产业发展所需高层次人才等)配套相应的教育、文化和生活设施,其配套学校的品质要求需要与城市区域的发展定位相一致。在此背景下,进入21世纪不久,政府和大学之间的合作办学开启了新的时代,政府开始以购买服务的思维方式引入大学附属学校,而大学开始利用自身的教育优势为政府解决基础教育的资源不均衡难题,同时利用合作办学经费改善教育服务的条件。较为远距离引入大学附属学校的,如北京朝阳区引入了华中师大附中和东北师大附中,厦门海沧区引入了北师大附中和华中师大附中,苏州引入西安交大附中、华中师大附属学校、华东师大附属学校、北外附属学校等;嘉兴地区引入了北大附属学校、北师大附属学校、上外附属学校、华东师大附属学校、东北师大附

属学校、浙江师大附属学校,安徽芜湖引入北师大附属学校和华东师大附属学校等。

但是与早期举办大学附属学校的巨大差别是,一方面,合作办学的区域通常不再是教职工工作和居住的区域,没有子女入学作为互惠;大学的毕业生早已实现市场化的人才配置方式,输入学校的教师从派遣模式到自主择业、双向选择,早期大学附属学校的一些天然条件已然大大削弱。另一方面,优秀的大学在长期的发展中积累起来的教育声誉,连同校名一起,逐渐形成了"品牌"价值并被人们所认识,甚至公办大学及其附属学校的校名是作为国有无形资产进行管理和评估的。

上述情况在当前阶段汇合的结果,是那些早先在附属学校隶属于大学时代所天然发生的资源共享模式,转换成为今天的资源供给方与资源需求方的契约合作模式。大学以附属学校品牌为载体,向合作地输出学术资源、人力资源和文化资源,合作方地方政府相应地提供给大学办学者一定的办学政策和合作办学经费。在这种新的互惠模式下,大学附属学校几乎遍布全国主要省市,并在一定程度上开始出现集团化、连锁化和产业化的特征。分析这一局面背后的原因,大概有如下几个方面。

一是中国的优质教育资源的分布极其不均,国家和各省重点投入建设的大学,绝大部分分布在重要的一线城市和省会城市,围绕大学成长的附属学校也自然聚集在这些城市;二是中国的城市化进程和不断加快,优质教育资源的引入往往关系到一个区域地产开发、人口导入和新城区建设的成败,附属学校的扩张与其他一些中小学名校集团的扩张具有同源性。三是中国拥有优质资源的大学名校的公立属性,使其与政府之间是自然的相互依存关系,合作办学和大学对当地学校实施专业合作,往往是构筑大学—政府关系的一个路径,一些合作共建的附属学校或学校委托管理项目,本来就是政府行为和行政安排,例如,在北京市教委的大力促成下,2014年北京23所高校与朝阳、海淀、丰台、昌平四个区39所中小学签约,全面支持中小学学科建设,并推进高校周边一批中小学挂牌附中、附小,进行规模建设,"通过政府出资、学校出力,创建学校品牌,大力发展九年一贯制培养,减轻二次择校压力。"①大学也逐步认可,共建附属学校可以有效扩大学校在地方上的影响力和知名度,展示大学社会服务能力,构筑良好政府关系,获得一定的经济回报,这些因素累积起来,使得共建附属学校成为政府—大学共赢的合作,成为大学借助于早

---

① 北京市将增25所高校附属中小学[N].北京青年报.2014—6—30。

期行政隶属模式时期下创办附属学校时所积累的经验、资源和声誉,开始以契约方式推进规模发展的主要动因。

四、当前大学—附属学校关系的模式分析

大学附属学校经历了两次转型后,我国大学与其附属学校之间的关系,从大学隶属的"亲子"关系,发展出基于契约的"伙伴"关系;从单一的"亲子关系"模型,发展到多种模式并存。不同的模式,意味着大学与中小学校之间不同的互动关系。本文通过对我国各地的大学附属学校合作案例进行观察和分析,解读大学—中小学之间互动关系及其变化的内在机制(而不仅是外在的形式),把大学附属学校现象放置在历史和制度发展的脉络中来理解,并进一步理解大学与政府关系、大学与城市关系以及大学与基础教育的关系,以及这些关系未来发展的方向。

本文根据大学与附属学校关系之间存在的一些内部变量,对大学——附属学校关系建立一个简单的分析模型:

1)财政关联:即学校是否得到来自大学(或大学的上级部门)的财政支持;

2)人事关联:即学校的校长及教师是否来自大学的任命、由大学履行人事管理权和业绩考核权;

3)业务关联:主要指学校在基于大学授权条件下,在招生、课程教学、教师准备与教师发展、研究成果应用等方面与大学之间的互惠关系。

按照上述变量,大学与附属学校关系的总体发展趋势是从隶属关系走向嵌入关系,从非契约关系走向契约关系。伴随着现代大学制度发展的进程,大学从财政与人事方面介入到附属学校的程度在减弱,与附属学校的关系发展重点逐步落在发展业务关联为主。

(一)隶属关系

在这种关系中,支持附属学校发展的是大学的资源优势、文化优势;其支持方式是非条件性的、浸入式的,财政、人事、业务与大学浑然一体。早期、甚至当下依然保留这种关系的某些大学附属学校(含幼儿园)常常归属于校长办公室或者后勤部门管理,就说明附属学校是作为大学的服务部门、而不是一个专业实体而存在,附属学校大多数都不是独立法人。即便是独立法人的,其法人代表可能是大学派遣的校长,也可能由大学领导来兼任。由于是大学自惠于自身发展,因此所有的附

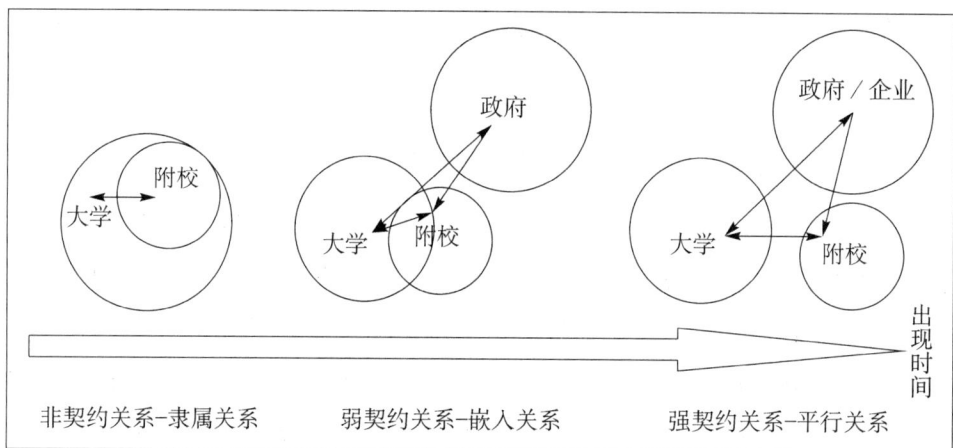

图：大学与附属学校关系发展脉络

属学校办学成本投入也都计入大学的运营成本。即便随着发展这类大学附属学校也会承担一些社区生源，因此有一部分附属学校的所属地方教育部门会给予一定补贴，但主要投入依然来自大学。同时，附属学校的党政领导（书记、校长）由大学组织、人事部门按照大学干部选任制度在校内予以选配、任命、流动。教师的人事管理、职称晋升、薪资待遇也属于大学的人事管理体系。

当前依然维持隶属关系（作为大学的直属单位管理）的大学附属学校还有不少，如北大附中、北大附小；人大附中、附小、附幼；北师大实验中学、实验小学和实验幼儿园；复旦附中、交大附中、华东师大二附中、附幼；华中师大一附中，以及若干省级师范大学的附中，等等。

隶属关系，意味着与大学保持紧密的血缘关系，如前所述，这些附属学校中的绝大多数保持了办学优势，是同类学校中的佼佼者，他们一方面成为一个区域乃至全国的基础教育的办学典范，同时也为所在大学的人才引进和教职工的福利待遇提供了独特的保障。但是这类学校也有一部分在过去二十年中，不同程度遭遇过大学办学经费投入不足的困扰，一部分无法支撑，将学校移交给了政府转型为普通公办学校；还有一部分转制为民办学校（如四川师范大学附中、附小；华东理工大学附属幼儿园转制为民办小红花幼儿园，等）。当前发展良好的附属学校，多数采取与政府共建的方式，由政府给予部分支持性补贴，同时也对所在行政区域分享部分学额，参与教师培训、为其他学校提供支持等。目前大部分学校还通过合作办学、输出资源来补充经费、提高教师待遇。事实上，在今天，上述依然保留隶属关系的附属学校,基本上都与政府有各种各样的共建关系,得到不同程度的政府支持。其中相当一部分知名的附属学校,通过与地方政府的合作举办分校或输出管理,而获得了更高的社会影响力,提升了学校的经济实力。

（二）嵌入关系

在这种关系中,大学在支持附属学校发展方面依然存在部分天然纽带,或是校长派遣责任,或是校区重叠,或是老教师中有相当一部分是隶属关系时代进入附属学校工作的。当然还有身份关联所产生的共同体责任;但是与此并存的是契约纽带,即以互惠为基础、在大学与政府教育部门的合作框架下,约定责权利共同支持一个学校的发展。在这种模式中,通常大学不再承担财政责任,大学和政府分担对附属学校的人事管理和业务管理。这种模式中的案例通常有两种典型情形:一是原隶属于大学的附属学校逐渐走向属地化;二是原政府管理的学校通过建立契约而部分嵌入到大学。无论是哪种情形,附属学校基本上都成为独立法人,其法人代表除了少部分保持大学派出,多数为政府教育部分选任。而大学对附属学校的各种支持以及附属学校对大学的贡献,有天然形成的部分,也有需要特意设计的部分,因此开始需要有专门的部门来运作这种关系。这种关系下,附属学校运营的成本通常大学和政府均有承担,只是具体情况比较多样。

这种类型目前存在的有华东师大一附中、三附中、上海师大二附中等,这种类型的附属学校往往情况比较复杂,比如有些附属学校人事任命由大学进行,而财政支持已经与大学完全没有关联;有些附属学校所有的人事、财政、业务都已经脱离大学管理,但是由于历史与情感的延续,大学依然会对这些附属学校提供一些公益性支持,等等。作为历史变迁的阶段性现象,嵌入式附属学校预期还将继续在管理体系上发生演变。

（三）契约关系

近些年大多数大学与其新增附属学校之间的关系,均为这种类型。多数案例是通过大学—政府合作办学而产生,也有大学授权给学校直属单位或关联单位、由后者与政府或企业合作而产生。契约模型的实质,是通过政府提供相应的政策或资金支持,为合作学校进行相应的授牌、团队输入、师资培养、教学指导、校园互动等支持,本质上带有模拟隶属关系下附属学校发展条件的意味。但是由于受益者主要是大学的合作方,因此附属学校运营的相关成本也都由合作方(政府与企业)

承担。

据不完全统计,北师大的合作办学附属学校超过 70 所,分布在全国大部分各省自治区①;华东师大的合作办学附属学校有 12 所②,主要分布在上海和长三角城市;华中师大 40 所左右③,分布在全国各地;华南师大已开办与将开办的有 10 所左右④;上海外国语大学超过 20 所(没有发现官方数据,根据网页信息粗略统计),主要在上海及周边城市;北京外国语大学 7 所⑤;山东师大 14 所⑥;四川师大 16 所⑦,等等。这些都还不包括附属学校集团化所产生的附属学校之分校、附属学校之附属学校。像北大资源、交大昂立等一些著名的大学校企都在自己的产业结构中纳入大学冠名的基础教育合作办学项目,许多大学成立针对基础教育发展的教育集团,蓄势待发或已经拉开布局。

在今天的大学附属学校的发展模式中,虽然隶属、嵌入、契约三种模式并存,但从隶属关系转型为契约关系是一个总的发展方向。这一转型的路向,给大学和政府都带来了挑战。首先是管理思维的转变,即从天然的资源共享到后天搭建或运作的资源共享,从内部行政管辖转变为品牌输出加专业服务,从与政府合作拓展到广泛参与市场竞争与资本运作。大学的品牌与资源不再会自动转化成质量,大学的情怀与文化如果没有专业的项目管理,也不足以滋养一个幼儿园或小学、中学的学校发展。其次是契约意识的逐渐加强,即大学与政府间的教育合作需要从粗放的责任约定到具体的权责利承诺。

五、大学附属学校转型发展中的问题讨论

首先,对于大学与政府合作背景下的公办附属学校发展实践中,当前存在几个需要研究的问题。

---

① 数据来源:北京师范大学基础教育对外合作办学部官网. http://hzbx. bnu. edu. cn/fxfc/fzsyxx/index. htm.

② 数据来源:华东师范大学基础教育与终身教育处官网. http://jczj. ecnu. edu. cn/.

③ 数据来源:华中师范大学国内合作与校友会办公室官网. http://hzb. ccnu. edu. cn/.

④ 数据来源:华南师范大学教育发展中心官网. http://jyfzzx. scnu. edu. cn/index. php/#.

⑤ 数据来源:北外国际官网. http://sie. bfsu. edu. cn/staticFile/BFSU%20International/banxue/index. html.

⑥ 数据来源:山东师范大学基础教育集团官网. http://www. snubeg. cn/.

⑦ 数据来源:四川师范大学基础教育集团(四川师大浩文教育投资管理有限公司)官网. http://sdhw. sicnu. edu. cn/classes. asp? ID=9.

1. 大学附属学校对输入地教育的综合影响如何评估

通常,附属学校建立在远离大学本体的地区,是为了将大学附属学校的优质教育资源快速输出,使得输入地迅速崛起一个优质学校,满足当地资源配置调整、人口导入等多个社会目标。一个新的附属学校(包括其他名牌学校)的引入,不仅能够为一个区域注入来自高等教育和发达地区比较前沿的教育理念和办学模式,往往还能够产生打破地区原有教育稳定结构、促进学校间竞争、激发多元发展力量、促进区域教育整体发展、提升当地百姓对教育的满意度、促进当地地产发展等多重效应。这些效应也正是当地政府愿意承担越来越高昂的合作办学费的理由。

但是另一方面,通过契约模型发展起来的公办附属学校,在当前严重的发展路径依赖——即生源依赖与相关的应试成绩依赖——的环境下,往往也不得不参与生源竞争和考试竞争。如果是高中,在当地所在大学招生名额并未改变的情况下,会加剧了本地高中或临近区域的高中竞争。一地投入往往引发周边学校的格局变化,从而引发周边区域的合作办学热。

即便是小学、初中和幼儿园,通过政策倾斜、大学声誉优势、同时抽取当地财政资源、编制等人事资源而迅速赢得生源优势和师资优势,办学成功的附属学校往往首先是资源聚集效应。在一些经济并不发达的城市,为了引入新的学校而投入的高标准校舍及教育设施,以及向品牌学校的各种倾斜性投入,占用了当地教育财政支出的较大份额,隐性挤占了薄弱学校和普通学校的教育投入。当拂去名牌学校带来的光环后,如果以输入地学生的平均学业成就的提高、教育均衡发展的指标来衡量合作办学对区域教育的贡献,恐怕答案是复杂的。

2. 大学—政府合作中的不确定性

由于公办大学与政府所共有的体制背景,使得二者在共建学校的过程更多的是体现行政合作,契约中的"甲方乙方"关系并不具有非常强烈的约束性,其执行往往会受制于行政因素,比如双方负责人的岗位更替、地方财政和人事调整、区域经济与社会发展重点转移(比如合作学校所在区域的居民结构发生较大变化从而影响生源结构)等,都可能对附属学校发展产生外源性影响。

3. 远离大学的附属学校何以成功?

按照前述大学与附属学校关系变化模型,财政关联、人事关联与业务关联,是解读大学影响附属学校发展的三个变量。对于在契约关系中发展起来的大学附属学校,三个变量都不再具有天然的存在。但与此同时,依托大学的学科专业力量、教学资源和文化资源,又是这些附属学校在区域教育发展中的独特优势,合作办学的成本就体现在用人为的经营来发展附属学校与大学资源的各种关联。通常合作办学费的构成包括两个方面:一是大学冠名费,二是资源运营费用。大学作为合作办学的一方,用资源运营的费用来创造大学对附属学校的支持:财政关联,如用于大学决定及实施对附属学校的校长与教师进行评估和奖励;人事关联,如校长及领导团队的派遣或选任;业务关联,如支持大学学术团队指导附属学校的教学和学生发展等。

随着附属学校的群体正在迅速扩大,隶属时代附属学校发展模式中的大学教职员出任校长的"派出"模式已经不可能应对远离大学校园的附属学校发展需要,正在被"招聘校长"与"培植校长"的模式所替代,这标志着与教育市场的其他主体一样,大学附属学校也开始需要职业校长队伍建设,一些大学办学体为此建立"平台模式",来招募校长构成一个可以随时选派职业校长的人才蓄水池。值得关注的是,大学附属学校不再依赖于大学的人力资源,而开始从市场上获取人力资源时,又将给基础教育带来哪些影响?

其次,近年来,大学与政府、企业共同探索大学冠名民办附属学校的案例已经有不少。当前民办附属学校的几种合作模式:仅授牌模式(品牌与经营分离)、股份合作式(品牌投资)、授牌兼委托管理模式。民办的大学附属学校比上述公办情境更为挑战。在民办附属学校的运作案例中,大学附属学校的冠名品牌、大学资源的支持、学校的民营资本投入与教育市场运作等多种元素混杂在一起,一些以往未曾出现过的问题进入视野,其中一些具有公共性,有待思考与研究,例如:

1. 国有资产的无形品牌的价值在投资中的估值以及投资回报如何测算?当前大学冠名基础教育学校(幼儿园)的品牌费,从每年几十万到几百万不等,决定着这些"价格"背后的因素到底是什么?

2. 国有资产的无形品牌的价值参与民营教育投资的风险如何评估?公立大学的决策机制和人事安排的责任到"公"特点,与民办经营者责任到"私"特点,决定了民办附属学校的国有资产投入的运作风险,以往大学校办企业对外合作中的困境会不会发生在民办附属学校中,即双方合作者中,当大学一方经过岗位轮换,对于大学在合作中的权益保障已经"没人操心"了。

3. 有国有资产参与的民办学校的资产运作,对于民营方事实上也同样有风险。如果涉及国有资产的股份,则必然按照国有资产的监管机制进行管理,2012

年 11 日出台的《教育部直属高等学校国有资产管理暂行办法》(教财〔2012〕6 号)规定,高校利用国有资产对外投资、处置、出借等事项,包括货币资金固定资产、无形资产,需要经过层层审批。其中货币资产 50 万以上、无形资产涉及 500 万以上就需教育部审批。无论根据投资额度或账面价值,一旦超过 800 万元(含 800 万元),还要经过财政部审批。这些确保国资安全的长链决策流程,与民营资本决策的灵活机制发生冲突,影响学校投资运营决策,甚至拖累在教育市场上的运作时机,一些校办企业转制的上市公司(如上海交大的新南洋教育)就受到"经营效率显著低于行业平均水平"的忠告①。如果再涉及股权转换,其面临的问题将更加复杂。

对大学而言,民办机制引入的最大价值是,迫使大学厘清办高等教育与办基础教育之间的关系,在现代大学治理思想的指导下,推动对外合作办学从行政依赖走向产业经营,加强契约意识、寻求专业的法律保障,民办教育投资合作领域所涉及的与公司、投资、仲裁、劳动合同、中外教雇佣、商业保险等相关法律法规和政策,加上国有资产管理的各种规定,使得大学参与民办教育的模式多样性和管理复杂程度,远远高于传统以公办学校为主的对外合作。有别于早期大学教授直接输出为附属学校管理团队,建立职业校长和职业管理团队,也将是现代教育制度背景下大学附属学校规模化成长的必然方向。

---

① 夏韬.新南洋教育大本营昂立,面临三大掣肘[EB/OL]. http://www.sohu.com/a/117784596_460424,2016—10—31.

图书在版编目(CIP)数据

大夏大学、光华大学附属中学史料选辑/汤涛,赵健主编.
一上海:上海三联书店,2018.
ISBN 978-7-5426-6413-6

Ⅰ.①大…　Ⅱ.①汤…②赵…　Ⅲ.①中学—史料—上海

Ⅳ.①G639.285.1

中国版本图书馆 CIP 数据核字(2018)第 174339 号

大夏大学、光华大学附属中学史料选辑

主　　编　汤　涛　赵　健

责任编辑　钱震华
装帧设计　汪要军

出版发行　上海三联书店
　　　　　(200030)中国上海市漕溪北路 331 号
印　　刷　上海新文印刷厂

版　　次　2018 年 10 月第 1 版
印　　次　2018 年 10 月第 1 次印刷
开　　本　787×1092　1/16
字　　数　385 千字
印　　张　22.75
书　　号　ISBN 978-7-5426-6413-6/G・1500
定　　价　78.00 元